ENVELOPE

Monte este envelope e use-o para guardar as peças destacadas deste material.

COLAR

NOME: _____

COLAR

UMA CAIXA DIFERENTE

Destaque este molde e use-o para montar uma caixa bem diferente!
As instruções estão nas páginas 14 e 15 do seu livro.

COLAR

FICHAS REPRESENTANDO MATERIAL DOURADO

Destaque as peças e use-as como apoio para seus cálculos.

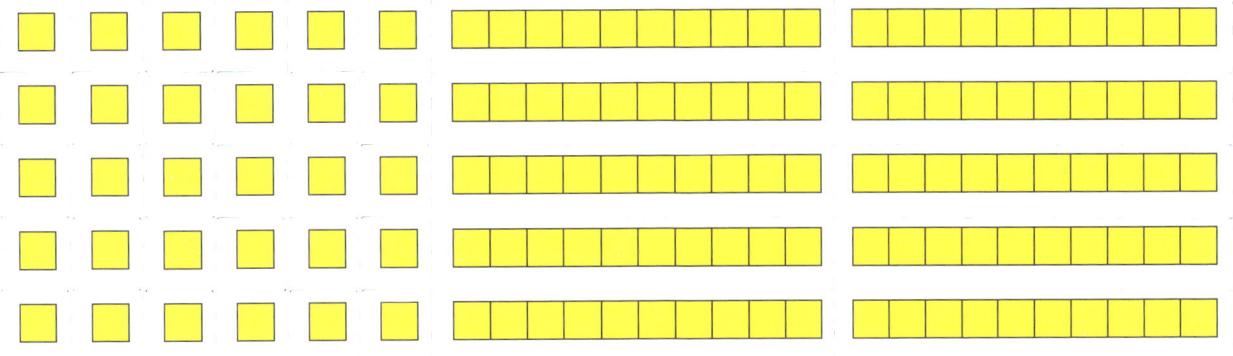

PIRÂMIDE DE BASE QUADRADA

Destaque o molde, monte sua pirâmide e leve-a para a sala de aula.
Veja mais orientações na página 36 do seu livro.

7

PIRÂMIDE DE BASE TRIANGULAR

Destaque o molde, monte a pirâmide de base triangular e leve-a para a sala de aula.

Veja mais orientações na página 36 do seu livro.

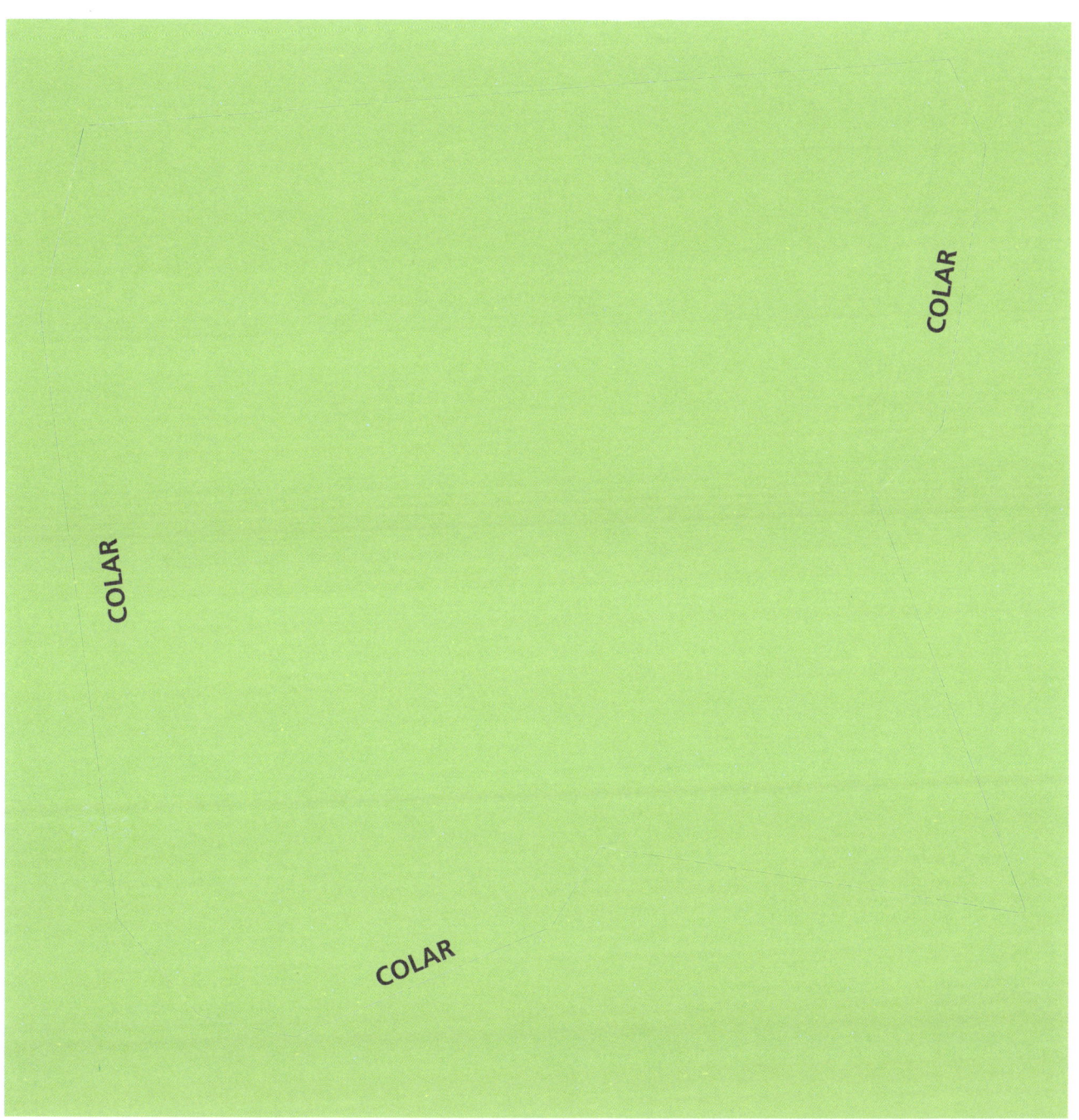

CUBO

Destaque o molde, monte o cubo e leve-o para a sala de aula.
Veja mais orientações na página 36 do seu livro.

PARALELEPÍPEDO

Destaque o molde, monte o paralelepípedo e leve-o para a sala de aula.
Veja mais orientações na página 36 do seu livro.

COLAR

COLAR

COLAR

COLAR

COLAR

COLAR

COLAR

OUTRO PARALELEPÍPEDO

Destaque o molde, monte este outro paralelepípedo e leve-o para a sala de aula.

Veja mais orientações na página 36 do seu livro.

COLAR
COLAR
COLAR
COLAR
COLAR
COLAR
COLAR

15

NOTAS E MOEDAS

Destaque estas notas e moedas e use-as na atividade da página 61 do seu livro.

BANCO CENTRAL DO BRASIL A A 058612549 2 A A 058612549 DOIS REAIS
BANCO CENTRAL DO BRASIL A A 058612549 2 A A 058612549 DOIS REAIS
BANCO CENTRAL DO BRASIL A A 058612549 2 A A 058612549 DOIS REAIS
BANCO CENTRAL DO BRASIL A A 044049402 5 A A 044049402 CINCO REAIS
BANCO CENTRAL DO BRASIL A A 058612549 2 A A 058612549 DOIS REAIS
BANCO CENTRAL DO BRASIL A A 058612549 2 A A 058612549 DOIS REAIS
BANCO CENTRAL DO BRASIL A H 039861691 10 A H 039861691 DEZ REAIS
BANCO CENTRAL DO BRASIL A H 039861691 10 A H 039861691 DEZ REAIS
BANCO CENTRAL DO BRASIL A A 044049402 5 A A 044049402 CINCO REAIS
BANCO CENTRAL DO BRASIL A D 014201078 20 A D 014201078 VINTE REAIS
BANCO CENTRAL DO BRASIL A H 039861691 10 A H 039861691 DEZ REAIS
BANCO CENTRAL DO BRASIL A H 039861691 10 A H 039861691 DEZ REAIS
BANCO CENTRAL DO BRASIL A D 014201078 20 A D 014201078 VINTE REAIS
BANCO CENTRAL DO BRASIL A D 014201078 20 A D 014201078 VINTE REAIS
BANCO CENTRAL DO BRASIL A D 014201078 20 A D 014201078 VINTE REAIS
BANCO CENTRAL DO BRASIL A A 035446586 50 A A 035446586 CINQUENTA REAIS
BANCO CENTRAL DO BRASIL A A 035446586 50 A A 035446586 CINQUENTA REAIS
BANCO CENTRAL DO BRASIL A A 035446586 50 A A 035446586 CINQUENTA REAIS
BANCO CENTRAL DO BRASIL A A 015799106 100 A A 015799106 CEM REAIS

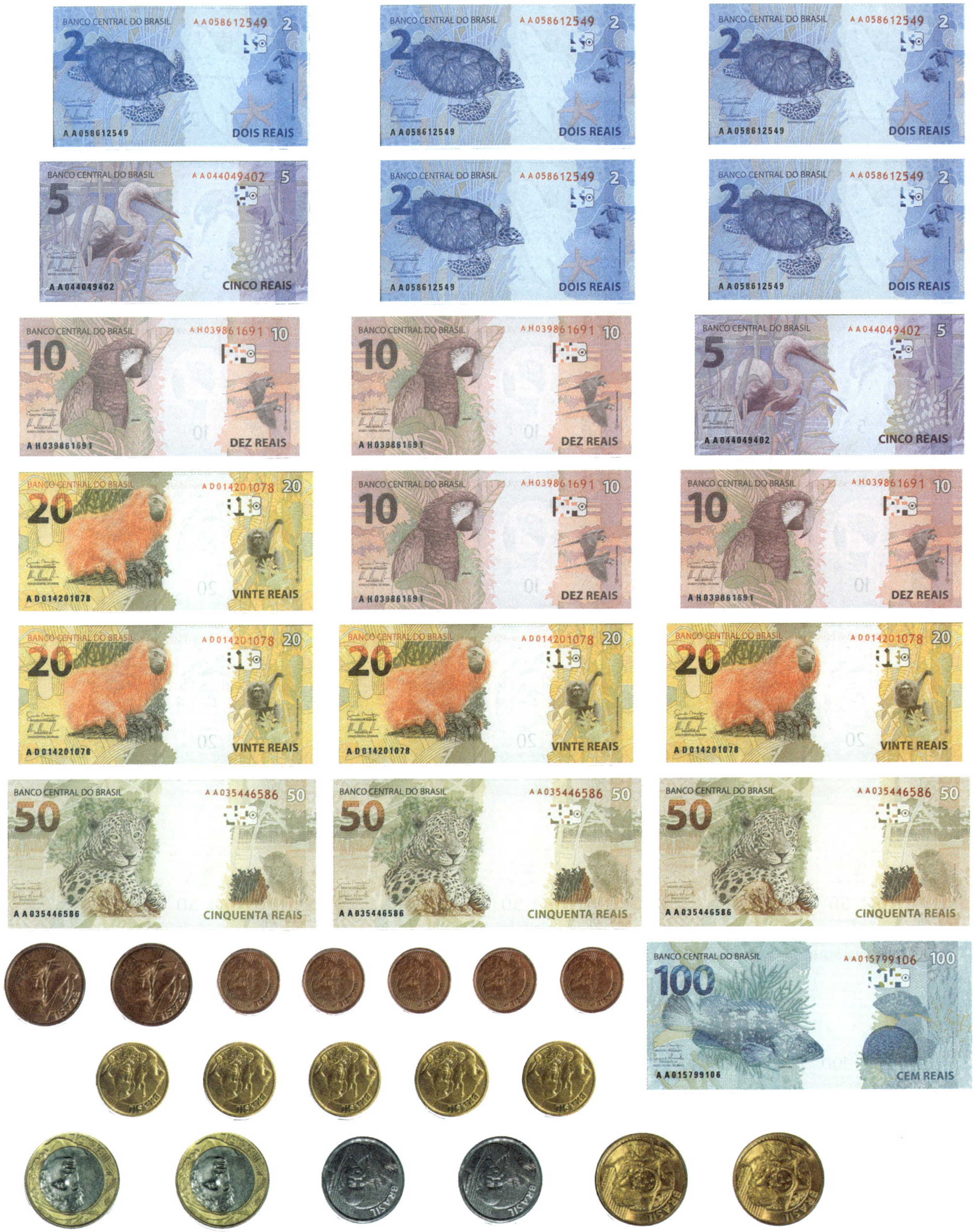

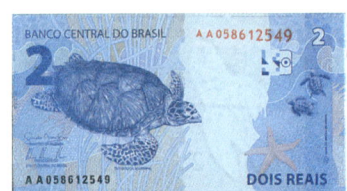

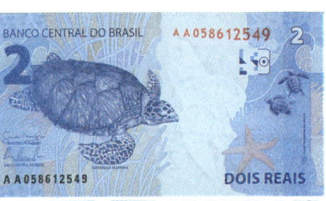

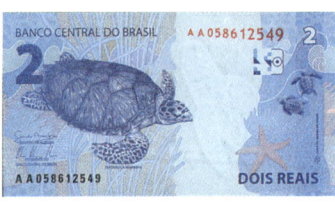

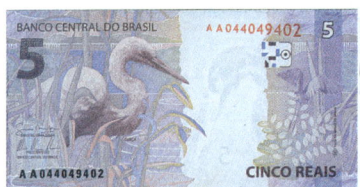

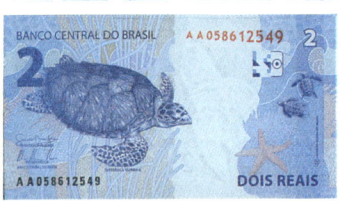

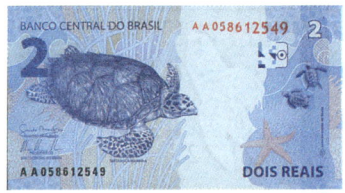

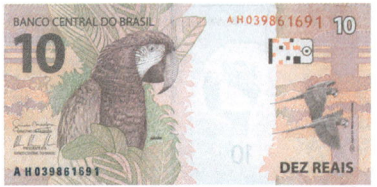

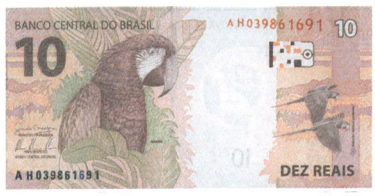

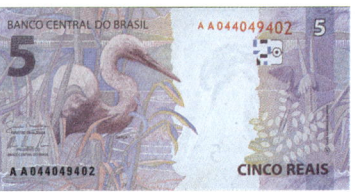

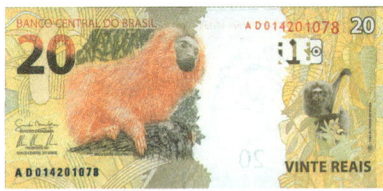

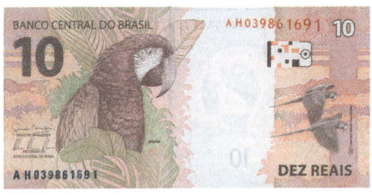

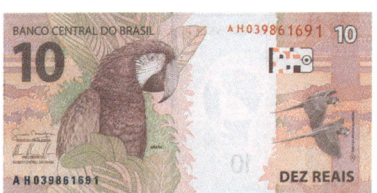

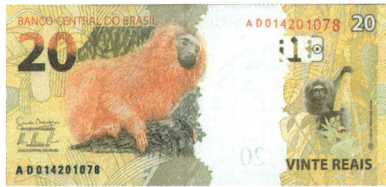

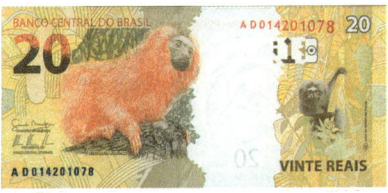

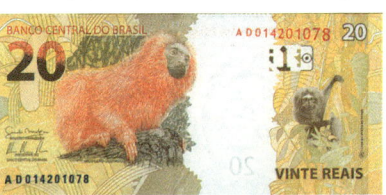

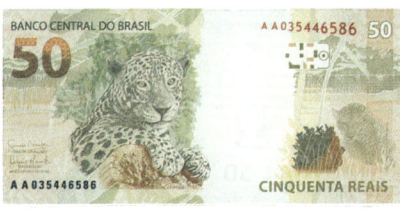

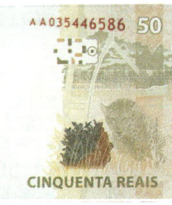

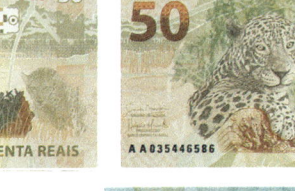

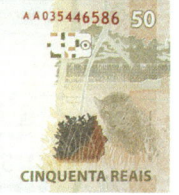

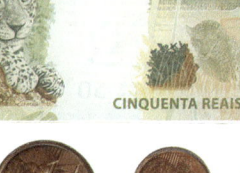

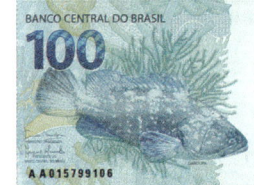

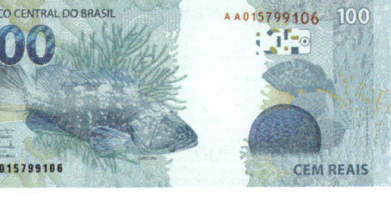

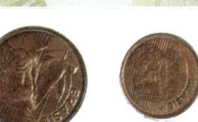

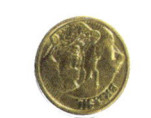

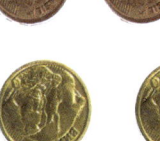

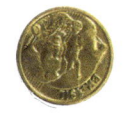

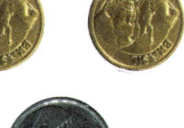

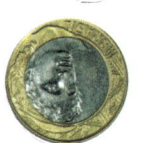

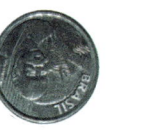

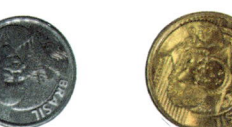

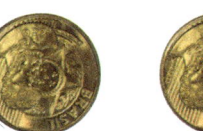

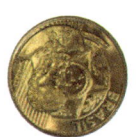

TANGRAM

Destaque estas peças do tangram e use-as nas páginas 74 e 91 do seu livro. Use-as também para criar figuras diferentes. Divirta-se.

PRISMA DE BASE TRIANGULAR

Destaque o molde e monte o prisma de base triangular.
Veja mais detalhes na página 156 do seu livro.

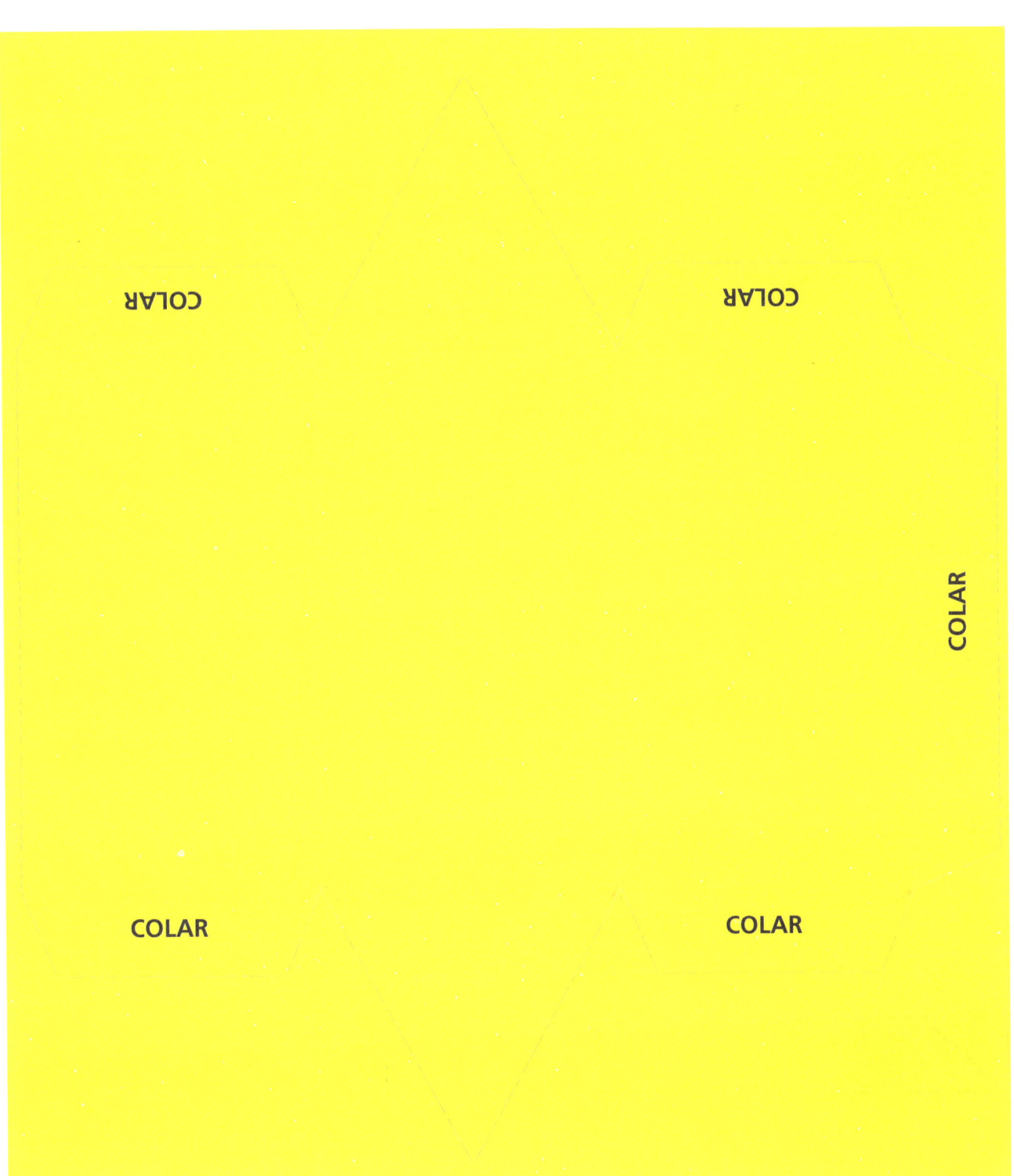

DADO

Destaque este molde, monte o dado e use-o na atividade da página 160 do seu livro. Nela você encontrará orientação para deixá-lo mais resistente.

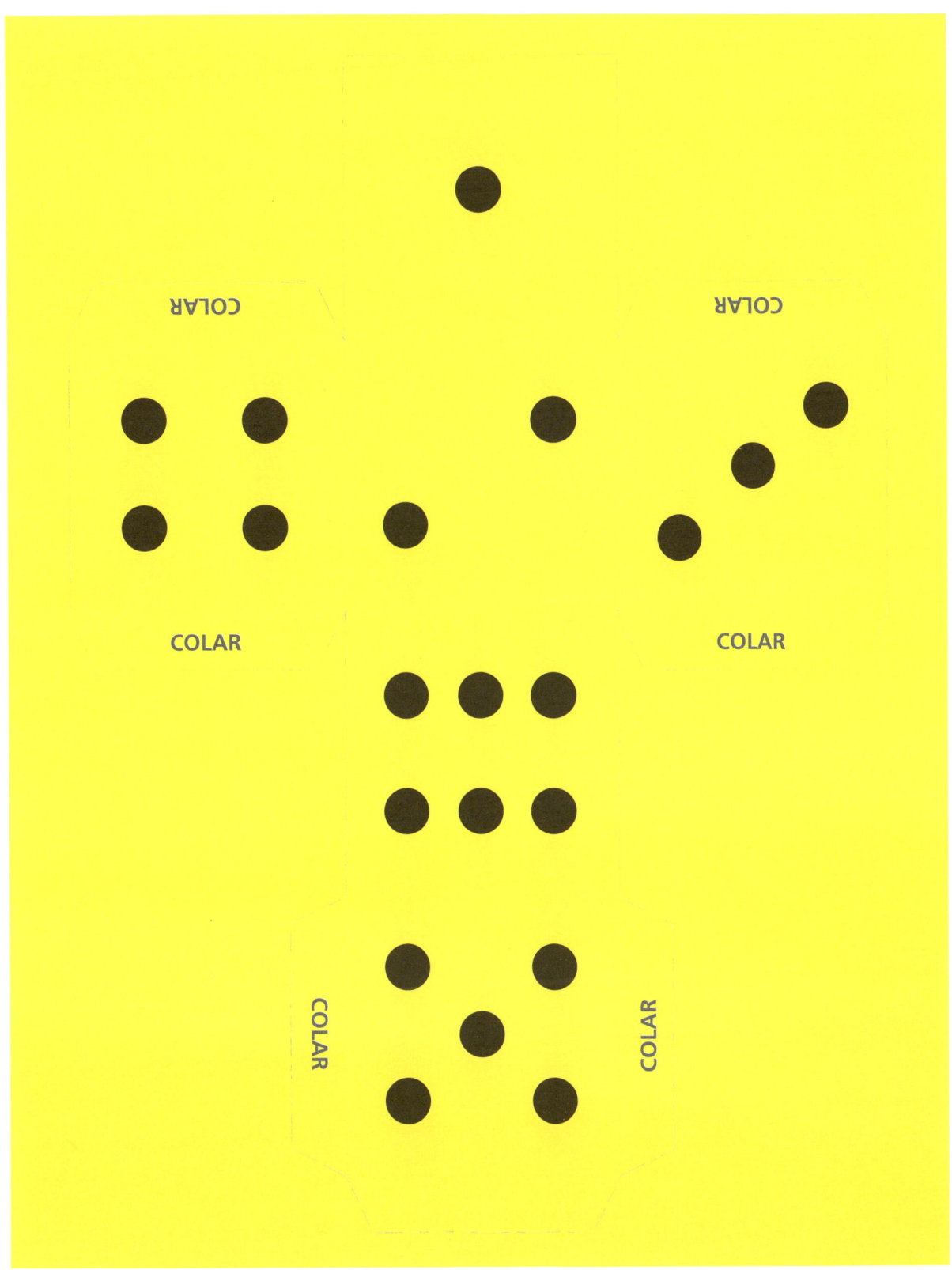

QUAL É O PRODUTO?

Destaque as cartas desta página e as da página 27.
Use-as no jogo **Qual é o produto?**. As regras estão na página 170 do seu livro.

45	6	16	40	27
3 × 2	4 × 4	8 × 5	9 × 3	6 × 6
16	40	27	36	56
36	56	32	81	50
8 × 7	4 × 8	9 × 9	5 × 10	6 × 2
32	81	50	12	15
12	15	28	25	54
5 × 3	7 × 4	5 × 5	9 × 6	3 × 7
28	25	54	21	80
21	49	64	54	90
10 × 8	8 × 8	6 × 9	9 × 10	7 × 2
32	54	90	14	16

QUAL É O PRODUTO?	QUAL É O PRODUTO?	QUAL É O PRODUTO?	QUAL É O PRODUTO?	QUAL É O PRODUTO?
QUAL É O PRODUTO?	QUAL É O PRODUTO?	QUAL É O PRODUTO?	QUAL É O PRODUTO?	QUAL É O PRODUTO?
QUAL É O PRODUTO?	QUAL É O PRODUTO?	QUAL É O PRODUTO?	QUAL É O PRODUTO?	QUAL É O PRODUTO?
QUAL É O PRODUTO?	QUAL É O PRODUTO?	QUAL É O PRODUTO?	QUAL É O PRODUTO?	QUAL É O PRODUTO?

QUAL É O PRODUTO?

Estas cartas completam o material para o jogo **Qual é o produto?**.
Veja as regras na página 170 do seu livro.

80	36	70	4	18
4 × 9	7 × 10	2 × 2	6 × 3	5 × 4
70	4	18	20	10
20	10	18	35	48
2 × 5	3 × 6	5 × 7	6 × 8	7 × 9
18	35	48	63	30
63	30	18	24	8
3 × 10	9 × 2	8 × 3	2 × 4	6 × 5
18	24	8	30	49
30	14	16	9	100
7 × 7	2 × 8	3 × 3	10 × 10	9 × 5
64	9	100	45	6

QUAL É O PRODUTO? QUAL É O PRODUTO? QUAL É O PRODUTO? QUAL É O PRODUTO? QUAL É O PRODUTO?

QUAL É O PRODUTO? QUAL É O PRODUTO? QUAL É O PRODUTO? QUAL É O PRODUTO? QUAL É O PRODUTO?

QUAL É O PRODUTO? QUAL É O PRODUTO? QUAL É O PRODUTO? QUAL É O PRODUTO? QUAL É O PRODUTO?

QUAL É O PRODUTO? QUAL É O PRODUTO? QUAL É O PRODUTO? QUAL É O PRODUTO? QUAL É O PRODUTO?

CUBO COLORIDO

Destaque este molde de cubo colorido. Monte-o e use-o na atividade da página 180 do seu livro.

OUTRO CUBO COLORIDO

Este é outro molde de cubo colorido. Monte-o e use-o na atividade da página 180 do seu livro.

O que você acha de o cubo ter mais de um tipo de molde?

PRISMA DE BASE HEXAGONAL

Destaque o molde, monte o prisma de base hexagonal e use-o na atividade da página 200 do seu livro.

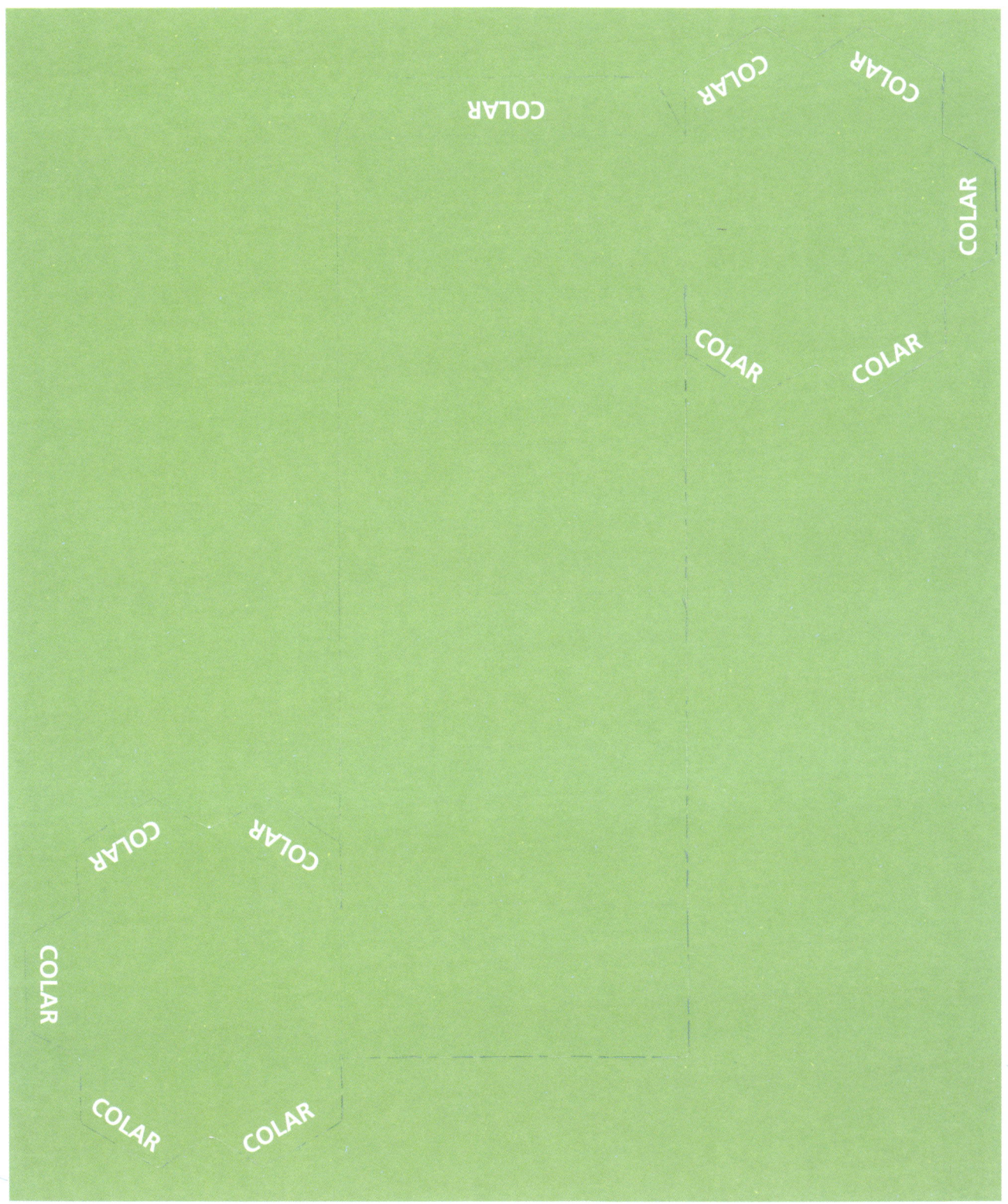

PIRÂMIDE DE BASE PENTAGONAL

Destaque o molde, monte a pirâmide de base pentagonal e use-a na atividade da página 200 do seu livro.

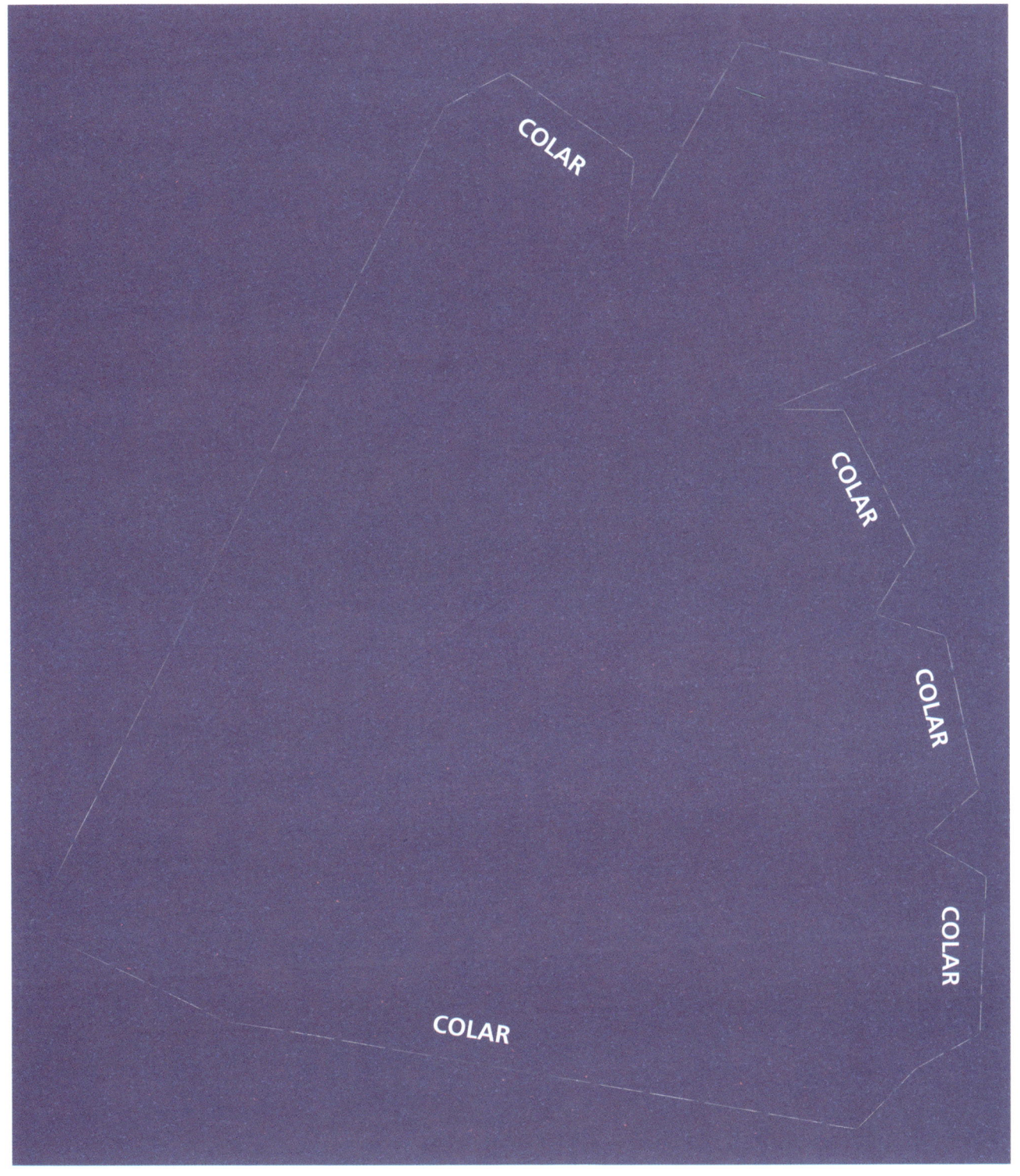

PIRÂMIDE DE BASE HEXAGONAL

Destaque o molde, monte a pirâmide de base hexagonal e use-a na atividade da página 200 do seu livro.

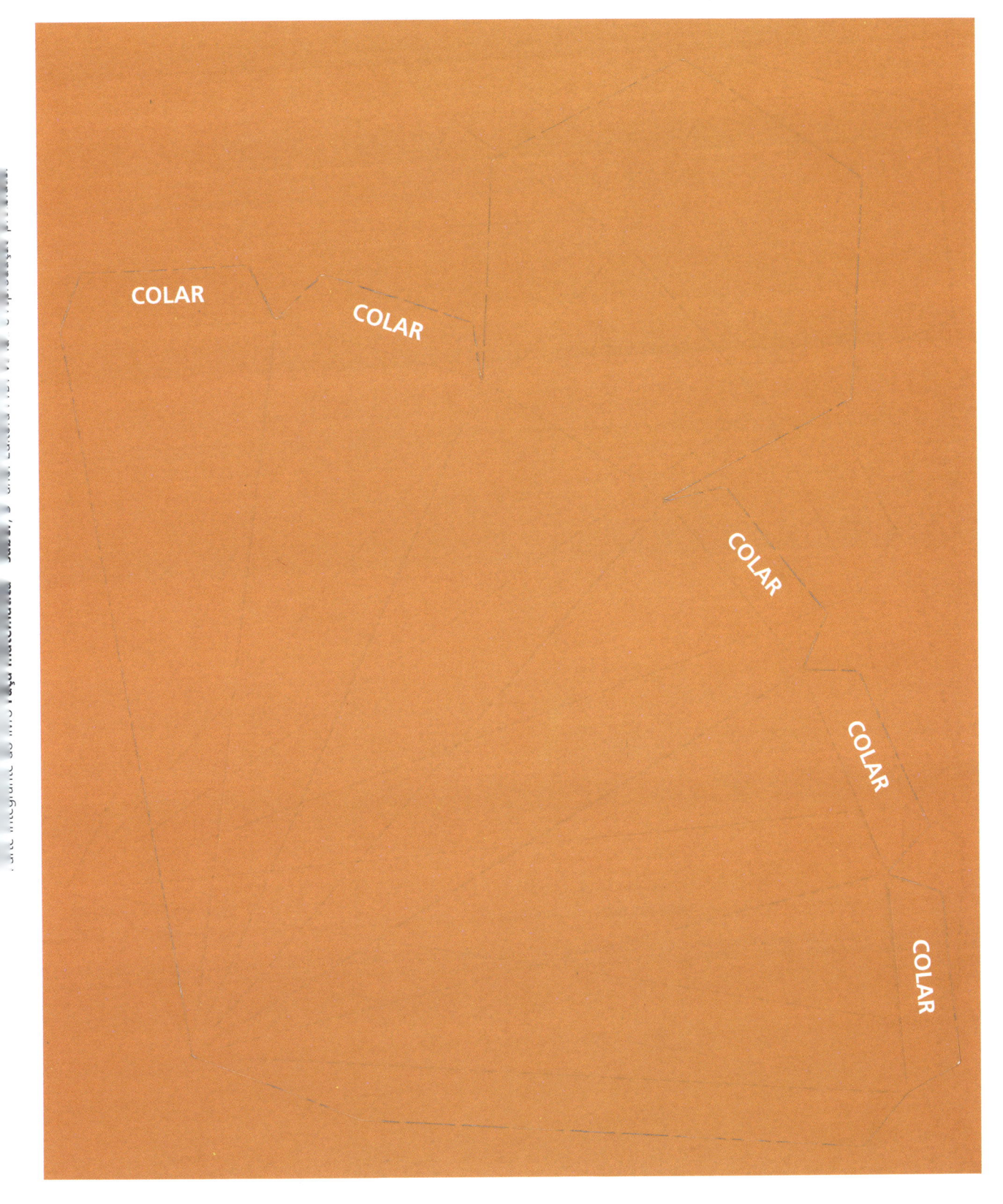

COLAR
COLAR
COLAR
COLAR
COLAR

EM BUSCA DOS PARES

Destaque as cartas desta página e as da página 41 e use-as no jogo **Em busca dos pares**.
Veja as regras na página 206 do seu livro.

8h00	Oito horas	7:30	Sete e meia
10h35	Dez e trinta e cinco	11:45	Onze e quarenta e cinco
1h50	Dez para as duas	12:30	Meio-dia e meia
2h15	Duas e quinze	2:15	Duas e quinze
3h45	Quinze para as quatro	18:00	Seis horas da tarde

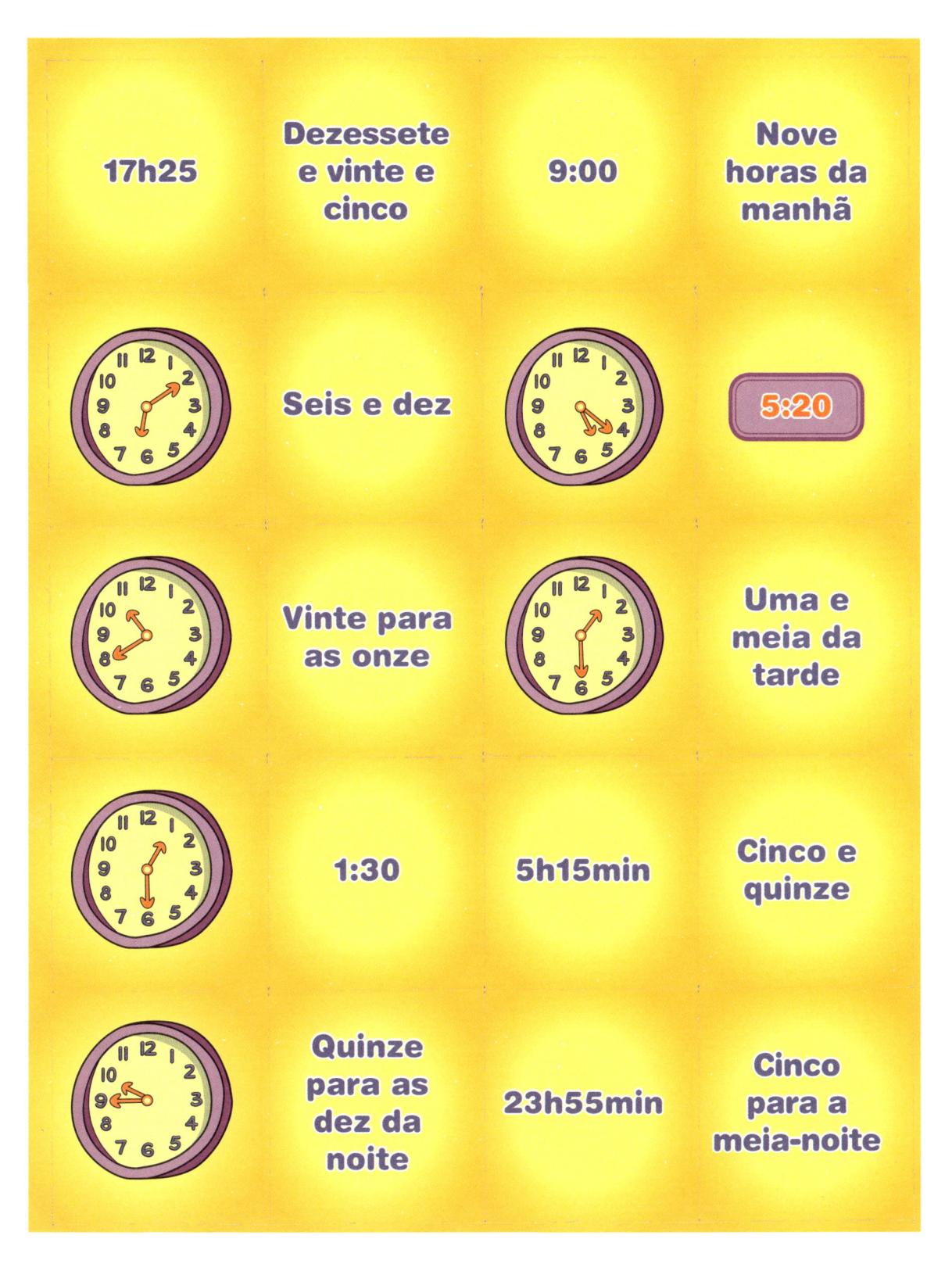

EM BUSCA DOS PARES

Estas cartas completam o material do jogo **Em busca dos pares**.
As regras estão na página 206 do seu livro.

17h25	Dezessete e vinte e cinco	9:00	Nove horas da manhã
(relógio)	Seis e dez	(relógio)	5:20
(relógio)	Vinte para as onze	(relógio)	Uma e meia da tarde
(relógio)	1:30	5h15min	Cinco e quinze
(relógio)	Quinze para as dez da noite	23h55min	Cinco para a meia-noite

41

EM BUSCA DOS PARES

LANCE DA DIVISÃO

Estas fichas e o tabuleiro da página 45 são para o jogo **Lance da divisão**. As regras estão na página 254 do seu livro.

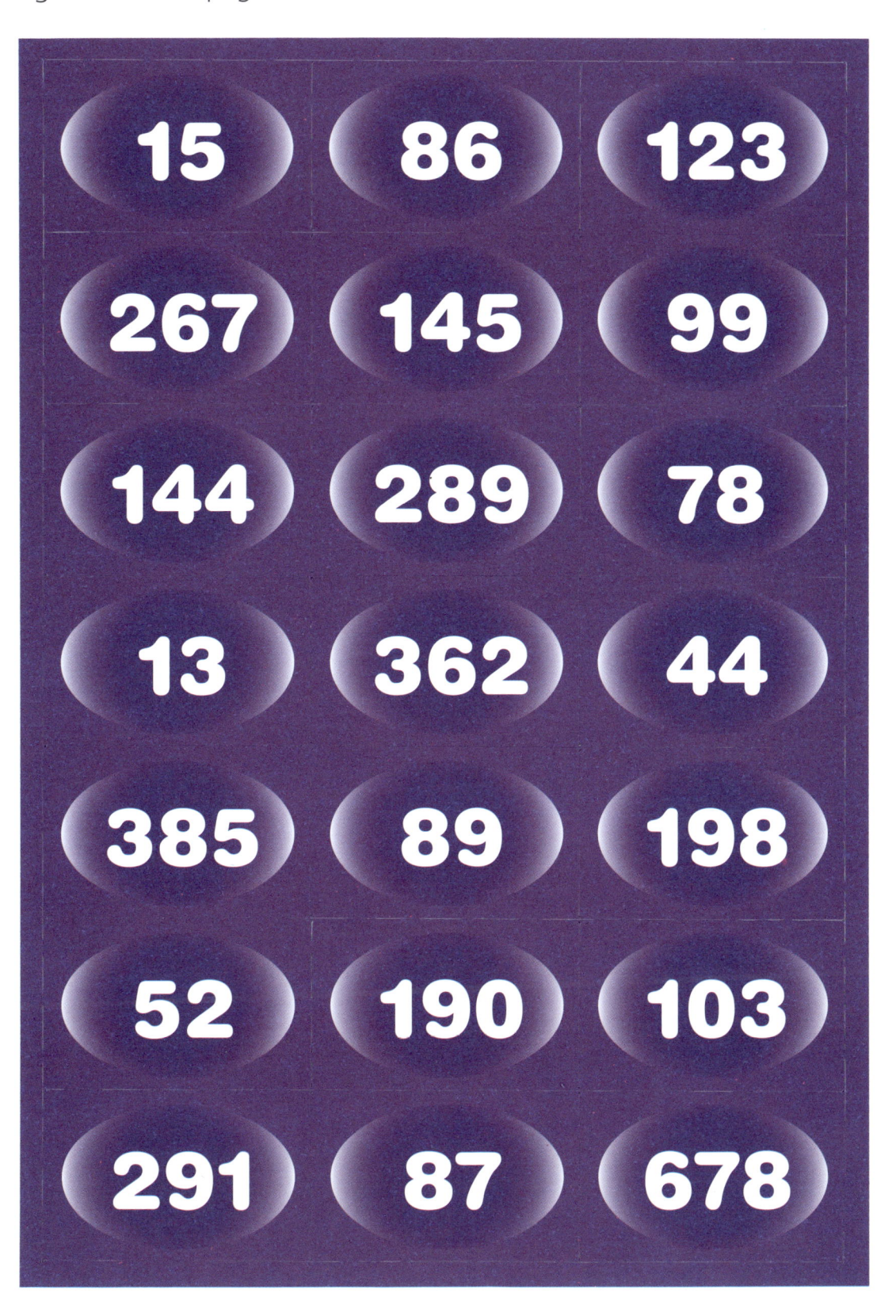

15	86	123
267	145	99
144	289	78
13	362	44
385	89	198
52	190	103
291	87	678

LANCE DA DIVISÃO	LANCE DA DIVISÃO	LANCE DA DIVISÃO
LANCE DA DIVISÃO	LANCE DA DIVISÃO	LANCE DA DIVISÃO
LANCE DA DIVISÃO	LANCE DA DIVISÃO	LANCE DA DIVISÃO
LANCE DA DIVISÃO	LANCE DA DIVISÃO	LANCE DA DIVISÃO
LANCE DA DIVISÃO	LANCE DA DIVISÃO	LANCE DA DIVISÃO
LANCE DA DIVISÃO	LANCE DA DIVISÃO	LANCE DA DIVISÃO
LANCE DA DIVISÃO	LANCE DA DIVISÃO	LANCE DA DIVISÃO

LANCE DA DIVISÃO

Este é o tabuleiro em que você marcará seus pontos no jogo **Lance da divisão**.

As regras estão na página 254 do seu livro.

LANCE DA DIVISÃO

QUAIS SÃO AS MINHAS CHANCES?

Estas cartas serão usadas nas atividades das páginas 260 e 261 do seu livro.

1	2	3
4	5	6
7	8	9
10		

QUAIS SÃO AS MINHAS CHANCES?
QUAIS SÃO AS MINHAS CHANCES?
QUAIS SÃO AS MINHAS CHANCES?
QUAIS SÃO AS MINHAS CHANCES?
QUAIS SÃO AS MINHAS CHANCES?
QUAIS SÃO AS MINHAS CHANCES?
QUAIS SÃO AS MINHAS CHANCES?
QUAIS SÃO AS MINHAS CHANCES?
QUAIS SÃO AS MINHAS CHANCES?
QUAIS SÃO AS MINHAS CHANCES?

Parte integrante do livro **Faça matemática – saber**, 3º ano. Editora FTD. Venda e reprodução proibidas.

49

Parte integrante do livro **Faça matemática – saber**, 3º ano. Editora FTD. Venda e reprodução proibidas.

51

53

Parte integrante do livro **Faça matemática – saber**, 3º ano. Editora FTD. Venda e reprodução proibidas.

55

ACESSÓRIOS

Use estes adesivos para decorar os personagens que você criou nas atividades das páginas 9, 43 e 77 do seu livro.

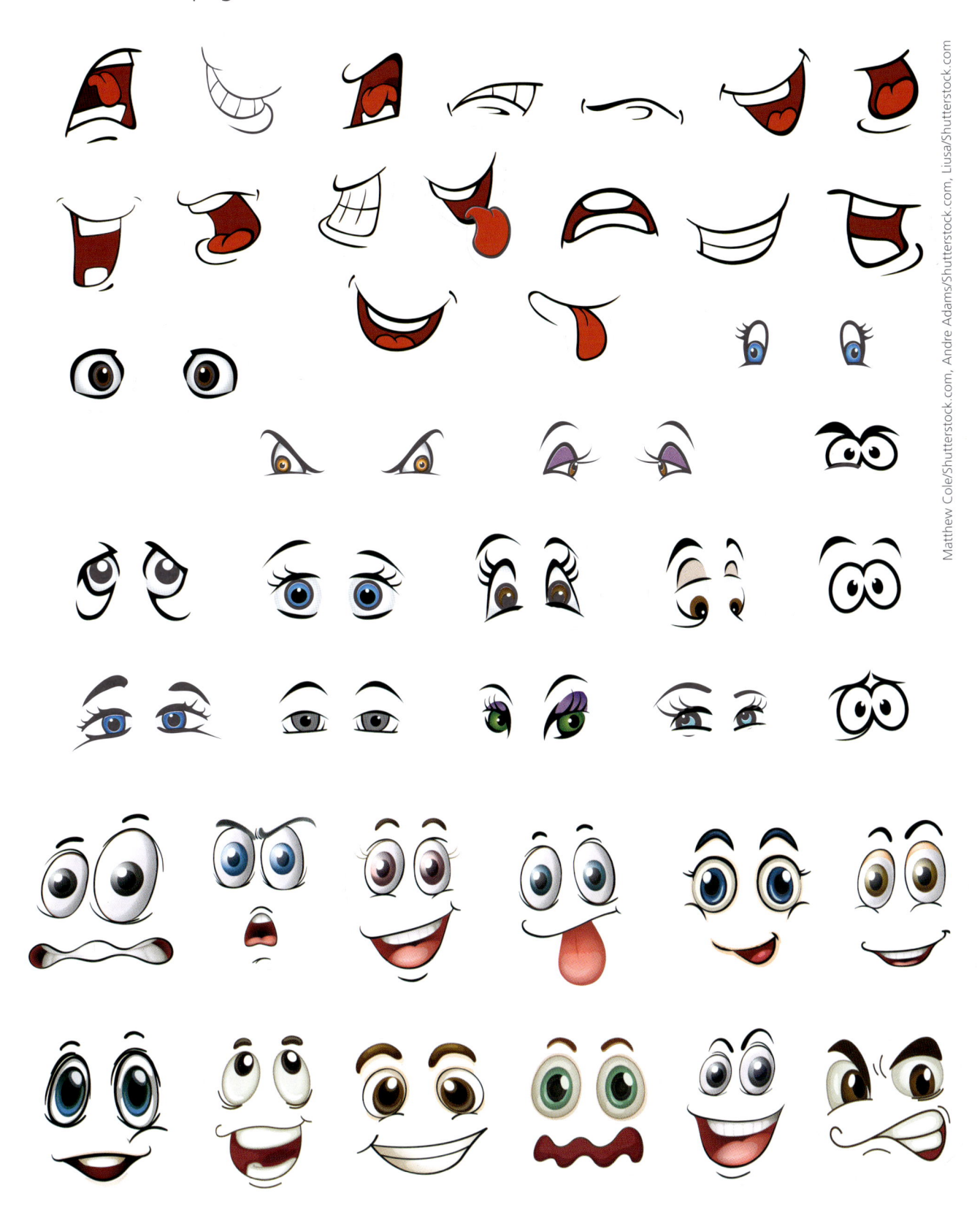

57

PARA QUE SERVEM OS NÚMEROS

Use estes adesivos para decorar o texto coletivo **Para que servem os números** da página 11 do seu livro.

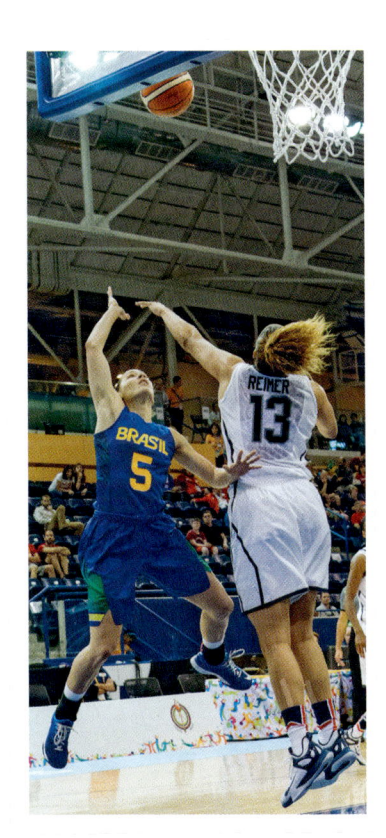

TANGRAM

Cole estes adesivos no desenho que você fez na atividade da página 74 do seu livro.

DIVIDIR E SUBTRAIR

Cole as bolinhas verdes nas caixas para representar a divisão apresentada nas páginas 95 e 96 do seu livro.

FAÇA...

SEÇÕES

JOGO OU BRINCADEIRA

Divirta-se e veja como os assuntos que você vai aprender neste livro são usados no dia a dia.

SEU PROBLEMA AGORA É...

Aprenda a ser um bom leitor e busque novas formas de resolver situações desafiadoras.

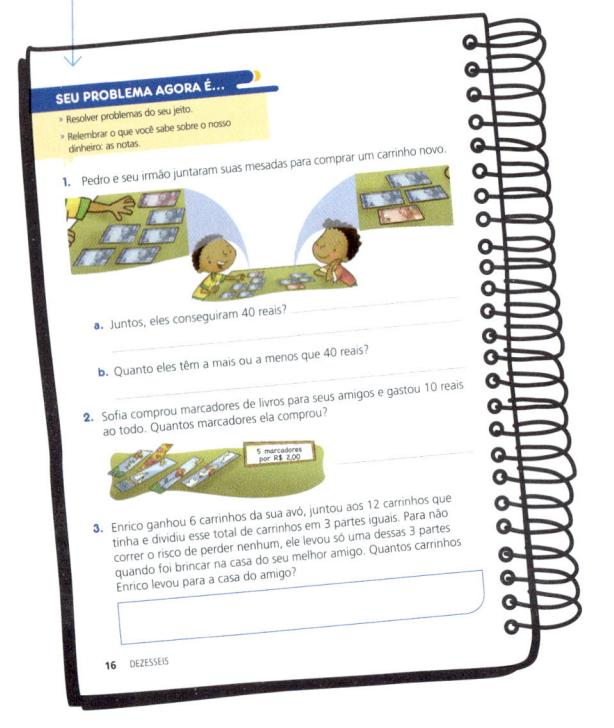

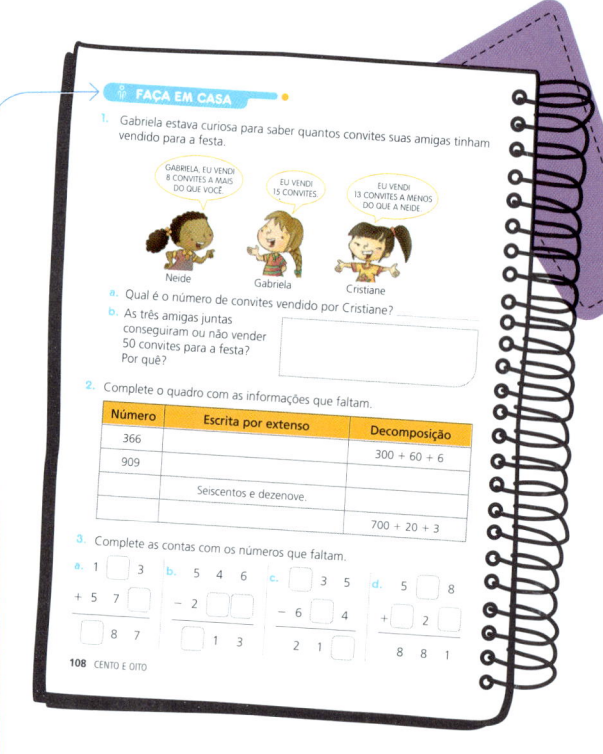

FAÇA EM CASA

Este é o momento de usar o que você já aprendeu e retomar o que estudou na escola para resolver novos problemas, pesquisar mais assuntos, escrever e ler sobre Matemática nas tarefas de casa.

CONHEÇA SEU LIVRO!

O livro está dividido em **9 unidades**, apresentadas em **2 partes**:

- **Parte 1:** unidades 1 a 5
- **Parte 2:** unidades 6 a 9

VAMOS CONHECÊ-LO?

ABERTURA DE UNIDADE

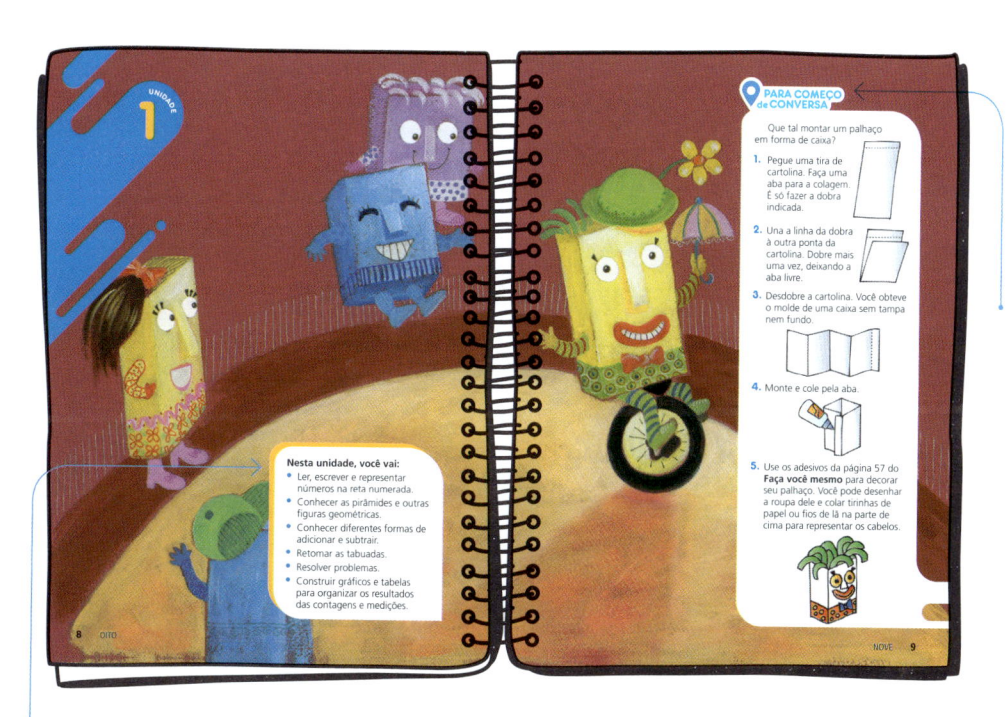

PARA COMEÇO DE CONVERSA

Tudo começa com uma atividade diferente e descontraída.

Aqui você conhece um pouco do que vai estudar na unidade.

...A SUA COLEÇÃO

Você já pensou em quantas coisas diferentes pode fazer em seu cotidiano? Desenhar, escrever, conversar, abraçar, dançar, pular, criar e transformar objetos... Cada ato que praticamos é único e diz um pouco sobre nossos gostos, nossa história, o jeito como brincamos e transmitimos emoções, o lugar em que vivemos, enfim, sobre quem somos e como atuamos no mundo. Tudo o que você faz possui uma marca única, diferente de qualquer outra pessoa. E todos os jeitos são incríveis, pois somos seres humanos diversos e cheios de ideias novas e surpreendentes!

Por isso, queremos que você utilize os livros desta coleção com criatividade e alegria, e que cada página tenha sua marca. O nome da coleção surgiu dessa ideia. Faça sua capa, faça sua história, faça seu aprendizado, faça você mesmo, faça acontecer! Vamos começar?

Nas próximas páginas, você vai conhecer como seu livro foi organizado e quais os materiais que o auxiliarão nessa aventura.

DIVIRTA-SE!

KÁTIA STOCCO SMOLE
MARIA IGNEZ DINIZ
VLADEMIR MARIM
Parte 1

FAÇA!
Matemática

FTD

FAÇA!
VOCÊ
MESMO
Matemática

FTD

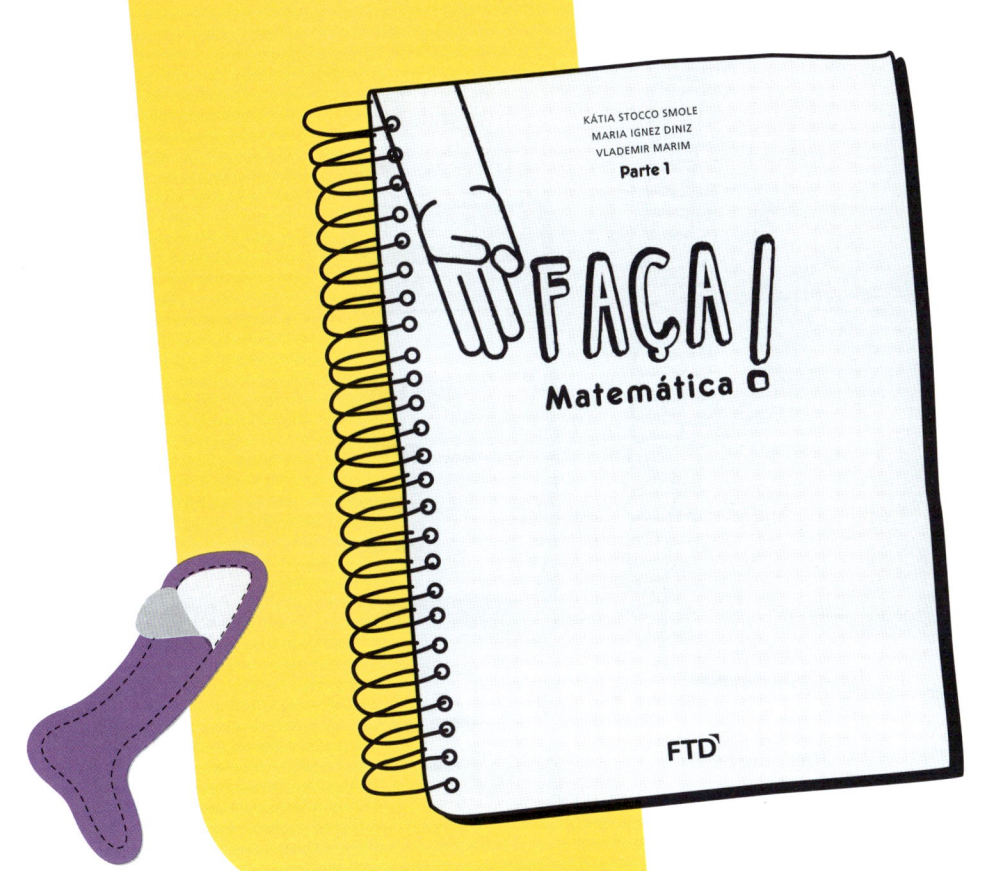

FAÇA VOCÊ MESMO!

Um livro com materiais destacáveis e adesivos que serão utilizados para personalizar as capas e realizar algumas atividades propostas nos capítulos.

PELOS CAMINHOS DA ARTE

Você vai conhecer diferentes manifestações artísticas e a relação delas com a Matemática.

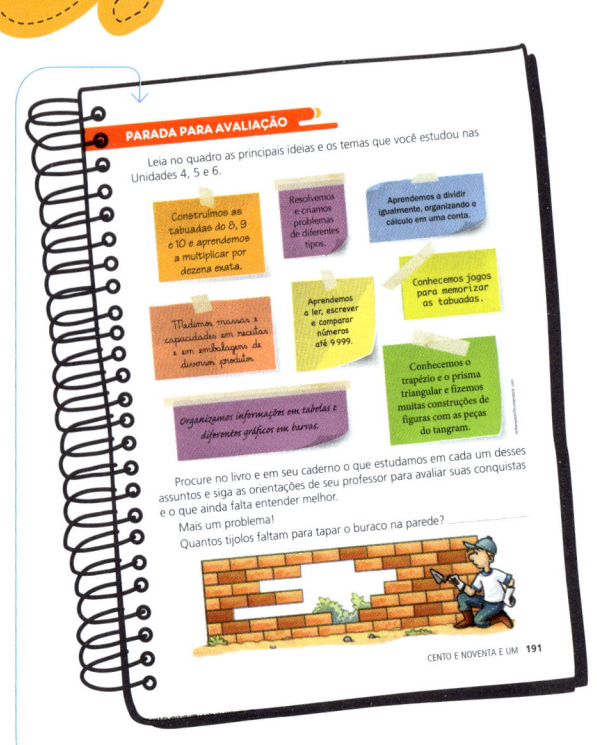

NO COMPUTADOR

É hora de aprender Matemática usando a tecnologia!

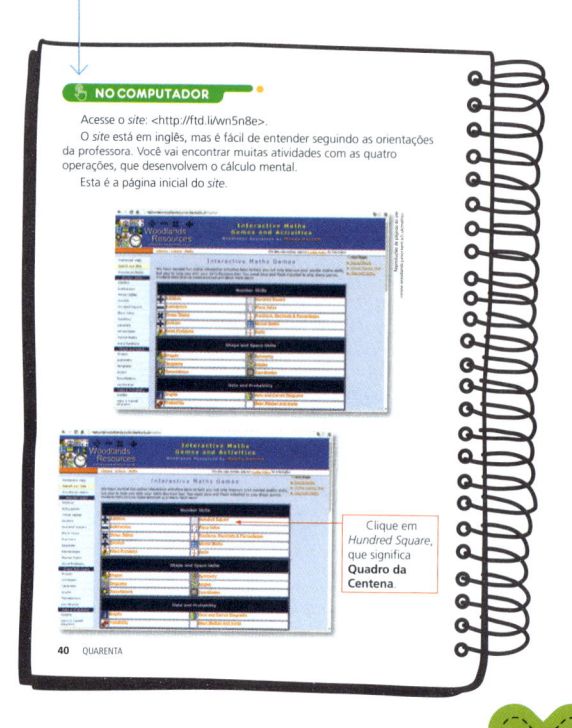

PARADA PARA AVALIAÇÃO

É tempo de avaliar o que e como você está aprendendo para saber Matemática mais e mais.

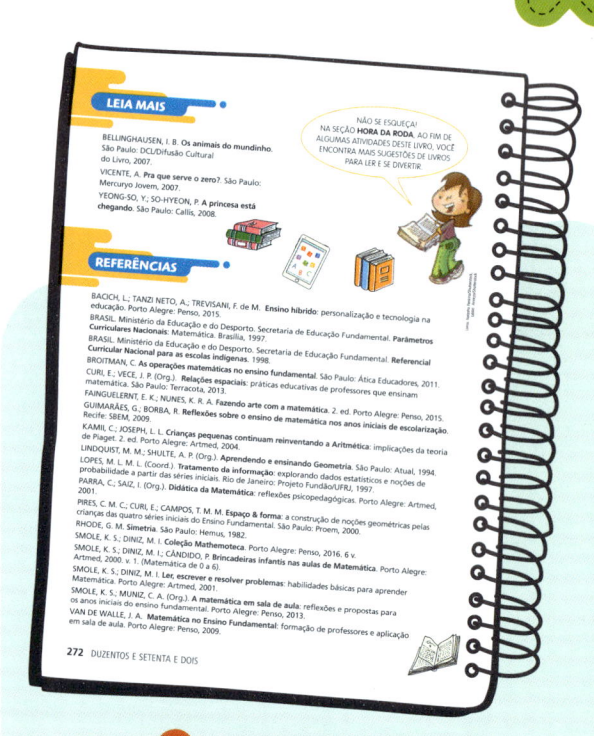

LEIA MAIS

Você vai descobrir livros interessantes que se relacionam com os temas estudados no livro. Explore-os!

HORA DA RODA

Veja as dicas de leitura para aprender mais e ver como a Matemática está presente em outras áreas do conhecimento.

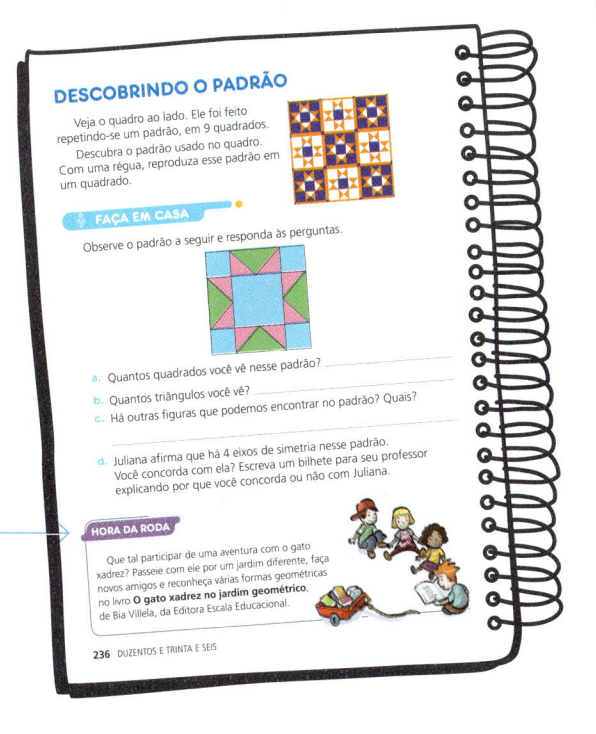

VAMOS LER JUNTOS

Aqui, você vai aprender Matemática por meio da leitura de diferentes textos.

PARA FAZER EM GRUPO OU PARA FAZER EM DUPLA

Troque ideias com um ou mais colegas na hora de fazer as atividades.

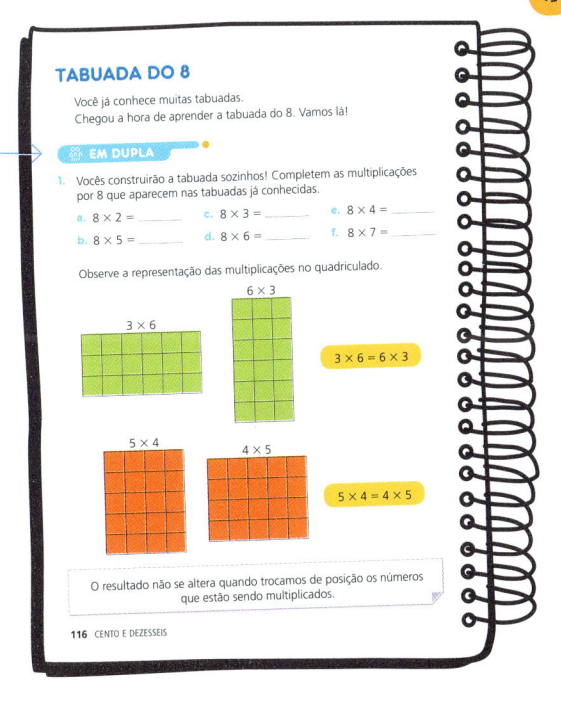

PARADA PARA CALCULAR

Fique craque em cálculo mental! Aproveite para contar aos colegas como você fez para realizar os cálculos e ouça as estratégias deles também.

O SEU LIVRO TAMBÉM POSSUI...

@ CULTURA DIGITAL

Um folheto, localizado no fim da **Parte 2** de cada volume da coleção, com propostas para você se informar sobre tecnologias e ambientes da internet, além de produzir informações e conhecimento.

FAÇA!
Matemática

Parte 1

Saber

KÁTIA CRISTINA STOCCO SMOLE
Doutora e mestre em Educação com área de concentração em ensino de Ciências e Matemática pela FEUSP. Licenciada e bacharela em Matemática pela FFCL de Moema.
Assessora de escolas públicas e privadas de Ensino Fundamental e Médio.

MARIA IGNEZ DE SOUZA VIEIRA DINIZ
Doutora, mestre e bacharela em Matemática pelo Instituto de Matemática e Estatística IME-USP.
Assessora de escolas públicas e privadas de Ensino Fundamental e Médio.

VLADEMIR MARIM
Doutor e mestre em Educação pela PUC-SP. Licenciado e bacharel em Matemática pela UniFMU. Pedagogo pela FFCL de Botucatu. Psicopedagogo pela UniFAI.
Professor e pesquisador da Universidade Federal de Uberlândia (UFU).

FTD

1ª edição | São Paulo | 2016

FTD

Copyright © Kátia Cristina Stocco Smole, Maria Ignez de Souza Vieira Diniz, Vlademir Marim, 2016

Diretor editorial	Lauri Cericato
Gerentes editoriais	Rosa Maria Mangueira, Silvana Rossi Júlio
Editora	Luciana Pereira Azevedo Remião
Editoras assistentes	Ana Carolina Suzuki Dias Cintra, Bianca Cristina Fratelli, Maria Aparecida Costa Bravo
Assistente editorial	Daniela Beatriz Benites de Paula
Gerente de produção editorial	Mariana Milani
Coordenador de produção editorial	Marcelo Henrique Ferreira Fontes
Gerente de arte	Ricardo Borges
Coordenadora de arte	Daniela Máximo
Projeto gráfico	Estúdio A+/Daniela Máximo
Projeto de capa	Juliana Carvalho
Supervisor de arte	Vinicius Fernandes
Edição de arte	Estúdio Anexo
Diagramação	Estúdio Anexo
Tratamento de imagens	Ana Isabela Pithan Maraschin, Eziquiel Racheti
Coordenadora de ilustrações e cartografia	Marcia Berne
Ilustrações	Estúdio Mil, Glair Arruda, Ilustra Cartoon
Coordenadora de preparação e revisão	Lilian Semenichin
Supervisora de preparação e revisão	Izabel Cristina Rodrigues
Preparação	Renato Colombo Jr.
Revisão	Juliana Rochetto, Jussara R. Gomes
Coordenador de iconografia e licenciamento de textos	Expedito Arantes
Supervisora de licenciamento de textos	Elaine Bueno
Iconografia	Mário Coelho
Diretor de operações e produção gráfica	Reginaldo Soares Damasceno

---

Dados Internacionais de Catalogação na Publicação (CIP)
(Câmara Brasileira do Livro, SP, Brasil)

Smole, Kátia Cristina Stocco
   Faça matemática saber, 3º ano : parte 1 e 2 / Kátia Cristina Stocco Smole, Maria Ignez de Souza Vieira Diniz, Vlademir Marim. — 1. ed. — São Paulo : FTD, 2016.

   ISBN 978-85-96-00415-2 (aluno)
   ISBN 978-85-96-00416-9 (professor)

   1. Matemática (Ensino fundamental) I. Diniz, Maria Ignez de Souza Vieira. II. Marim, Vlademir. III. Título.

16-03488   CDD-372.7

Índices para catálogo sistemático:
   1. Matemática : Ensino fundamental   372.7

---

1 2 3 4 5 6 7 8 9

Envidamos nossos melhores esforços para localizar e indicar adequadamente os créditos dos textos e imagens presentes nesta obra didática.
No entanto, colocamo-nos à disposição para avaliação de eventuais irregularidades ou omissões de crédito e consequente correção nas próximas edições.
As imagens e os textos constantes nesta obra que, eventualmente, reproduzam algum tipo de material de publicidade ou propaganda,
ou a ele façam alusão, são aplicados para fins didáticos e não representam recomendação ou incentivo ao consumo.

Reprodução proibida: Art. 184 do Código Penal e Lei 9.610 de 19 de fevereiro de 1998.
Todos os direitos reservados à

EDITORA FTD
Rua Rui Barbosa, 156 – Bela Vista – São Paulo-SP
CEP 01326-010 – Tel. (11) 3598-6000
Caixa Postal 65149 – CEP da Caixa Postal 01390-970
www.ftd.com.br
E-mail: central.atendimento@ftd.com.br

Impresso no Parque Gráfico da Editora FTD
Avenida Antonio Bardella, 300
Guarulhos-SP – CEP 07220-020
Tel. (11) 3545-8600 e Fax (11) 2412-5375

A - 603.841/20

APRESENTAÇÃO

Escrevemos este livro pensando em você.

Para isso, lembramos de como é bom ser criança, de como criança tem vontade de aprender, mas não nos esquecemos também de que criança gosta de brincar e de fazer coisas bonitas.

Página a página, você vai perceber que planejamos muitas atividades diferentes com jogos, brincadeiras, dobraduras, montagens, leitura e escrita, computador e muita, muita arte.

Além disso, o mundo dos números e das formas espera por você. Nele, você conhecerá os números e saberá para que eles servem, aprenderá a calcular de muitas maneiras, conhecerá as figuras por seus nomes e por suas propriedades, aprenderá a fazer medições e a resolver muitos problemas.

Esperamos que você goste e aprenda muito.

Os autores

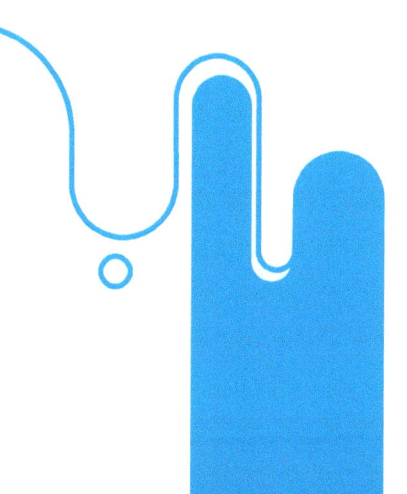

SUMÁRIO
Parte 1

UNIDADE 1

- **NO** PARA QUE SERVEM OS NÚMEROS? 10
  Usos dos números
- **NO** UM FUTEBOL DIFERENTE 12
  Percepção espacial e contagem
- **G** UM NOVO SÓLIDO 14
  Pirâmide
- SEU PROBLEMA AGORA É... 16
- **NO** OS NOMES DOS NÚMEROS 17
  Leitura de números
- PARADA PARA CALCULAR 19
- **NO** UM FUTEBOL DIFERENTE 21
  Multiplicação e adição
- **GM** MEDINDO COM A FITA MÉTRICA 22
  Medida de comprimento
- PARADA PARA CALCULAR 23
- **EP** COMPARANDO OS SALTOS 24
  Subtração
- **NO** CALCULANDO DIFERENÇAS 25
- **EP** BRINCANDO DE ATLETA 27
  Medida de comprimento
- **NO** ADICIONANDO PONTOS 28
  Procedimentos de cálculo
- **NO** UM FUTEBOL DIFERENTE 32
  Multiplicação: tabuadas
- **NO** APRENDENDO AS TABUADAS 33
- **G** REPRESENTANDO A PIRÂMIDE 35
- **G** ADIVINHE! 37
  Faces e vértices de poliedros
- **G** DESENHANDO FORMAS 38
- PARADA PARA CALCULAR 39
- NO COMPUTADOR 40
  Comparação de números

UNIDADE 2

- **NO** A CENTENA 44
- **NO** CALCULANDO MENTALMENTE 48
- **NO** CONSTRUINDO UM ÁBACO DE PINOS .. 49
- **NO** ORGANIZANDO E CONTANDO 52
  Adição
- **G** FIGURAS SIMÉTRICAS 54
- PARADA PARA CALCULAR 56
- **NO** TABUADA DO 6 57
- SEU PROBLEMA AGORA É... 59
- **GM** FAZENDO COMPRAS 61
  Adição e sistema monetário
- PARADA PARA CALCULAR 62
- **GM** A HORA PASSA 63
  Leitura de horas
- **GM** MEDINDO COM A RÉGUA 65
- **EP** HORA DE CONSTRUIR 67
  Tabelas e gráficos
- **NO** O ANIVERSÁRIO DE DANIEL 69
  Noção de divisão
- **NO** DIVIDINDO 71
  Noção de divisão
- **G** QUEBRA-CABEÇA 74
  Composição de figuras
- **G** DESENHANDO FORMAS 75
  Percepção espacial

UNIDADE 3

- **G** CONHECENDO HISTÓRIAS SOBRE O TANGRAM 78
- NO COMPUTADOR 78
- **NO** ADICIONANDO COM O ÁBACO 80
- **NO** RESTA ZERO 83
  Subtração
- **GM** LEVE OU PESADO? 84
  Noção de massa
- **G** O PARALELOGRAMO 86
- **NO** ADICIONANDO COM O ÁBACO OUTRA VEZ 87
  Algoritmo da adição

EP ESTATÍSTICA E PROBABILIDADE   **G** GEOMETRIA   **GM** GRANDEZAS E MEDIDAS   **NO** NÚMEROS E OPERAÇÕES

| EP | RESTA ZERO 88
Subtração
PARADA PARA CALCULAR 89
| EP | VAMOS DANÇAR? 90
Tabelas e gráficos
| G | SIMETRIA NAS PEÇAS DO TANGRAM 91
SEU PROBLEMA AGORA É... 92
| NO | A TABUADA DO 7 93
| NO | RESTA ZERO 94
Adição e subtração

| NO | DIVIDIR E SUBTRAIR 95
PARADA PARA CALCULAR 98
| NO | MAIS UM, MENOS UM 99
Sucessor e antecessor
SEU PROBLEMA AGORA É... 101
| G | SILHUETAS 102
Composição de figuras
| G | DESENHANDO FORMAS 102
Percepção espacial
PARADA PARA AVALIAÇÃO 103

UNIDADE 4

| NO | PREPARANDO A FESTA 106
Sistema monetário e operações
PARADA PARA CALCULAR 109
| G | O TRAPÉZIO 110
| GM | MÃOS NA MASSA 111
Medida de massa
| G | MONTANDO FORMAS 113
Composição e decomposição de figuras
| NO | LEITE NOSSO DE CADA DIA 115
Medida de capacidade
| NO | TABUADA DO 8 116
| NO | JOGO DA VELHA MULTIPLICATIVO 118
Memorização de tabuadas
| NO | CONHECENDO O MIL 119
| NO | SUBTRAINDO NÚMEROS GRANDES 123
| NO | JOGO DA VELHA MULTIPLICATIVO 125
Memorização de tabuadas
PARADA PARA CALCULAR 126
| G | FORMAS SIMÉTRICAS 127
| G | OLHANDO DE CIMA 128
Vistas de sólidos geométricos
| NO | SUBTRAINDO COM O ÁBACO 130
Algoritmo da subtração
| EP | O LEITE MAIS VENDIDO 134
Gráfico em barras horizontais

UNIDADE 5

| NO | TABUADA DO 9 138
| NO | QUANTAS VEZES O 10? 140
Multiplicação
| G | PROBLEMAS COM O TANGRAM 142
Lados e vértices
| GM | AS MEDIDAS DO CORPO 143
Medidas de comprimento, massa e tempo
| NO | PEDRA NO ALVO 144
Sistema de Numeração Decimal
| NO | MULTIPLICANDO MENTALMENTE 145
Procedimentos de cálculo
PARADA PARA CALCULAR 147
| NO | FAZENDO ESTIMATIVAS 148
Estimativa nas operações
| G | FAZENDO DESENHOS 149
Uso da régua
| GM | OUTRAS FORMAS DE DINHEIRO 150
Sistema monetário
| NO | UTILIZANDO A ADIÇÃO E A SUBTRAÇÃO 151
| NO | NÚMEROS PARES E NÚMEROS ÍMPARES 152
PARADA PARA CALCULAR 155
| G | UM NOVO SÓLIDO GEOMÉTRICO 156
Prisma triangular
| G | MAIS SOBRE OS SÓLIDOS GEOMÉTRICOS 157
Faces, vértices e arestas
| NO | PEDRA NO ALVO 158
Sistema de Numeração Decimal
SEU PROBLEMA AGORA É... 159
| EP | QUANTAS CHANCES? 160
Noção de chance

| EP | ESTATÍSTICA E PROBABILIDADE | G | GEOMETRIA | GM | GRANDEZAS E MEDIDAS | NO | NÚMEROS E OPERAÇÕES

Parte 2

UNIDADE 6

- **NO** DECOMPONDO PARA MULTIPLICAR 166
  Algoritmo da multiplicação
- **NO** QUAL É O PRODUTO? 170
  Memorização das tabuadas
  - SEU PROBLEMA AGORA É… 171
- **NO** RETA NUMERADA 172
- **NO** APRENDENDO A DIVIDIR 173
  Algoritmo da divisão
  - SEU PROBLEMA AGORA É… 177
  - SEU PROBLEMA AGORA É… 178
  - PARADA PARA CALCULAR 179
- **G** DEPENDE DE COMO SE OLHA 180
  Vistas
  - PARADA PARA CALCULAR 181
- **G** VISTAS 182
  - NO COMPUTADOR 184
  Tabuadas
- **NO** SUBTRAÇÃO E ADIÇÃO 185
- **EP** CONHECENDO MELHOR OS CLIENTES 187
  Leitura de gráficos
- **GM** ESPORTES: SALTO EM ALTURA 188
  Coleta e organização de dados
- **NO** QUAL É O PRODUTO? 189
- **EP** ORGANIZANDO AS INFORMAÇÕES: SALTO EM ALTURA 190
  Tabelas e gráficos
  - PARADA PARA AVALIAÇÃO 191

UNIDADE 7

- **NO** ORGANIZANDO AS TABUADAS 194
- **NO** MULTIPLICANDO POR 100, 200, 300... 196
  - PARADA PARA CALCULAR 199
- **G** SEPARANDO FIGURAS 200
  Prismas e pirâmides
- **NO** DIVIDINDO NÚMEROS MAIORES 203
  Algoritmo da divisão
  - PARADA PARA CALCULAR 205
- **NO** EM BUSCA DOS PARES 206
  Leitura de horas
- **GM** NA HORA CERTA 207
  Leitura de horas
- **NO** ESTIMANDO 209
  Estimativa nas operações
- **NO** UMA OPERAÇÃO E TRÊS IDEIAS DIFERENTES 210
  Subtração
- **NO** CÁLCULO ESTIMADO 212
  Adição e subtração
- **NO** SEMELHANTES OU DIFERENTES? 214
  Leitura de problemas
  - NO COMPUTADOR 215
- **G** AS BASES DAS PIRÂMIDES 216
  - SEU PROBLEMA AGORA É… 219

EP ESTATÍSTICA E PROBABILIDADE **G** GEOMETRIA **GM** GRANDEZAS E MEDIDAS **NO** NÚMEROS E OPERAÇÕES

UNIDADE 8

- **NO** QUADRO DO MILHAR 222
  Sistema de Numeração Decimal
- **G** PADRÕES GEOMÉTRICOS 225
  Composição de figuras
- **G** CONSTRUINDO PADRÕES 226
  Composição de figuras e simetria
- **NO** CÁLCULO APROXIMADO NA DIVISÃO ... 227
  SEU PROBLEMA AGORA É… 228
- **NO** MUITAS FORMAS DE MULTIPLICAR 230
  Algoritmo da multiplicação
  PARADA PARA CALCULAR 233
- **NO** PAGANDO MENOS 234
  Medidas de massa e capacidade
- **G** DESCOBRINDO O PADRÃO 236
  Composição e decomposição de figuras
- **NO** PARA QUE SERVE A MULTIPLICAÇÃO? .. 237
- **EP** CAMPANHA DA SOLIDARIEDADE 238
  Gráfico em barras duplas
  SEU PROBLEMA AGORA É… 240
  PARADA PARA CALCULAR 242
- **GM** UM DIA DA ROTINA DE DANIEL 243
  Leitura e escrita de horas

UNIDADE 9

- **NO** COMPARAR, ADICIONAR E SUBTRAIR ... 246
- **GM** AS MEDIDAS 247
  SEU PROBLEMA AGORA É… 249
  NO COMPUTADOR 250
- **G** CRIANDO PADRÕES 252
  Translação
- **NO** LANCE DA DIVISÃO 254
  Estimativa da divisão
- **GM** TRABALHANDO COM DINHEIRO 256
  Sistema monetário
- **NO** LANCE DA DIVISÃO 257
- **G** PELOS CAMINHOS DA ARTE 258
- **NO** QUAIS SÃO AS MINHAS CHANCES? ... 260
  Organização de dados
- **NO** LANCE DA DIVISÃO 263
  SEU PROBLEMA AGORA É… 264
  PARADA PARA AVALIAÇÃO 266
  MAIS PROBLEMAS 267

LEIA MAIS 272
REFERÊNCIAS 272

EP ESTATÍSTICA E PROBABILIDADE **G** GEOMETRIA **GM** GRANDEZAS E MEDIDAS **NO** NÚMEROS E OPERAÇÕES

UNIDADE 1

Nesta unidade, você vai:
- Ler, escrever e representar números na reta numerada.
- Conhecer as pirâmides e outras figuras geométricas.
- Conhecer diferentes formas de adicionar e subtrair.
- Retomar as tabuadas.
- Resolver problemas.
- Construir gráficos e tabelas para organizar os resultados das contagens e medições.

8 OITO

PARA COMEÇO de CONVERSA

Que tal montar um palhaço em forma de caixa?

1. Pegue uma tira de cartolina. Faça uma aba para a colagem. É só fazer a dobra indicada.

2. Una a linha da dobra à outra ponta da cartolina. Dobre mais uma vez, deixando a aba livre.

3. Desdobre a cartolina. Você obteve o molde de uma caixa sem tampa nem fundo.

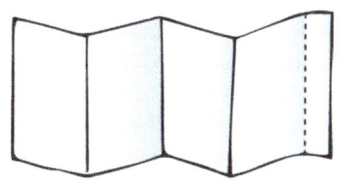

4. Monte e cole pela aba.

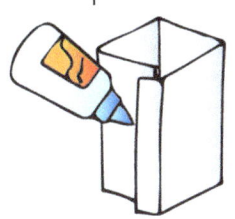

5. Use os adesivos da página 57 do **Faça você mesmo** para decorar seu palhaço. Você pode desenhar a roupa dele e colar tirinhas de papel ou fios de lã na parte de cima para representar os cabelos.

PARA QUE SERVEM OS NÚMEROS?

• VAMOS LER JUNTOS

- O ano de 2008 foi o mais frio em todo o planeta, desde o ano 2000.
- Um urso-polar adulto é capaz de nadar mais de 20 quilômetros por dia, sem medo do frio.
- Um elefante adulto pode comer 140 quilogramas de vegetais e beber 200 litros de água por dia.
- O país que tem mais clubes de futebol é a Inglaterra: são 42 490 clubes registrados na Fifa.

Fonte de pesquisa: RECREIO. São Paulo: Abril, n. 476. Seção Curiosidades.

Você observou que todas as curiosidades acima têm números? Os números estão por toda parte.

Observe outras situações em que os números são usados.

EU USO NÚMEROS PARA **CONTAR** OS PONTOS NO JOGO DE BASQUETE.

> OS NÚMEROS TAMBÉM SERVEM PARA **ORDENAR**. EU FUI A **TERCEIRA** COLOCADA NO CAMPEONATO DE NATAÇÃO.

> OS NÚMEROS TAMBÉM SERVEM PARA **ORGANIZAR**. EU E A ELISA MORAMOS NA MESMA RUA. MINHA CASA É NÚMERO 455, E A CASA DELA É 229.

> Usem os adesivos da página 59 do **Faça você mesmo** para decorar o texto coletivo.

Com seus colegas de classe, pesquise e selecione recortes de jornais, revistas, embalagens e rótulos de produtos com números e verifique em que situações eles são usados. Depois disso, redijam um texto coletivo com o título **Para que servem os números**.

JOGO

Um futebol diferente

Forme um grupo com 4 ou 5 colegas para jogar.

» **O que é preciso?**
- Folhas de jornal e fita adesiva
- Folha de papel ou quadro para marcar os pontos ganhos
- Lápis e giz

» **Preparativos**

1. Em um espaço amplo, fixem uma folha de jornal aberta no chão. Essa folha será o espaço do gol.

2. Façam uma bola de papel com duas folhas de jornal:

1 Uma folha de jornal deve ser amassada até virar uma bolinha.

2

3 Essa bolinha deve ser embrulhada por outra folha de jornal e mais uma vez amassada, até ficar bem redondinha.

4 A fita adesiva deve ser usada para fixar as folhas e deixar a bolinha bem firme.

5

Se a bolinha ficar muito leve, usem mais uma folha de jornal. Se necessário, a professora pode ajudar.

3. Com o giz, façam uma marca no chão a cinco passos da folha de jornal.

Tudo pronto. Agora é só jogar e se divertir. Sigam as regras.

» **Regras**

1. Cada um poderá chutar a bola de papel três vezes por rodada.
2. O jogador se coloca atrás da marca no chão e chuta a bola em direção à folha de jornal que está no chão, o gol.
3. Se a bola cair e permanecer sobre a folha de jornal, o jogador terá feito um GOL!
4. Cada GOL deve ser marcado como 1 ponto do jogador, e isso deve ser anotado na folha de papel ou no quadro.
5. Após cinco rodadas, o jogador que conseguir o maior número de pontos será o vencedor.

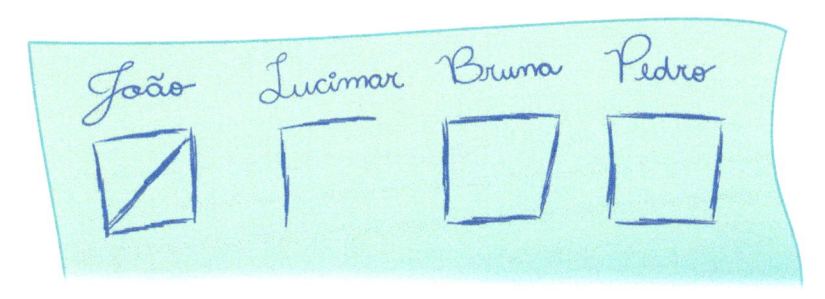

VAMOS LER JUNTOS

A brincadeira que você aprendeu aqui é com bola e é bem parecida com jogar futebol.

Jogos com bola são muito antigos e eram usados como esporte ou como treinamento de militares. O jogo de futebol com o campo e os arcos de gol parecidos com o que é jogado hoje teve início na Inglaterra, e as primeiras regras foram feitas em 1848.

Fonte de pesquisa: HISTÓRIA DO FUTEBOL. In: SUA PESQUISA.COM. Disponível em: <http://ftd.li/teqhte>. Acesso em: 19 fev. 2016.

UM NOVO SÓLIDO

Observe esta ilustração.

1. A ilustração lembra algo que você conhece ou já tenha visto?

   _____

2. Que formas geométricas você identifica nela? _____

   _____

3. Você já viu formas parecidas com essas em outros lugares? Já viu algum objeto com essas formas? _____

   _____

EM DUPLA

Que tal fazer uma caixa de formato parecido com o das construções acima?

Trabalhem juntos, mas cada um deve fazer sua própria caixa. Sigam as instruções.

1. Destaque o molde da página 3 do **Faça você mesmo**.

2. Faça as dobras.

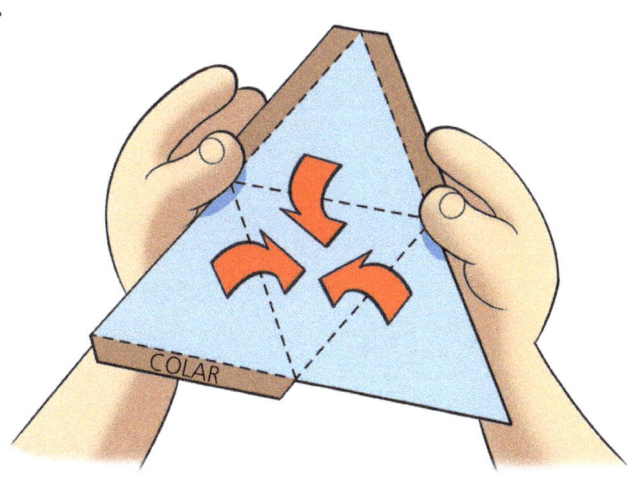

3. Passe cola em uma aba e una duas faces da pirâmide, deixando a outra face solta para servir de tampa da caixa.

4. Sua caixa está pronta!

Você pode enfeitar a sua caixa e usá-la para guardar o que quiser.

QUINZE **15**

SEU PROBLEMA AGORA É...

» Resolver problemas do seu jeito.
» Relembrar o que você sabe sobre o nosso dinheiro: as notas.

1. Pedro e seu irmão juntaram suas mesadas para comprar um carrinho novo.

a. Juntos, eles conseguiram 40 reais? _____

b. Quanto eles têm a mais ou a menos que 40 reais?

2. Sofia comprou marcadores de livros para seus amigos e gastou 10 reais ao todo. Quantos marcadores ela comprou?

5 marcadores por R$ 2,00

3. Enrico ganhou 6 carrinhos da sua avó, juntou aos 12 carrinhos que tinha e dividiu esse total de carrinhos em 3 partes iguais. Para não correr o risco de perder nenhum, ele levou só uma dessas 3 partes quando foi brincar na casa do seu melhor amigo. Quantos carrinhos Enrico levou para a casa do amigo?

OS NOMES DOS NÚMEROS

Sofia adora contar. Ela conta tudo!

DEZ, VINTE, TRINTA...

VOCÊ SABE CONTAR DE 10 EM 10?

SIM! VOCÊ JÁ OUVIU FALAR NOS NÚMEROS CHAMADOS **DEZENAS EXATAS**?

1. Complete estes quadros com as dezenas exatas.

10	Dez.
20	Vinte.
	Trinta.
	Quarenta.
50	

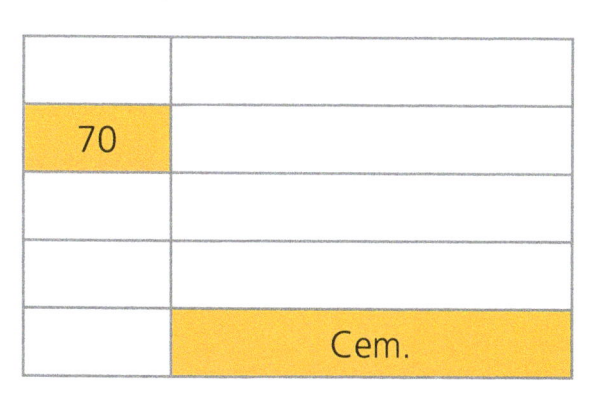

70	
	Cem.

Os números de 10 até 100 se formam com as dezenas escritas nos quadros acima e as unidades:

1, **2**, **3**, **4**, **5**, **6**, **7**, **8** e **9**

Por exemplo:

47 → quarenta e sete é o mesmo que 40 + 7.

72 → setenta e dois é o mesmo que 70 + 2.

2. Agora complete este quadro.

Trinta e um.	30 + 1	31
	60 + 6	
Dezoito.		
		93
	80 + 5	

3.

OS NÚMEROS PODEM SER REPRESENTADOS POR PONTOS EM UMA RETA NUMERADA, COMO SE FOSSE UMA RÉGUA OU UMA FITA MÉTRICA.

Veja a reta numerada de 0 a 20.

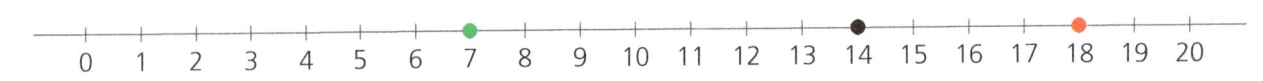

0 1 2 3 4 5 6 7 8 9 10 11 12 13 14 15 16 17 18 19 20

a. Qual ponto representa o número 18? _____

b. Qual é o número que o ponto verde representa? _____

c. E o ponto preto, qual número ele representa? _____

4. Nesta outra reta numerada, os números estão marcados de 10 em 10. Observe os pontos coloridos. Repare que o 25 foi colocado bem na metade do espaço entre 20 e 30.

0 10 20 25 30 40 50 60 70 80 90 100

- Qual é o número representado pelo ponto verde? _____

5. Observe esta outra reta:

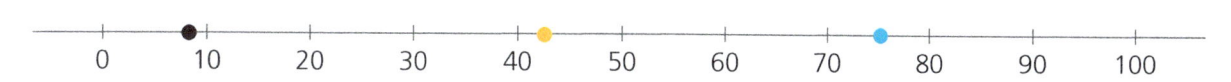

```
0  10  20  30  40  50  60  70  80  90  100
```

O ponto amarelo corresponde ao número 42. Ele está entre 40 e 50 e mais próximo do 40.

O ponto preto representa o número 9. É menor que 10, mas bem próximo a ele.

- Qual o número que você acha que está representado pelo ponto azul? _____

6. Preencha a reta numerada de 10 em 10 e marque pontos coloridos para representar os números 15, 68, 70 e 96.

```
0
```

PARADA PARA CALCULAR

Ellen precisava calcular 9 + 2.

> EU FIZ ASSIM:
> 9 + 1 + 1 = 10 + 1 = 11.

Agora, faça como Ellen e calcule o resultado de cada adição.

a. 9 + 4 =
b. 7 + 9 =
c. 9 + 5 =
d. 9 + 3 =

e. 6 + 9 =
f. 8 + 6 =
g. 9 + 6 =
h. 8 + 7 =

i. 9 + 7 =
j. 8 + 4 =
k. 9 + 9 =
l. 7 + 4 =

👤 FAÇA EM CASA

1. Complete o **Quadro da centena** que a professora vai providenciar e observe a organização de 10 em 10.

2. Quem sou eu? Meu nome começa com setenta. Na reta numerada, estou logo antes de um número que termina em 5. Se somar 10 comigo, o resultado terminará com 4.

    a. Que número sou eu? _____

    b. Agora que você já sabe quem eu sou, escreva-me de dois modos diferentes usando a adição. _____

    _____

3. Escreva os números a seguir, usando algarismos. Depois, faça uma reta numerada e represente esses números com pontos coloridos.

    a. sessenta e três _____

    b. oitenta e nove _____

    c. onze _____

    d. quarenta e sete _____

    e. cinquenta _____

    f. quatorze _____

Resolva as **atividades 4 e 5** em seu caderno.

4. Os 24 chocolates de uma caixa foram distribuídos igualmente entre 4 crianças. Quantos chocolates cada uma recebeu?

5. Os 24 chocolates de uma caixa foram separados em saquinhos com 3 chocolates em cada um. Quantos saquinhos foram feitos?

JOGO

Um futebol diferente

Brinquem novamente...
Só que agora as regras são outras...

» **Novas regras**

Desta vez, fazer um GOL terá um valor diferente.

1. Na primeira rodada de 3 chutes, cada GOL vale 1 ponto.

2. Na segunda rodada, cada GOL vale 2 pontos.

3. Na terceira rodada, cada GOL vale 3 pontos.

4. E, na quarta rodada, cada GOL vale 4 pontos.

Jogue novamente com o seu grupo, fazendo quatro rodadas. Não se esqueça de marcar seus pontos e os de seus colegas de grupo. Vocês podem fazer um quadro como este no caderno ou em uma folha de papel.

Pontos marcados

Jogador	1ª rodada	2ª rodada	3ª rodada	4ª rodada	Total

HORA DA RODA

Brincadeiras de todos os tempos, de Anna Claudia Ramos, Escala Educacional, São Paulo, 2006.

Nesse livro você encontra um monte de coisas gostosas que podem acontecer quando avôs e netos se encontram para brincar. Vale a pena conferir essas brincadeiras de todos os tempos!

MEDINDO COM A FITA MÉTRICA

Você já viu uma fita métrica? Sabe para que serve? Se você tiver uma, procure observá-la. Ela tem muitos números.

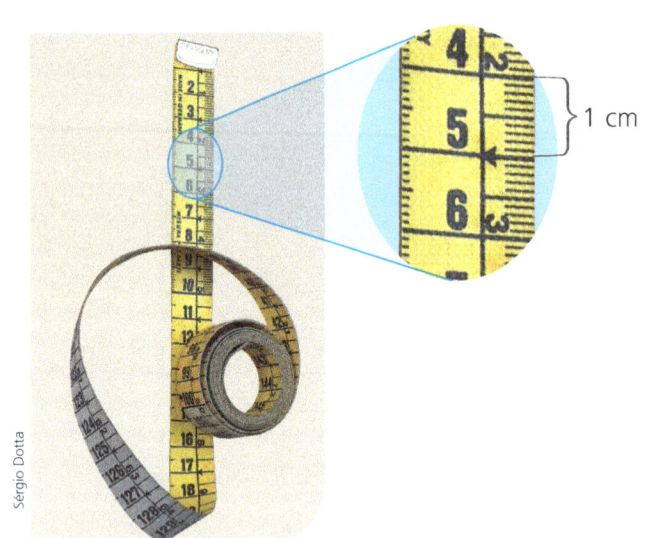

A fita métrica é dividida em 150 partes iguais. Cada uma dessas partes representa **1 centímetro**.

Veja o que Jane descobriu usando a fita métrica.

A LARGURA DO TAMPO DA MESA É 60 cm.

O COMPRIMENTO DO TAMPO DA MESA É 120 cm.

O COMPRIMENTO DO TAMPO DA MESA É MAIOR QUE 1 m. ESSA MEDIDA É IGUAL A 1 m E 20 cm.

EM DUPLA

Meçam três objetos da sala de aula que tenham mais de 1 metro de comprimento e três que tenham menos de 1 metro de comprimento. Anotem a seguir:

Mais de 1 m de comprimento	Menos de 1 m de comprimento

PARADA PARA CALCULAR

1. Observe:

12
5 + 7 = 12
7 + 5 = 12
12 − 5 = 7
12 − 7 = 5

Agora é sua vez! Escreva o que falta em cada operação.

13
_____ + 9 = 13
9 + 4 = _____
13 − _____ = 9
13 − _____ = 4

14
8 + 6 = _____
6 + _____ = 14
14 − 8 = _____
14 − 6 = _____

15
15 = 8 + _____
_____ = 7 + 8
7 = 15 − _____
8 = _____ − 7

16
16 = _____ + 7
16 = 7 + _____
_____ = 16 − 9
_____ = 16 − 7

2. Quantas subtrações você consegue criar usando os algarismos 2, 3, 6 e 8?

EU FIZ 6 − 3 = 3.

E EU FIZ 23 − 6 = 17.

COMPARANDO OS SALTOS

Na classe de Gledson, depois que os alunos brincaram de salto em distância, eles organizaram um gráfico parecido com este.

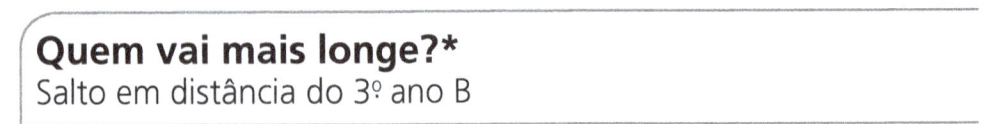

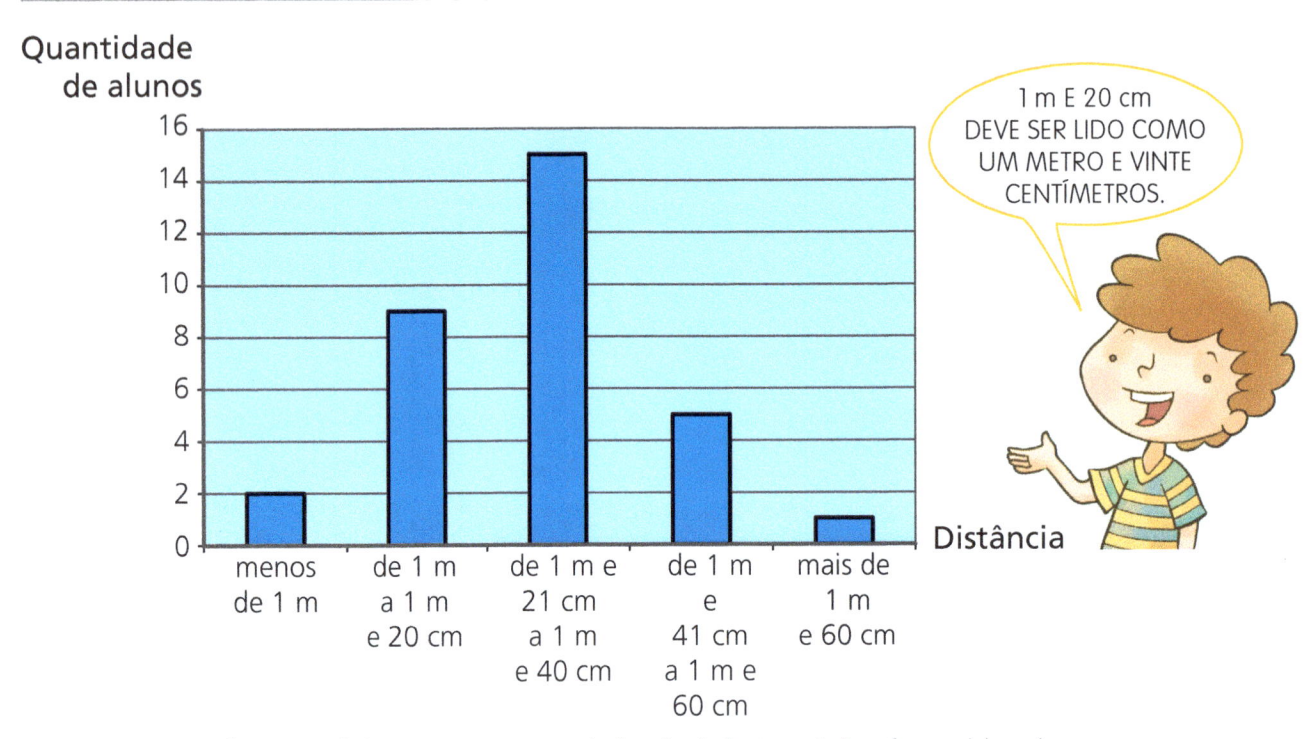

Quem vai mais longe?*
Salto em distância do 3º ano B

Quantidade de alunos (eixo vertical, de 0 a 16)

- menos de 1 m: 2
- de 1 m a 1 m e 20 cm: 9
- de 1 m e 21 cm a 1 m e 40 cm: 15
- de 1 m e 41 cm a 1 m e 60 cm: 5
- mais de 1 m e 60 cm: 1

Distância

> 1 m E 20 cm DEVE SER LIDO COMO UM METRO E VINTE CENTÍMETROS.

* Os gráficos e as tabelas que aparecem sem indicação de fonte neste livro foram elaborados com base em dados fictícios criados pelos autores.

EM DUPLA

1. Transformem o gráfico da classe de Gledson em uma tabela. Não se esqueçam de colocar o título.

2. Agora, respondam:
   a. Quantos alunos tem a classe de Gledson? _____
   b. Quantas crianças saltaram até 1 m e 40 cm? _____
   c. Quantas crianças saltaram mais que 1 m e 40 cm? _____
   d. Qual a diferença entre o total de alunos que saltaram até 1 m e 40 cm e os que saltaram mais que isso? _____

CALCULANDO DIFERENÇAS

Veja como Helena raciocinou para responder à última pergunta.

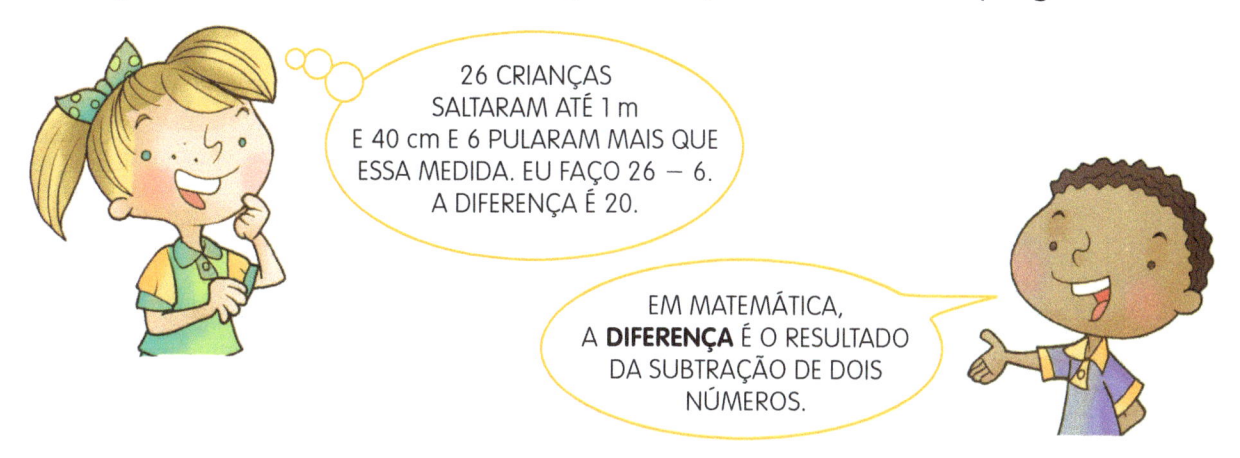

> 26 CRIANÇAS SALTARAM ATÉ 1 m E 40 cm E 6 PULARAM MAIS QUE ESSA MEDIDA. EU FAÇO 26 − 6. A DIFERENÇA É 20.

> EM MATEMÁTICA, A **DIFERENÇA** É O RESULTADO DA SUBTRAÇÃO DE DOIS NÚMEROS.

Você já aprendeu a fazer subtrações. Assim como na adição existem diferentes formas de adicionar, na subtração também há diversas maneiras de subtrair. Veja três modos para calcular a diferença 45 − 23:

Helena resolveu a subtração por meio da decomposição dos números. Pedro preferiu usar a conta armada.

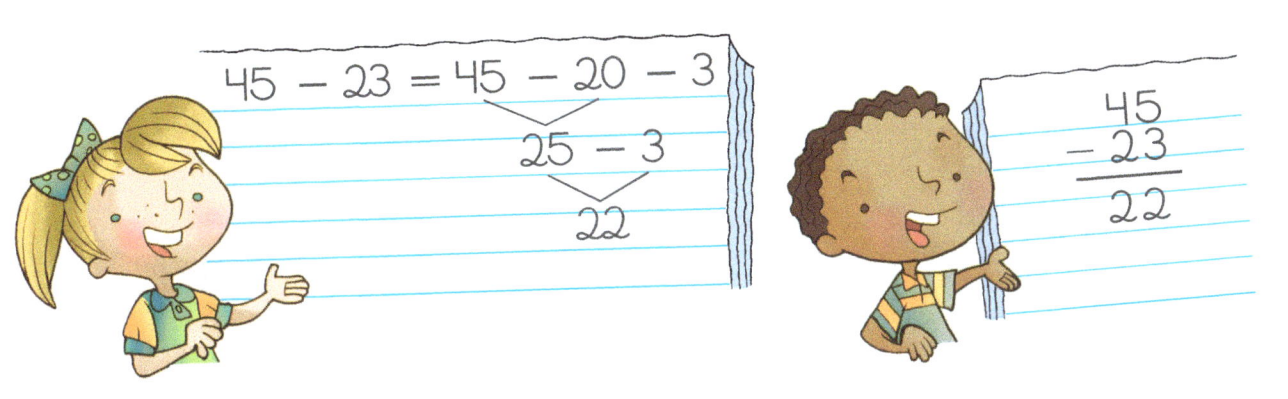

$$45 - 23 = 45 - 20 - 3$$
$$25 - 3$$
$$22$$

$$\begin{array}{r} 45 \\ -23 \\ \hline 22 \end{array}$$

Daniel usou as fichas do material dourado. Ele pegou as dezenas e as unidades para representar 45 e retirou 23. Dessa forma, ele obteve o resultado.

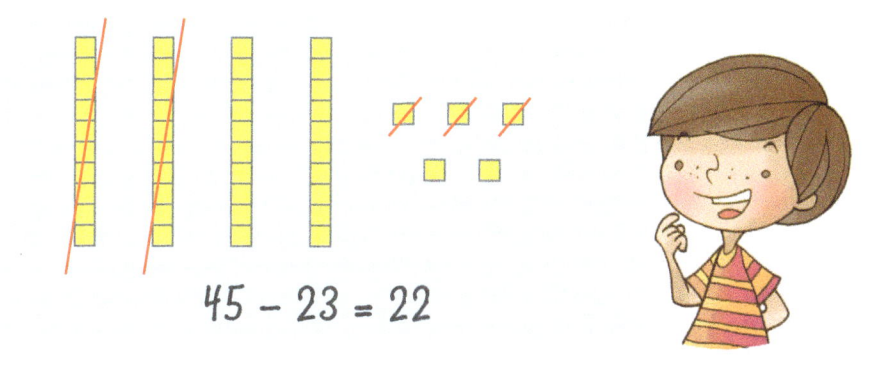

$$45 - 23 = 22$$

Veja como eles usam essas formas de calcular com números maiores. Por exemplo: 454 − 331.

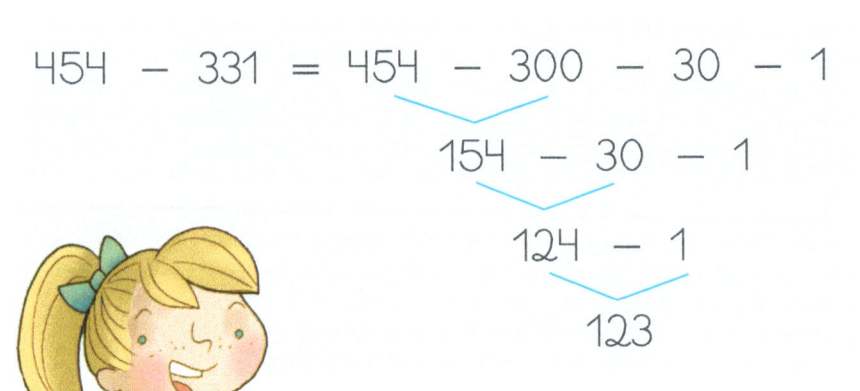

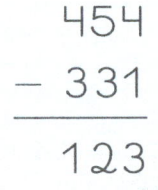

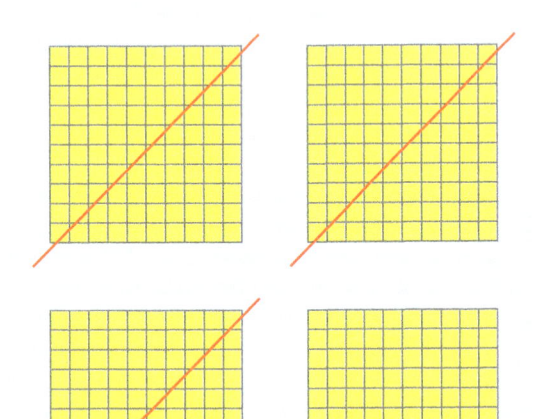

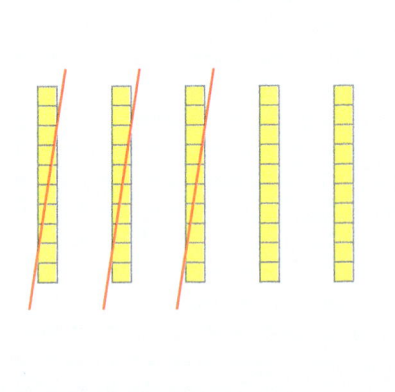

454 − 331 = 454 − 300 − 30 − 1
154 − 30 − 1
124 − 1
123

$$\begin{array}{r} 454 \\ -\ 331 \\ \hline 123 \end{array}$$

- Agora é com você! Escolha a forma que achar mais interessante e efetue as subtrações a seguir.

   a. 87 − 52 =

   b. 165 − 44 =

   c. 394 − 133 =

BRINCANDO DE ATLETA

VAMOS LER JUNTOS

Atletismo

O atletismo é um esporte inspirado em movimentos naturais do ser humano, como correr, saltar, lançar e arremessar objetos. O primeiro registro de uma competição esportiva foi uma corrida no ano de 776 antes de Cristo. Ela aconteceu na cidade de Olímpia, na Grécia antiga, e deu origem às Olimpíadas.

Na Antiguidade, as provas de salto em distância eram disputadas ao som de flautas. Os atletas competiam usando halteres nas mãos.

Mauro Vinícius da Silva, o Duda, atleta brasileiro que conquistou medalha de ouro na categoria salto em distância, no Mundial *Indoor* da Turquia, realizado em março de 2012.

Atualmente, o atletismo é composto de corridas, saltos, arremessos, pedestrianismo, corridas em montanha e marcha atlética.

Fontes de pesquisa: BRASILEIRO ganha ouro no Mundial *indoor* de atletismo. **Folha de S.Paulo**, São Paulo, 10 mar. 2012. Disponível em: <http://ftd.li/ezbxvb>. Acesso em 19 fev. 2016.
OLIMPÍADAS da Era Antiga. In: UOL OLIMPÍADAS 2004. Disponível em: <http://ftd.li/dbr2fy>. Acesso em 19 fev. 2016.

EM GRUPO

1. Vamos praticar salto? Marquem no chão, com fita adesiva ou giz, uma linha. Ela será o ponto de partida dos competidores.

2. Para marcar as distâncias que cada aluno do seu grupo saltar, faça no caderno um quadro como este. Esses dados serão usados para resolver algumas situações-problema nas próximas aulas.

Nome	1º salto	2º salto	3º salto

ADICIONANDO PONTOS

Depois que a classe de Pedro brincou de **Um futebol diferente** duas vezes, a professora pediu para cada grupo calcular quantos pontos fez ao todo nas duas partidas. Veja os pontos do grupo de Pedro e Helena em cada partida:

Partidas	Pontos
1ª	45
2ª	23

Helena e Pedro descobriram quantos pontos o grupo deles fez, mas cada um calculou 45 + 23 de forma diferente. Veja:

45 + 23 = 40 + 5 + 20 + 3 =
60 + 8 = 68

```
  45
+ 23
----
  68
```

Eles usam essas formas de calcular também para números maiores. Por exemplo: 336 + 451.

336 + 451 = 300 + 30 + 6 + 400 + 50 + 1 =
700 + 80 + 7 = 787

```
  336
+ 451
-----
  787
```

Juntar quantidades ou adicionar é algo que você já sabe fazer. Mas é importante lembrar que existem várias formas de fazer isso.

1. Calcule os pontos que o seu grupo fez em duas partidas realizadas. Use a forma de Helena ou a forma de Pedro.

Partidas	Pontos
1ª	
2ª	

2. Qual grupo da sua classe fez mais pontos? _____

3. Calcule do seu jeito.

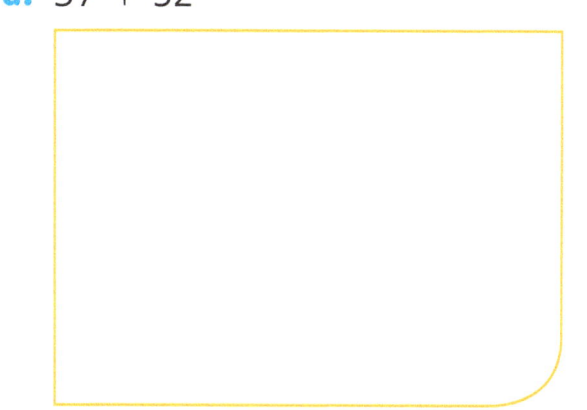

   a. 37 + 52

   b. 43 + 44

   c. 126 + 62

   d. 345 + 121

Você já conhece o **material dourado**. Vamos relembrar?

EU GOSTO DE USAR O MATERIAL DOURADO.

Um cubinho representa uma **unidade**.

← 1 unidade

Uma barra tem 10 cubinhos.
Ela representa uma **dezena** ou dez unidades.

← 10 unidades

Uma placa tem 100 cubinhos ou 10 barras.
Ela representa uma **centena** ou cem unidades.

100 unidades

PARA FAZER 45 + 23, REPRESENTAMOS AS DUAS QUANTIDADES COM O MATERIAL DOURADO E JUNTAMOS AS PEÇAS PARA OBTER O RESULTADO.

$$\begin{array}{r} 45 \\ + 23 \\ \hline 68 \end{array}$$

30 TRINTA

1. Calcule as somas usando as fichas do material dourado.

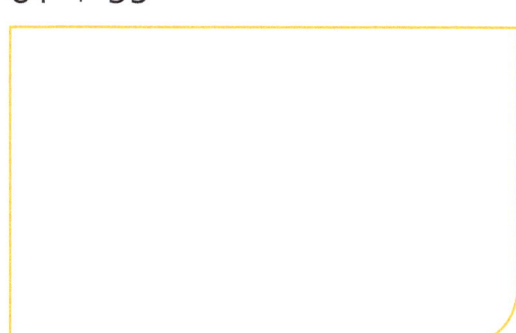

   a. 61 + 35

   c. 53 + 24

   b. 85 + 14

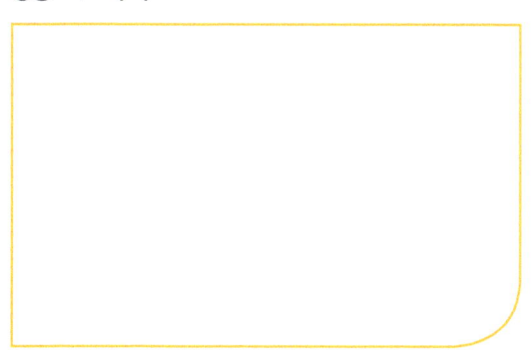

   d. 147 + 211

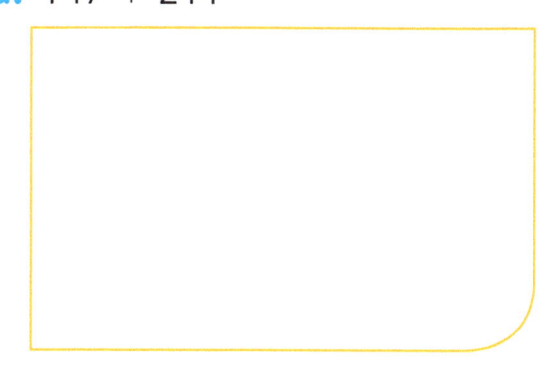

2. Edmílson tinha 22 figurinhas em sua coleção. Ele ganhou mais 64 figurinhas de um amigo. Quantas figurinhas ele tem agora?

3. Agora, efetue esta adição da forma que achar melhor.

   54 + 37

JOGO

Um futebol diferente

Brinque novamente com seus colegas, mas atenção: as regras mudaram outra vez!

» **Regras novas**

1. Em uma rodada, cada jogador chuta a bola três vezes.
2. Cada jogador participa de 4 rodadas.
3. ATENÇÃO: agora cada GOL vale 4 pontos.
4. Marquem os pontos em um quadro como o da página 21.
Se você fizer um GOL, ganha 4 pontos. E se fizer dois gols? E três? E...? Vamos organizar essa contagem? Observe e continue.

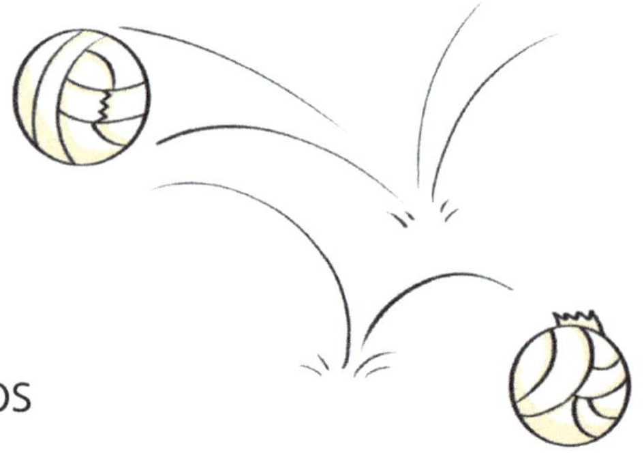

1 gol → 4 pontos
2 gols → 4 + 4 = 8 → 8 pontos
3 gols → 4 + 4 + 4 = 12 → 12 pontos
4 gols → 4 + 4 + 4 + 4 = 16 → 16 pontos
5 gols → 4 + 4 + 4 + 4 + 4 = 20 → 20 pontos
6 gols → ___ + ___ + ___ + ___ + ___ + ___ = ___
7 gols → ___ + ___ + ___ + ___ + ___ + ___ + ___ = ___
8 gols → _____
9 gols → _____
10 gols → _____

APRENDENDO AS TABUADAS

Pedro e seus amigos jogaram **Um futebol diferente**, valendo 4 pontos para cada gol marcado. Na contagem de pontos, tiveram de somar várias vezes 4 pontos.

Veja como facilitar essa contagem:

$4 + 4 = 8$ é o mesmo que duas vezes o quatro, ou seja, $2 \times 4 = 8$

O SÍMBOLO × REPRESENTA A **MULTIPLICAÇÃO**.

Veja outros exemplos:

$4 + 4 + 4 = 3 \times 4 = 12$ ⟶ 3 vezes o quatro é igual a 12.
$4 + 4 + 4 + 4 = 4 \times 4 = 16$ ⟶ 4 vezes o quatro é igual a 16.
$4 + 4 + 4 + 4 + 4 = 5 \times 4 = 20$ ⟶ 5 vezes o quatro é igual a 20.

O quadro organizado com as multiplicações do número 4 é chamado de tabuada do 4.

$1 \times 4 = 4$
$2 \times 4 = 8$
$3 \times 4 = 12$
$4 \times 4 = 16$
$5 \times 4 = 20$
$6 \times 4 = 24$
$7 \times 4 = 28$
$8 \times 4 = 32$
$9 \times 4 = 36$
$10 \times 4 = 40$

Você pode escrever outras tabuadas.

Tabuada do 2

1 × 2 = 2
2 × 2 = 4
3 × 2 = 6
4 × 2 = 8
5 × 2 = 10
6 × 2 = 12
7 × 2 = 14
8 × 2 = 16
9 × 2 = 18
10 × 2 = 20

EU APRENDI A **TABUADA DO 2** CONTANDO AS RODAS DAS BICICLETAS.

UMA BICICLETA TEM 2 RODAS, 2 BICICLETAS TÊM 2 × 2 = 4 RODAS.

PROJETO

O QUE VOCÊ SABE SOBRE TABUADAS?

O QUE VOCÊ GOSTARIA DE SABER SOBRE ELAS?

O QUE SEUS COLEGAS DE CLASSE SABEM SOBRE TABUADAS?

Você e seus colegas de classe organizarão tudo o que aprenderem sobre as tabuadas e farão uma pesquisa sobre várias ideias relacionadas a elas.

Sua professora vai orientar esse projeto. Esse é o primeiro passo de um trabalho que durará bastante tempo até sua conclusão.

Bom trabalho!

REPRESENTANDO A PIRÂMIDE

A caixa que você construiu na atividade das páginas 14 e 15 representa uma pirâmide de base triangular. Observe que essa forma geométrica tem faces, vértices e arestas.

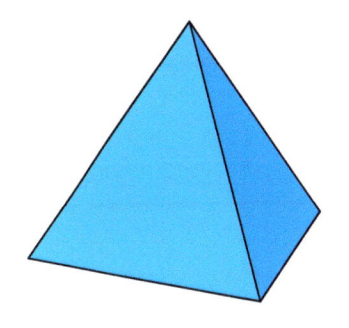

1. Usando varetas ou canudinhos e massa de modelar, construa uma estrutura com a forma da pirâmide de base triangular. Ela pode ser parecida com a sua caixa. Siga as orientações da sua professora.

2. Agora observe a estrutura da pirâmide que você construiu e responda:
   a. Cada bolinha de massa de modelar representa um vértice.

   Quantos vértices a pirâmide tem? _____

   b. Cada vareta representa uma aresta.

   Quantas arestas a pirâmide tem? _____

3. O desenho a seguir também mostra uma pirâmide de base triangular. Compare a pirâmide do desenho com a sua caixa.

   Escreva duas semelhanças e duas diferenças entre elas.

4. Veja o desenho desta pirâmide de base triangular, feito na malha pontilhada. Com sua régua, faça ao lado dele o desenho de uma pirâmide semelhante.

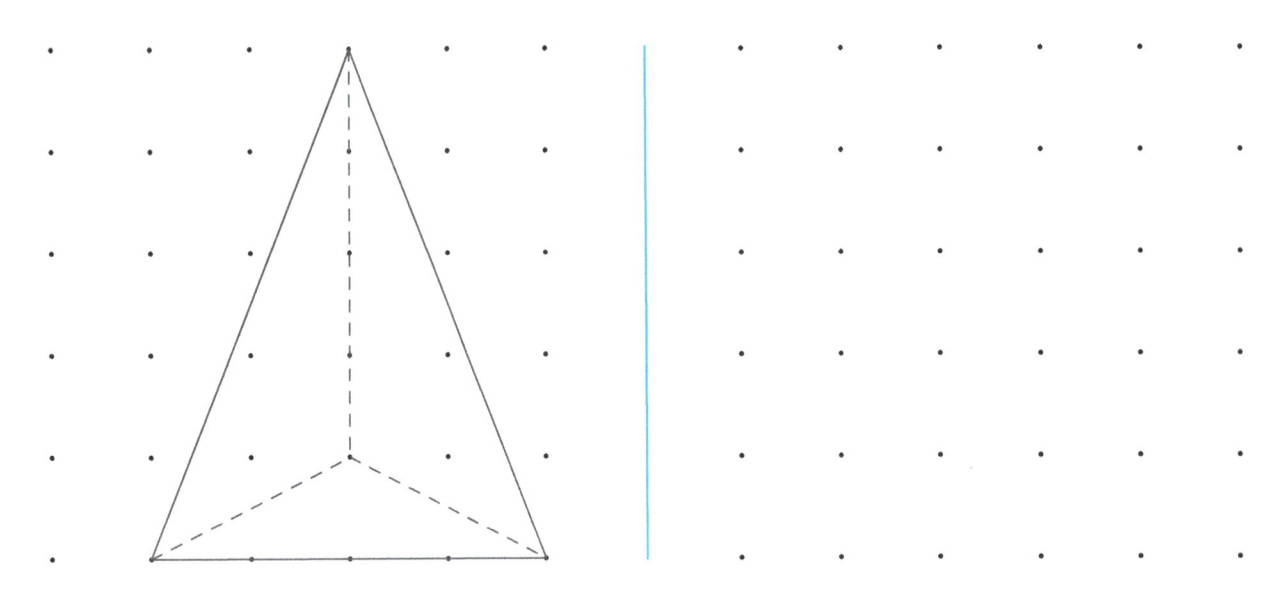

FAÇA EM CASA

1. Compare as duas figuras abaixo e escreva em seu caderno uma lista de semelhanças e diferenças entre elas.

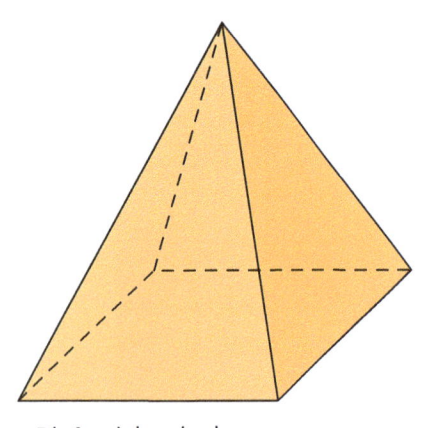

Pirâmide de base quadrada.

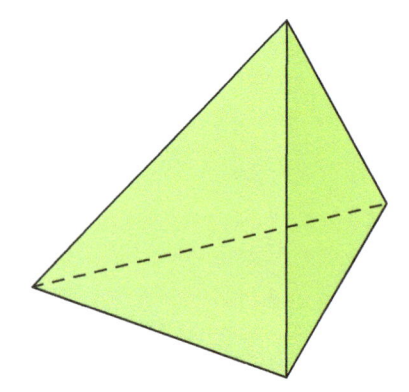

Pirâmide de base triangular.

2. Destaque os moldes das páginas 7 a 15 do **Faça você mesmo** e monte os sólidos. Para que fiquem bem firmes, antes de colar a última face, coloque jornal picado e bem amassado dentro de cada um. Leve os sólidos para a sala de aula.

ADIVINHE!

Ellen e Luís gostam de brincar de adivinhas com formas. Veja a que Ellen inventou para Luís responder.

> EU TENHO 8 VÉRTICES E 6 FACES, TODAS ELAS COM A MESMA FORMA. QUEM SOU EU? QUAL A FORMA DAS MINHAS FACES?

1. E você? Sabe responder a essa adivinha? _____

2. Observe os sólidos geométricos abaixo. Entre eles está a figura descrita por Ellen em sua adivinha? Se estiver, marque-a com **X**.

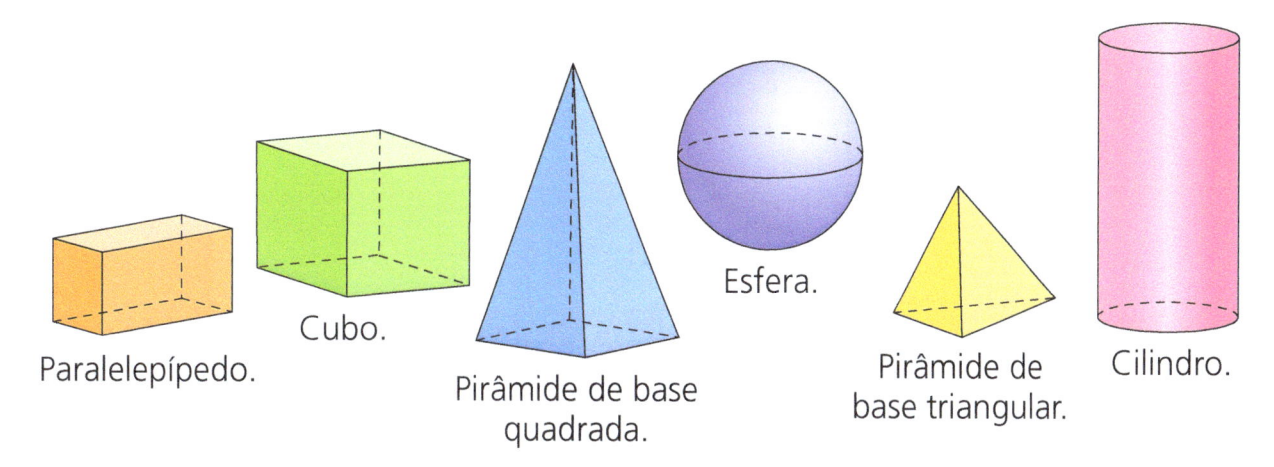

Paralelepípedo. Cubo. Pirâmide de base quadrada. Esfera. Pirâmide de base triangular. Cilindro.

3. Responda a esta outra adivinha.

_____

> TENHO 8 ARESTAS, 5 VÉRTICES E 5 FACES. QUEM SOU EU?

4. Você teve alguma dificuldade para responder às adivinhas? Qual foi? Converse com sua professora.

TRINTA E SETE **37**

EM GRUPO

1. Respondam às perguntas a seguir. Para isso, observem os sólidos que vocês construíram na página 36 e os demais que vocês veem na página 37.

   a. Qual sólido tem 4 faces triangulares e 1 quadrada?

   _____

   b. Quais sólidos não têm nenhum vértice?

   _____

   c. Quais sólidos têm 8 vértices e 12 arestas?

   _____

2. Invente uma pergunta sobre os seus sólidos geométricos e escreva-a a seguir.

   _____

   _____

   _____

DESENHANDO FORMAS

Use a régua e copie em seu caderno as figuras **A** e **B**.

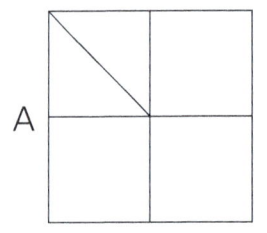

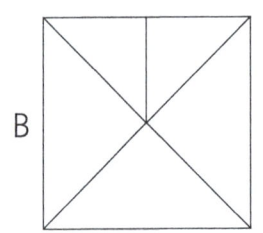

A

B

FAÇA EM CASA

Escolha um sólido e invente uma adivinha com ele. Escreva em seu caderno e leve para a escola para trocar com seus amigos.

PARADA PARA CALCULAR

1. A sapa Sapeca está pulando. Ela pula de 3 em 3. Observe.

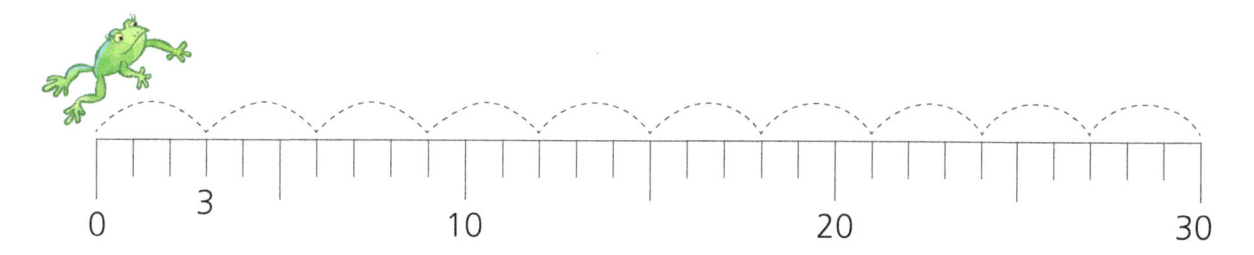

Agora que você viu como ela pula, continue a tabuada do 3.

1 × 3 = 3
2 × 3 = 6
3 × 3 = _____
4 × 3 = _____
5 × 3 = _____

6 × 3 = _____
7 × 3 = _____
8 × 3 = _____
9 × 3 = _____
10 × 3 = _____

2. Consulte a tabuada e escreva os resultados destas multiplicações.

a. 5 × 3 = _____
b. 4 × 3 = _____
c. 8 × 3 = _____
d. 7 × 3 = _____
e. 10 × 3 = _____
f. 9 × 3 = _____

3. Agora, anote os resultados sem consultar a tabuada.

a. 5 × 3 = _____
b. 6 × 3 = _____
c. 2 × 3 = _____
d. 3 × 3 = _____
e. 10 × 3 = _____
f. 9 × 3 = _____
g. 5 × 3 = _____
h. 8 × 3 = _____
i. 7 × 3 = _____
j. 3 × 3 = _____
k. 4 × 3 = _____
l. 9 × 3 = _____
m. 6 × 3 = _____
n. 7 × 3 = _____
o. 1 × 3 = _____

NO COMPUTADOR

Acesse o *site*: <http://ftd.li/wn5n8e>.

O *site* está em inglês, mas é fácil de entender seguindo as orientações da professora. Você vai encontrar muitas atividades com as quatro operações, que desenvolvem o cálculo mental.

Esta é a página inicial do *site*.

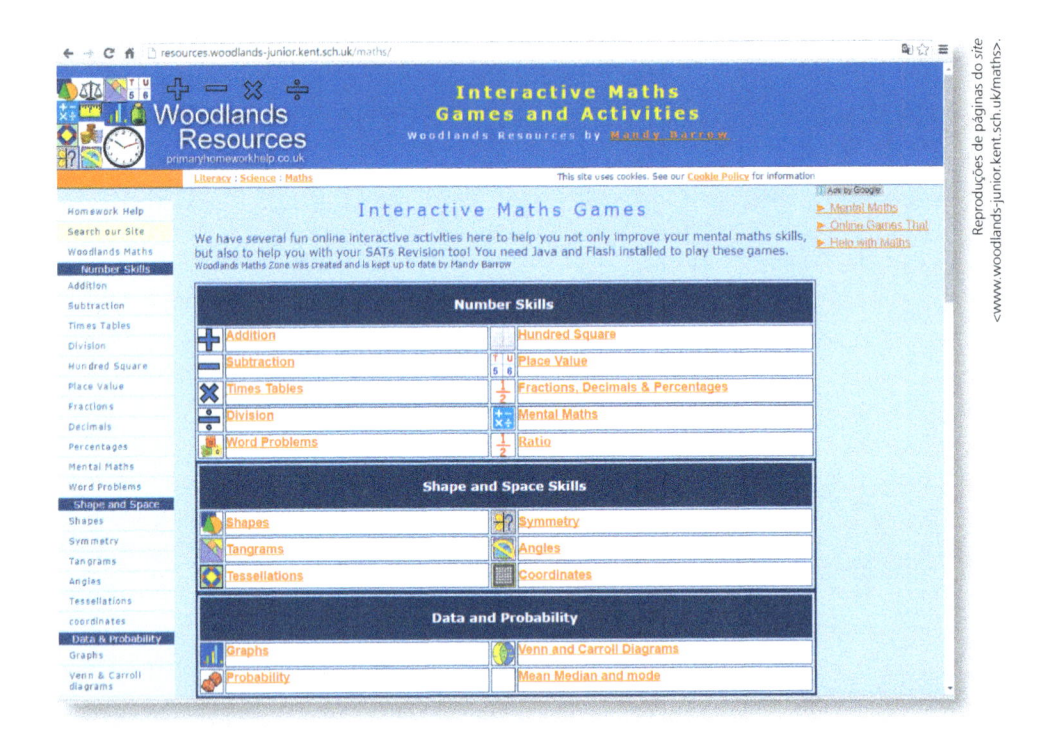

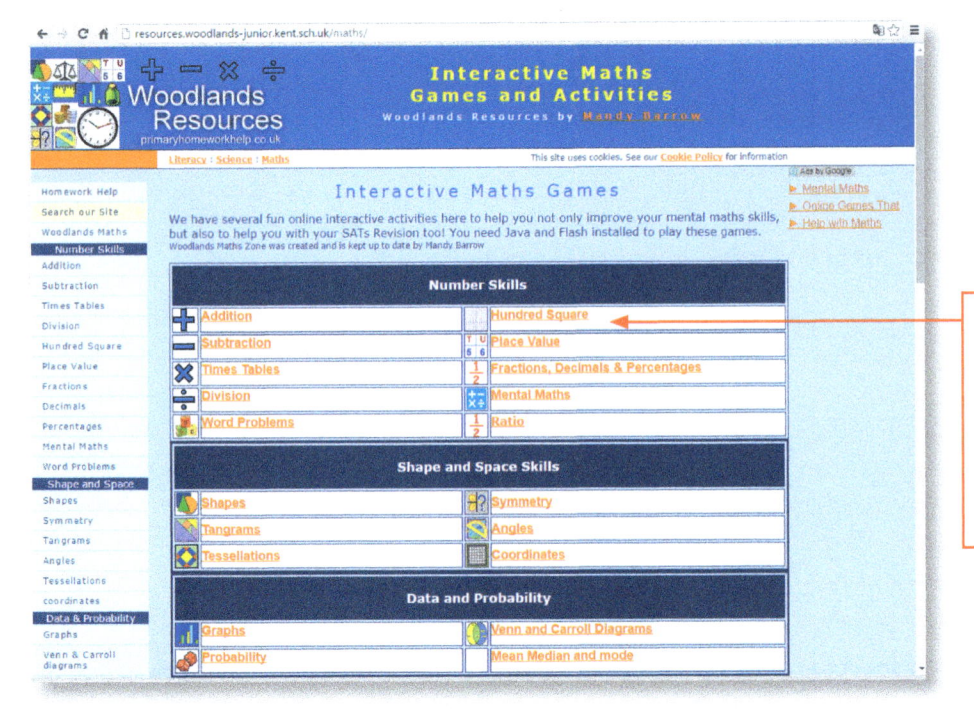

Clique em *Hundred Square*, que significa **Quadro da Centena**.

Quando esta tela aparecer, clique em *Number Sequences*, que significa **Sequências Numéricas**.

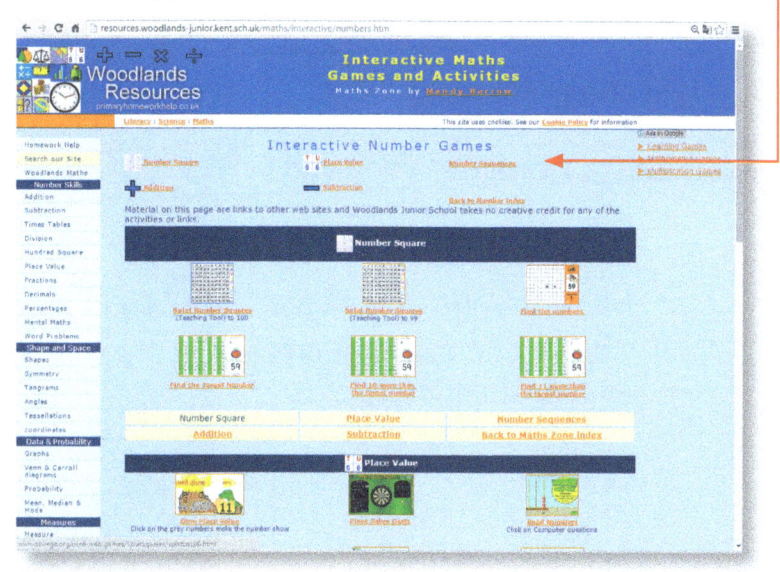

Aqui, você pode clicar em *Dot to Dot* e brincar ligando os pontos em ordem numérica para ver a figura que aparece.

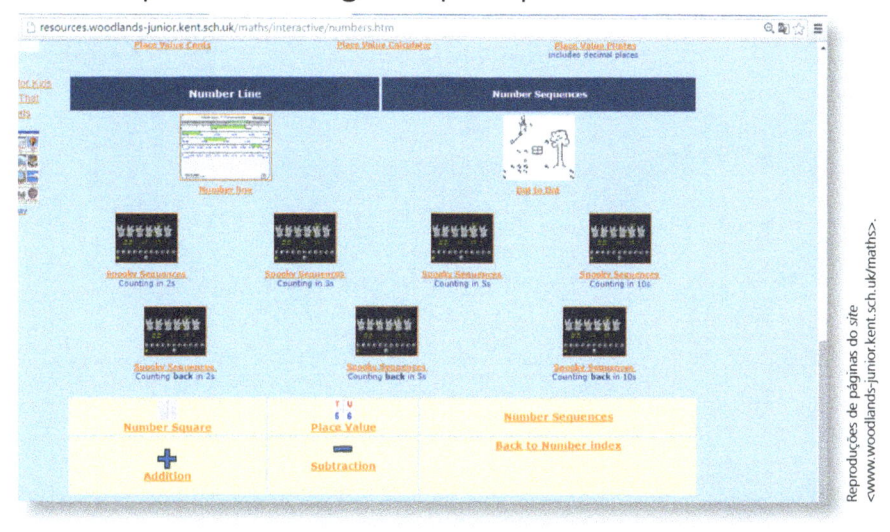

Reproduções de páginas do site <www.woodlands-junior.kent.sch.uk/maths>.

Depois, converse com os colegas na classe para ver o que cada um aprendeu.

VOCÊ SABE O QUE SIGNIFICA *DOT TO DOT*?

DOT TO DOT É LIGUE PONTOS OU PONTO A PONTO.

UNIDADE 2

Nesta unidade, você vai:

- Aprender uma nova tabuada: a do 6.
- Medir usando uma régua.
- Conhecer e construir um ábaco, uma das mais antigas máquinas de calcular.
- Adicionar, subtrair, multiplicar e dividir.
- Resolver problemas.
- Quebrar a cabeça com o tangram em papel e no computador, desafios desta unidade.

PARA COMEÇO de CONVERSA

Que tal começar com uma atividade em grupo?

1. Vocês vão precisar de uma folha de cartolina.

2. Com as mãos molhadas de tinta, cada um faz 6 marcas na cartolina. Em cada marca, desenha um olho, a boca e as escamas de um peixe.

3. Cada um faz um grupo com 6 peixinhos.

4. Depois de pronto o cartaz, responda:
    a. Quantos alunos compõem seu grupo?
    b. Quantos peixinhos ao todo seu grupo desenhou no cartaz?

Vocês podem deixar o cartaz afixado na sala de aula enquanto estiverem estudando a tabuada do 6.

Você também pode usar os adesivos da página 57 do **Faça você mesmo** para decorar seus peixinhos!

A CENTENA

Você sabe que animal é este escondido na imagem? O que você sabe sobre ele?

Veja se você acertou, pintando os espaços dos números...

- ... até 10 de vermelho;
- ... maiores que 10 e menores que 100 de verde;
- ... maiores que 100 de marrom.

Que animal você encontrou? Foi o que você imaginou?

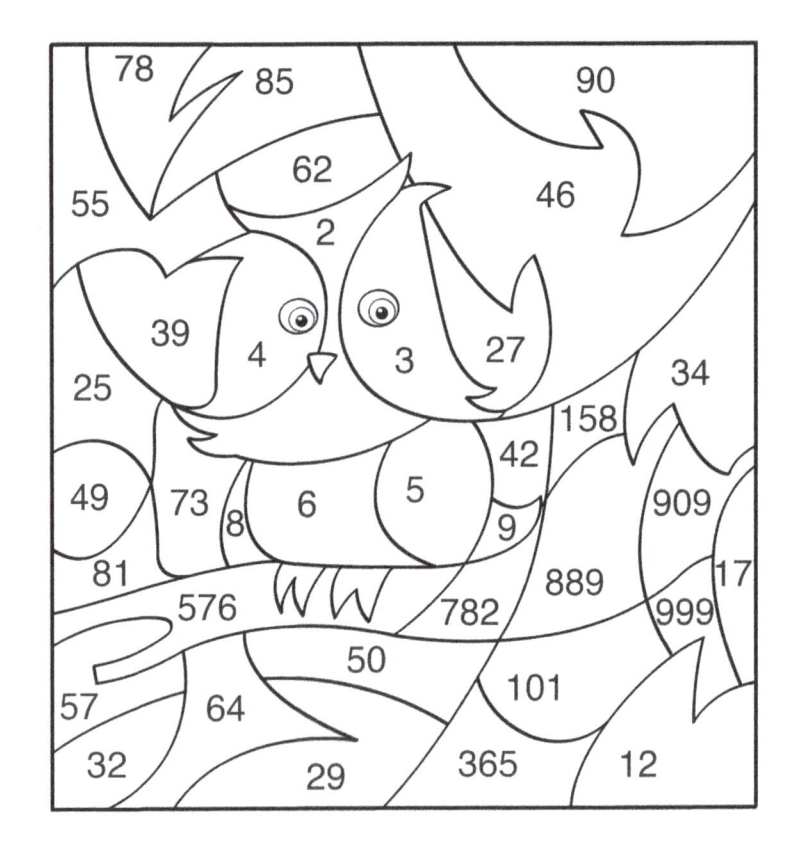

Observe que, para colorir o desenho, você se baseou em vários números.

Você sabe os nomes dos números do desenho?

Nesta atividade, você vai conhecer um pouco mais sobre os números maiores que 100 e descobrir como eles são formados!

Uma centena é representada pelo número 100 (cem), que é o mesmo que 99 + 1.

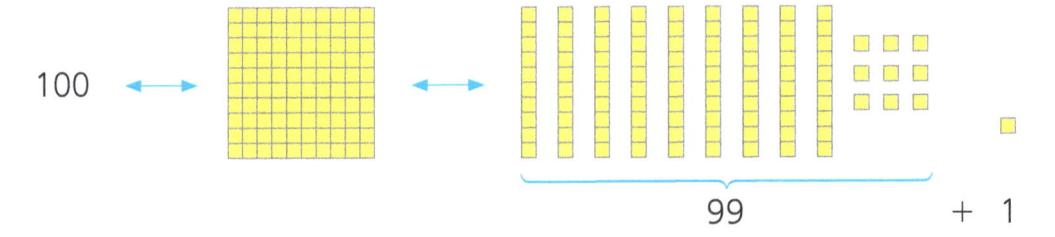

Representando no Quadro de ordens, temos:

Centenas	Dezenas	Unidades
1	0	0

44 QUARENTA E QUATRO

As outras centenas exatas são formadas a partir do 100.

200	duzentos	100 + 100 = 2 × 100	
300	trezentos	100 + 100 + 100 = 3 × 100	

Para conhecer as outras centenas exatas, complete o quadro, escrevendo como os números são formados de centenas.

400	quatrocentos	100 + 100 + 100 + 100 = 4 × 100
500	quinhentos	
600	seiscentos	
700	setecentos	
800	oitocentos	
900	novecentos	

Veja como se leem e se escrevem números maiores que cem, observando, como exemplos, as diferentes formas de decompor os números 365 e 201 em centenas, dezenas e unidades.

365	trezentos e sessenta e cinco	300 + 60 + 5	3 centenas, 6 dezenas e 5 unidades

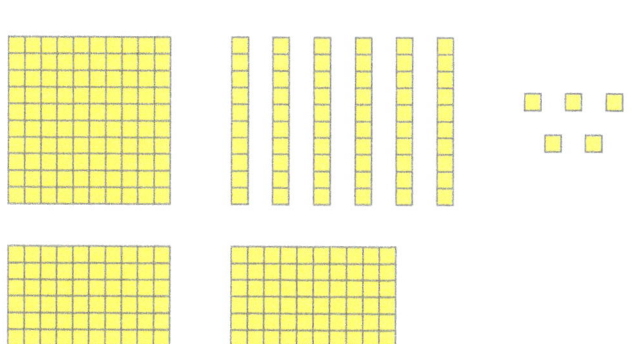

Centenas	Dezenas	Unidades
3	6	5

QUARENTA E CINCO

| 201 | duzentos e um | 200 + 1 | 2 centenas e 1 unidade |

Centenas	Dezenas	Unidades
2	0	1

EM DUPLA

1. Completem o quadro a seguir.

654	Seiscentos e cinquenta e quatro	600 + 50 + 4
780		
		400 + 10 + 8
	Novecentos e um	

2. Escrevam os números do exercício anterior no Quadro de ordens.

Centenas	Dezenas	Unidades
6	5	4

3. Escrevam os números a seguir em ordem crescente, isto é, do menor para o maior.

500   248   935   300   288   483   100

🏠 FAÇA EM CASA

1. Escreva os números por extenso em seu caderno.

186   235   560   703   892   999

2. João escondeu várias balas em uma caixa fechada. Ajude a desvendar a frase secreta, necessária para abrir a caixa, utilizando as dicas a seguir.

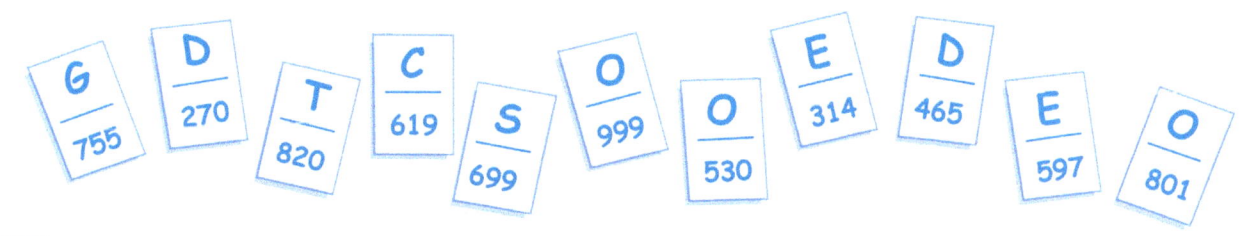

G / 755   D / 270   T / 820   C / 619   S / 699   O / 999   O / 530   E / 314   D / 465   E / 597   O / 801

DICAS

- Para desvendar cada palavra da frase, separe as placas com números.
  - 1ª palavra: maiores que 690.
  - 2ª palavra: menores que 340.
  - 3ª palavra: entre 340 e 690.

- Forme palavras com as letras dessas placas e descubra a frase secreta que abre a caixa.

3. Mariana guardou suas bolinhas de gude em 9 potes, cada pote com 4 bolinhas. Quantas bolinhas ela guardou no total?

4. Pesquise no dicionário o significado das palavras **antecessor** e **sucessor**. Escolha um número e escreva seu antecessor e seu sucessor.

HORA DA RODA

O macaco que calculava, editora Formato, São Paulo, 1 ed., 2012.

Você já ouviu falar que um bando de macacos faz uma roda para resolver problemas lá no alto dos galhos da figueira? Não? Pois é ler para crer! No livro **O macaco que calculava**, escrito por Anna Flora, isso é possível. E o melhor de tudo é que você pode participar também, dando palpites a respeito dos problemas da macacada.

CALCULANDO MENTALMENTE

Helena gosta de desafiar seus colegas a fazer cálculos sem escrever. Ela faz os cálculos mentalmente. Na Unidade 1, você já viu como ela calcula. Lembra? Agora, veja esta outra adição feita por Helena:

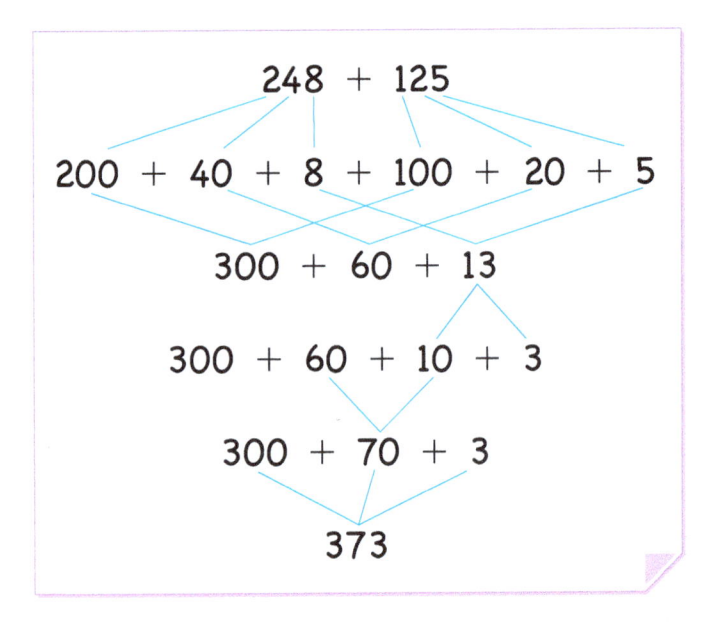

$$248 + 125$$
$$200 + 40 + 8 + 100 + 20 + 5$$
$$300 + 60 + 13$$
$$300 + 60 + 10 + 3$$
$$300 + 70 + 3$$
$$373$$

EM DUPLA

1. Troque ideias com seu colega. Vocês sabem explicar o que Helena fez? Por exemplo, por que ela decompôs o 13 em 10 + 3? Isso facilitou a soma final?

2. Será que cada um de vocês consegue fazer como Helena? Cada um vai adicionar mentalmente 327 + 215 e registrar aqui o esquema pensado. Depois, troquem os livros, e um confere o esquema do outro.

CONSTRUINDO UM ÁBACO DE PINOS

Há mais de quatro mil anos, as pessoas não conseguiam adicionar nem subtrair números grandes.

A escrita de quantidades, fazendo marquinhas, e o cálculo mental não eram suficientes. Surgiu, então, a primeira máquina de calcular: o **ábaco**.

Que tal construir um ábaco e fazer alguns cálculos com ele?

Você vai precisar de 4 palitos ou varetas, uma base onde fixará esses palitos (pode ser uma caixa de ovos vazia) e argolas ou contas.

Seu ábaco de pinos deve ficar parecido com este.

EU COLOQUEI UM POUCO DE AREIA NA CAIXA PARA ELA FICAR PESADA E SEGURAR MELHOR OS PALITOS. VOU FECHAR COM FITA ADESIVA PARA A AREIA NÃO SAIR.

Escreva no seu ábaco as letras C, D e U, cada uma embaixo de um pino, para indicar as centenas, dezenas e unidades, como no Quadro de ordens. Veja a ilustração. Mais adiante, na Unidade 4, você vai utilizar o quarto pino de seu ábaco.

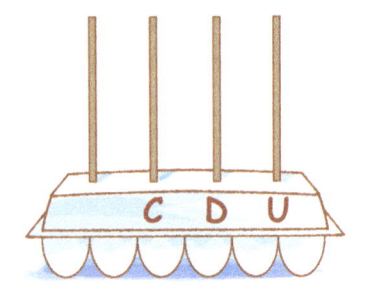

C	D	U
centenas	dezenas	unidades

Você sabe como funciona o ábaco?
O valor de cada argola depende do pino em que ela é colocada.

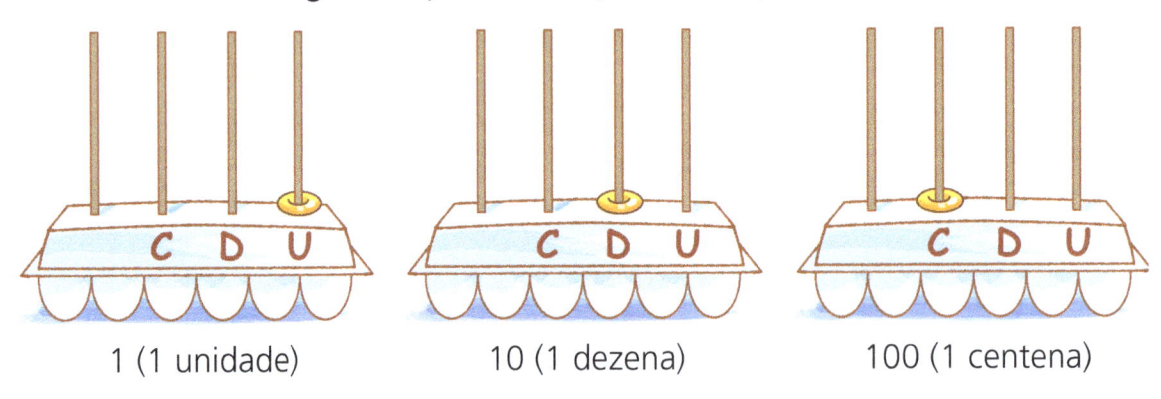

1 (1 unidade)   10 (1 dezena)   100 (1 centena)

Para registrar o número 72, representamos 7 dezenas e 2 unidades, ou seja, colocamos 7 argolas no pino das dezenas e 2 argolas no pino das unidades. Veja ao lado.

Para o número 316, usamos 3 argolas no pino das centenas, 1 argola no das dezenas e 6 argolas no das unidades.

Nos ábacos ao lado, estão representados os números 420 (4 centenas e 2 dezenas) e 505 (5 centenas e 5 unidades).

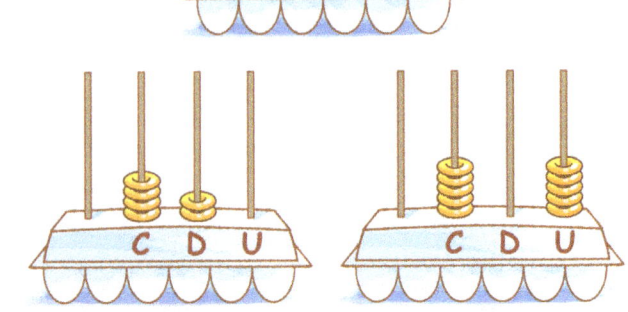

1. Agora é com você! Em seu ábaco, represente os números a seguir.
   a. 37   b. 180   c. 261   d. 606

2. Escreva com algarismos os números que estão representados em cada ábaco.

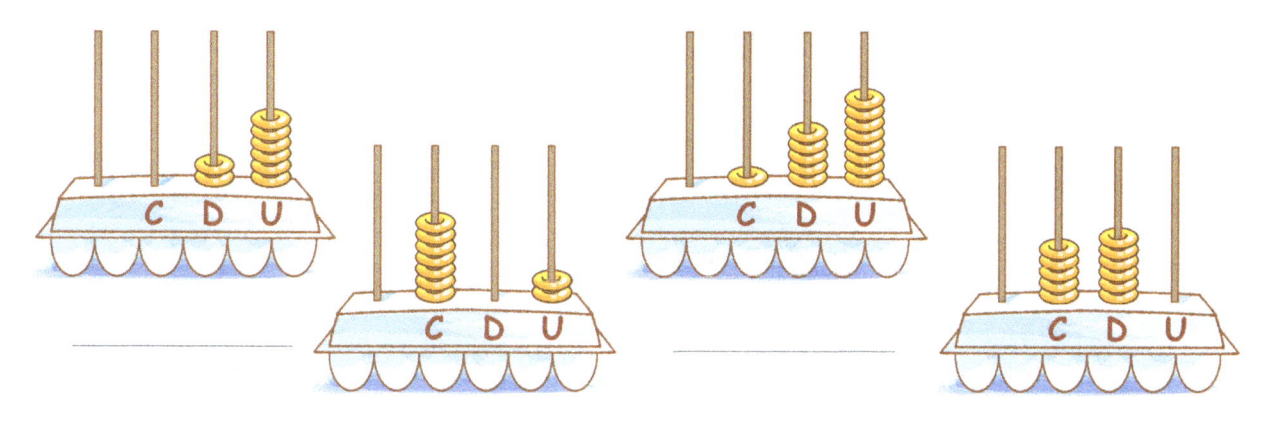

FAÇA EM CASA

1. Calcule como achar melhor.
   a. 122 + 251 = _____
   b. 467 + 413 = _____
   c. 302 + 185 = _____
   d. 251 − 150 = _____
   e. 413 − 303 = _____
   f. 302 − 200 = _____

2. Calcule decompondo cada número.
   a. 122 + 259 = _____
   b. 467 + 418 = _____
   c. 302 + 188 = _____

3. Escreva as multiplicações que correspondem às adições.
   a. 3 + 3 + 3 + 3 = _____
   b. 10 + 10 = _____
   c. 6 + 6 + 6 + 6 + 6 + 6 + 6 = _____
   d. 120 + 120 + 120 = _____
   e. 7 + 7 + 7 + 7 + 7 + 7 + 7 = _____
   f. 213 + 213 = _____

VAMOS VER SE VOCÊ ENTENDEU!

ORGANIZANDO E CONTANDO

Bruna derrubou a coleção de bolinhas coloridas de seu primo. Sua prima Sofia correu para ajudá-la a recolher as bolinhas. Então, as meninas aproveitaram para contar o total de bolinhas da coleção.

Como havia muitas bolinhas, elas resolveram organizá-las pela cor e representar essa contagem no ábaco. Veja como elas fizeram e continue a contagem até encontrar o total de bolinhas.

SÃO 9 BOLINHAS VERMELHAS.

VOU COLOCAR 9 UNIDADES NO ÁBACO.

AGORA, SÃO MAIS 6 BOLINHAS AMARELAS.

SE EU COLOCAR MAIS UMA ARGOLINHA NO PINO DAS UNIDADES, TEREI 10 UNIDADES. VOU TROCAR AS 10 UNIDADES POR 1 DEZENA. DEPOIS, COLOCO AS OUTRAS 5 UNIDADES, PORQUE 6 = 1 + 5. JÁ TEMOS 15 BOLINHAS!

TEMOS MAIS 8 BOLINHAS AZUIS!

1. Agora é com você! Represente a quantidade de bolinhas azuis, vermelhas e amarelas em seu ábaco e ajude Sofia e Bruna a contar.

> FINALMENTE, SÃO MAIS 12 BOLINHAS VERDES.

2. Para finalizar, acrescente o equivalente às 12 bolinhas verdes em seu ábaco. Faça a adição e escreva o total de bolinhas da coleção.

3. Daniel começou a contar os carrinhos de sua coleção.

> SÃO 14 CARRINHOS VERMELHOS...

Agora, da mesma forma que Bruna e Sofia fizeram, use seu ábaco e descubra quantos carrinhos tem a coleção de Daniel.

CINQUENTA E TRÊS 53

FIGURAS SIMÉTRICAS

Observe a obra ao lado, de Alex Flemming.

Pense sobre as perguntas a seguir e converse com os colegas e professor sobre cada uma delas.

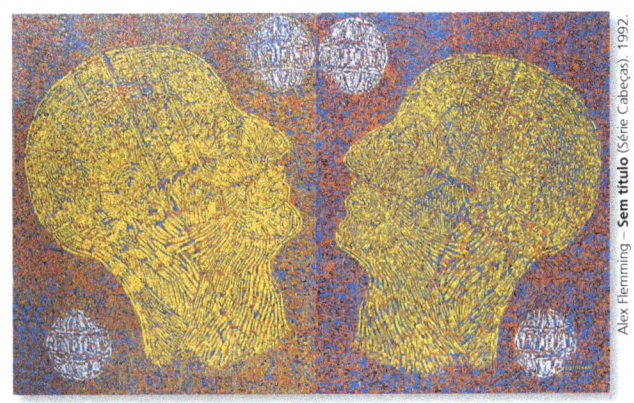

Sem título (Série Cabeças), de Alex Flemming, 1992.

1. Quais são as cores que o artista usou em sua obra? _____

2. O artista fez as cabeças sobre um fundo. Qual o efeito do fundo usado pelo artista?

3. O que mais aparece na tela além das cabeças? _____

4. Se você pudesse dobrar a tela verticalmente ao meio, o que aconteceria com as figuras? _____

5. Coloque um espelho entre as cabeças e veja se a resposta que você deu para a pergunta anterior está adequada ou se é preciso revê-la.

• VAMOS LER JUNTOS

Alex Flemming

Alex Flemming nasceu em São Paulo, em 1954. Ele viveu em muitos lugares, como Nova York, Lisboa e Bangcoc. Em 1991, foi para Berlim e fez dessa cidade o centro de sua vida e de seu trabalho.

Sua experiência profissional é marcada pelas variadas áreas de expressão. No Brasil, ele estudou Arquitetura e Filmologia. Mais tarde, decidiu-se pelas Artes Plásticas.

Um detalhe típico de seu estilo artístico é o uso de séries de imagens e de objetos da vida, bem como o debate sobre a identidade das pessoas, dos lugares e dos países.

Ele trabalha com materiais ligados ao mundo do viajante, desde imagens de pessoas, malas, cartões de crédito, até fotos de passaportes.

Suas obras estão espalhadas por diversos lugares do Brasil. Entre eles, a estação Sumaré do metrô de São Paulo e a estação ferroviária de Santo André, lugares tipicamente de passagem.

As cabeças que aparecem na tela de Flemming são **simétricas** entre si porque a tela do artista tem um **eixo de simetria**. Veja:

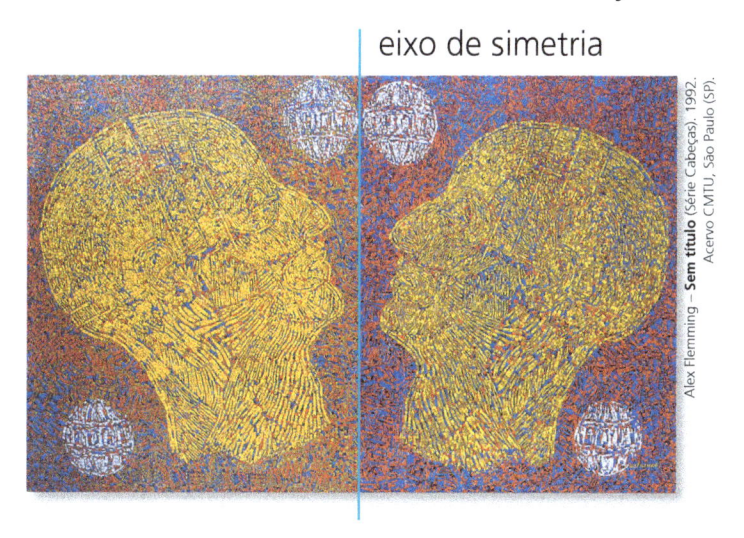

eixo de simetria

Alex Flemming – **Sem título** (Série Cabeças). 1992. Acervo CMTU, São Paulo (SP).

Quando você pensou em dobrar a tela ao meio, deve ter percebido esse eixo. O quadro fica dividido em duas partes iguais e sobrepostas, isto é, uma cabeça fica exatamente sobre a outra, assim como as bolas. Uma cabeça é a imagem espelhada ou **simétrica** da outra.

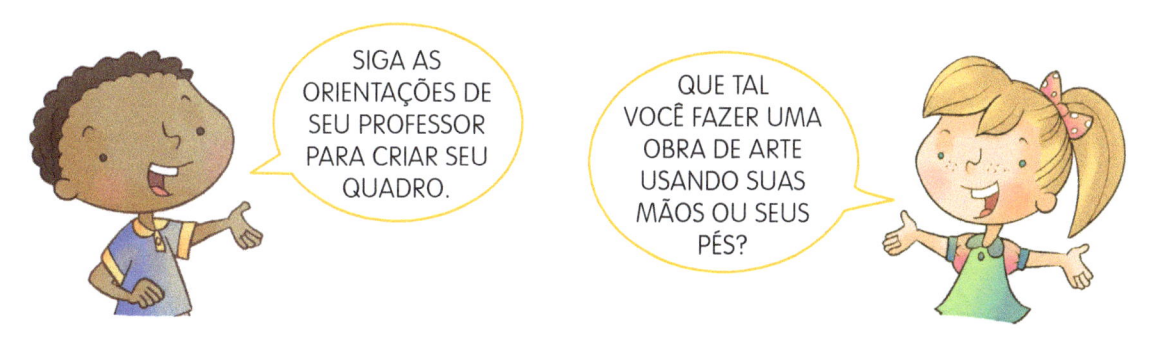

SIGA AS ORIENTAÇÕES DE SEU PROFESSOR PARA CRIAR SEU QUADRO.

QUE TAL VOCÊ FAZER UMA OBRA DE ARTE USANDO SUAS MÃOS OU SEUS PÉS?

PARADA PARA CALCULAR

1. Efetue as adições e as subtrações.

   a. 20 + 10 = _____
   20 + 20 = _____
   30 + 20 = _____
   40 + 30 = _____

   b. 40 + _____ = 60
   30 + _____ = 70
   50 + _____ = 90
   20 + _____ = 80

   c. 60 + 20 = _____
   70 + 20 = _____
   50 + 40 = _____
   90 + 10 = _____

   d. 60 − 30 = _____
   70 − 30 = _____
   80 − 30 = _____
   80 − 50 = _____

   e. 50 − 10 = _____
   50 − 30 = _____
   40 − 20 = _____
   40 − 30 = _____

   f. 80 − _____ = 40
   60 − _____ = 10
   70 − _____ = 30
   40 − _____ = 20

2. Veja como Carla calculou 8 + 7:

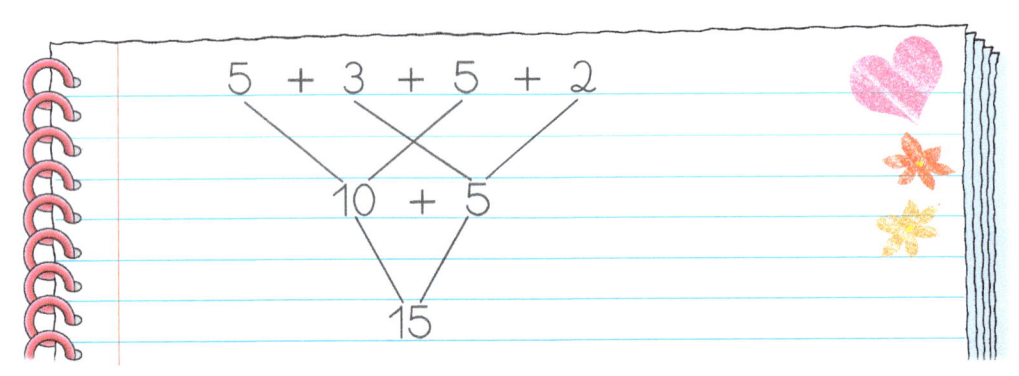

   5 + 3 + 5 + 2
   10 + 5
   15

   Agora, faça como Carla e calcule.

   a. 8 + 8 = _____
   b. 9 + 6 = _____
   c. 9 + 7 = _____
   d. 5 + 7 = _____

3. Veja como Pedro calcula 58 − 21.
   Use a mesma ideia de Pedro para fazer as subtrações a seguir.

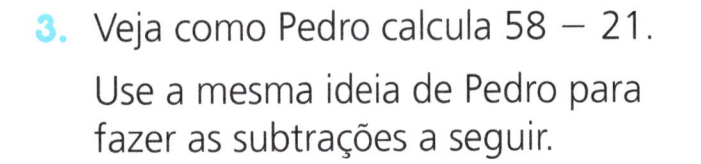

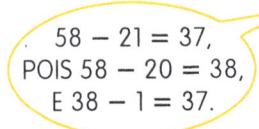

   > 58 − 21 = 37, POIS 58 − 20 = 38, E 38 − 1 = 37.

   a. 37 − 14 = _____
   b. 47 − 24 = _____
   c. 57 − 34 = _____
   d. 45 − 23 = _____
   e. 93 − 32 = _____
   f. 42 − 11 = _____

TABUADA DO 6

1. Uma joaninha tem 6 pernas.
1 × 6 = 6 pernas

a. Quantas pernas têm:

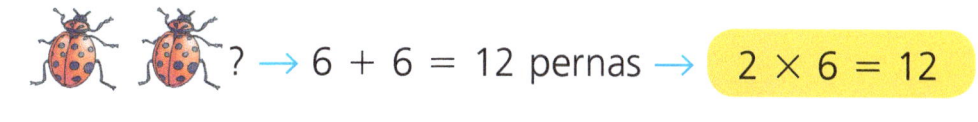

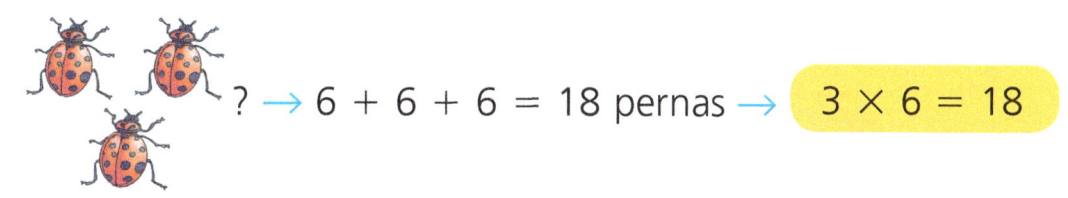

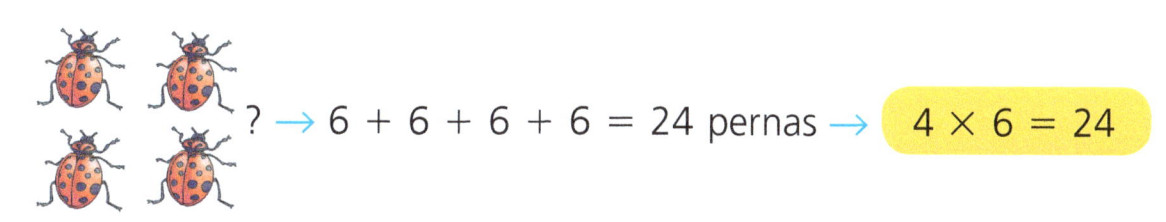

? → 6 + 6 = 12 pernas → 2 × 6 = 12

? → 6 + 6 + 6 = 18 pernas → 3 × 6 = 18

? → 6 + 6 + 6 + 6 = 24 pernas → 4 × 6 = 24

b. Continue contando e completando:

- 5 joaninhas: ___ + ___ + ___ + ___ + ___ = ___ pernas → → ___ × ___ = 30

- 6 joaninhas: ___ + ___ + ___ + ___ + ___ + ___ = = ___ pernas → ___ × ___ = 36

- 7 joaninhas: ___ + ___ + ___ + ___ + ___ + ___ + ___ = = ___ pernas → ___ × ___ = ___

- 8 joaninhas: ___ + ___ + ___ + ___ + ___ + ___ + ___ + + ___ = ___ pernas → ___ × ___ = ___

- 9 joaninhas: ___ + ___ + ___ + ___ + ___ + ___ + ___ + + ___ + ___ = ___ pernas → ___ × ___ = ___

- 10 joaninhas: ___ + ___ + ___ + ___ + ___ + ___ + ___ + + ___ + ___ + ___ = ___ pernas → ___ × ___ = ___

2. Vamos representar a tabuada do 6 com quadriculados. Complete.

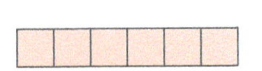

1 × 6 = _____

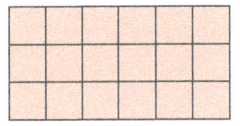

3 × 6 = _____

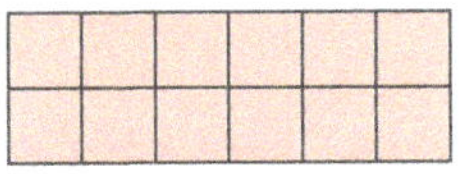

2 × 6 = _____

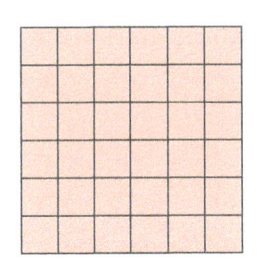

6 × 6 = _____

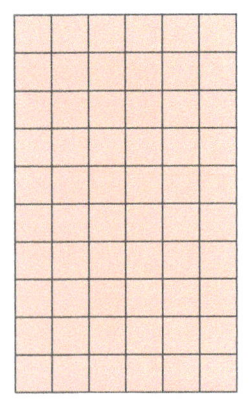

10 × 6 = _____

3. No quadriculado abaixo, represente cada multiplicação pintando, com a cor indicada, a quantidade de quadrinhos resultante da multiplicação. Complete os espaços com os resultados.

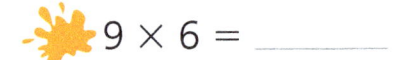

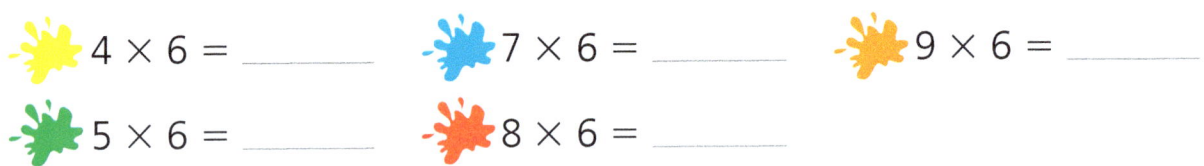

4 × 6 = _____

7 × 6 = _____

9 × 6 = _____

5 × 6 = _____

8 × 6 = _____

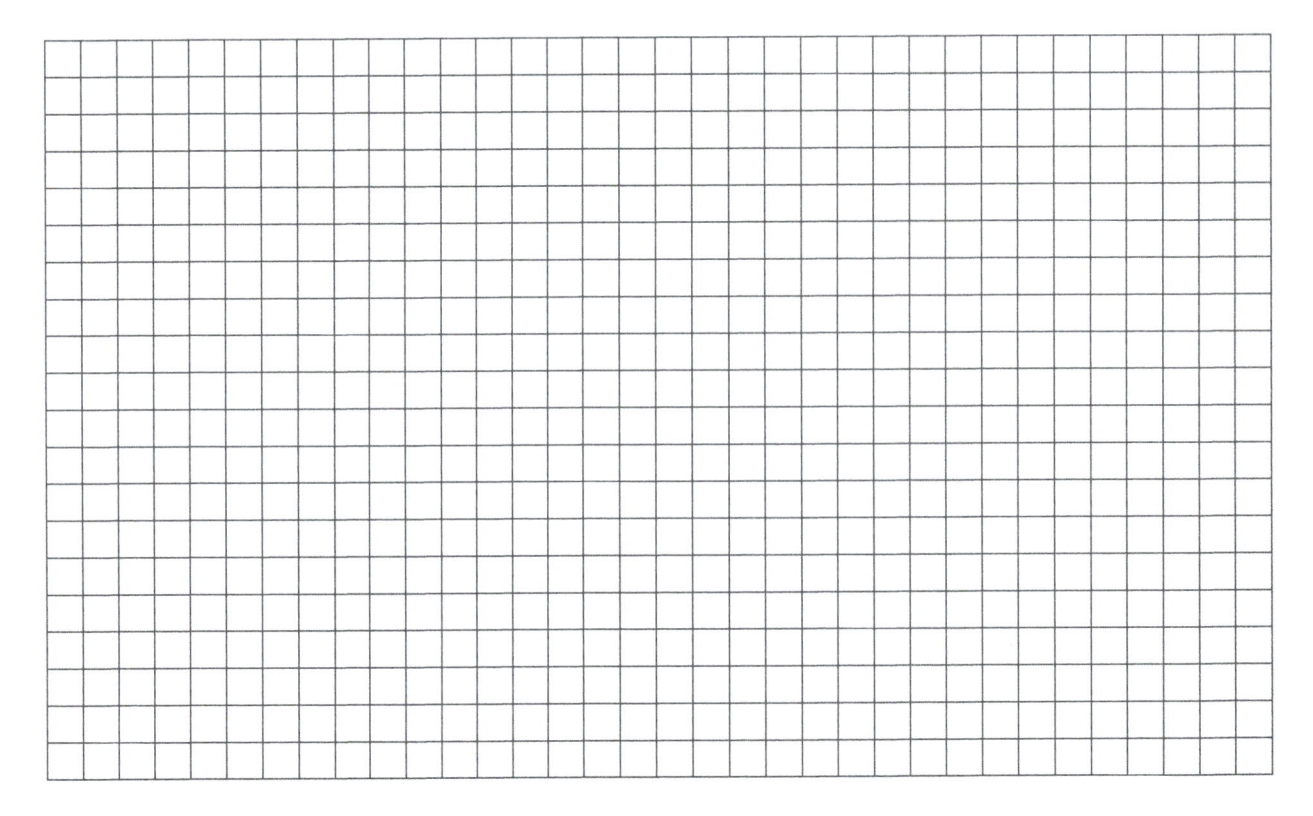

SEU PROBLEMA AGORA É...

» Os problemas a seguir são diferentes, eles não têm números. Vamos tentar resolvê-los?

1. João subiu em uma cadeira e ficou da mesma altura de seu pai. Qual a diferença entre a altura de João e de seu pai?

_____

_____

_____

2. Um veterinário precisa dar leite para três filhotes de hipopótamo, mas ele só tem uma mamadeira. Como ele pode dar leite para os filhotes, usando essa mamadeira?

_____

_____

_____

_____

CINQUENTA E NOVE **59**

FAÇA EM CASA

1. Calcule em seu caderno.
   - a. 17 : 2
   - b. 23 : 3
   - c. 28 : 4
   - d. 33 : 3
   - e. 17 : 3
   - f. 23 : 4
   - g. 28 : 5
   - h. 33 : 5

2. O diretor de uma escola reuniu os alunos de duas classes para uma visita ao museu da cidade. A primeira classe tem 24 alunos, e a segunda possui 31 alunos. No dia do passeio, 7 alunos faltaram. Quantos alunos foram ao museu?

3. Efetue estas subtrações e descubra o valor dos algarismos que faltam.

   $$\begin{array}{r} 5\,6 \\ -\;3\,2 \\ \hline \Box\,\Box \end{array} \qquad \begin{array}{r} 6\,8 \\ -\;4\,\Box \\ \hline \Box\,2 \end{array} \qquad \begin{array}{r} 8\,5 \\ -\;\Box\,3 \\ \hline 5\,\Box \end{array} \qquad \begin{array}{r} 7\,6 \\ -\;1\,4 \\ \hline \Box\,\Box \end{array} \qquad \begin{array}{r} 9\,3 \\ -\;\Box\,\Box \\ \hline 6\,0 \end{array}$$

4. Adivinhe o que eu quero comprar!

   Compro instrumento de medida,
   velho ou novo não importa,
   basta que passe pela porta
   e me ajude na difícil tarefa
   de pesar a Zefa.

   Resposta: _____

FAZENDO COMPRAS

EM DUPLA

1. Destaquem, da página 17 do **Faça você mesmo**, as notas e moedas e separem aquelas necessárias para comprar cada brinquedo.

R$ 109,00

R$ 27,80

R$ 49,00

R$ 23,50

AS FOTOS DESTA PÁGINA NÃO ESTÃO COM OS TAMANHOS PROPORCIONAIS ENTRE SI.

2. Agora, use a adição e registre duas formas diferentes de pagar cada brinquedo, usando notas e moedas.

FAÇA EM CASA

Pesquise, em jornais, revistas ou folhetos, fotos de cinco objetos que custam entre 50 e 100 reais. Recorte e cole em seu caderno.
Em seguida, invente um problema utilizando um desses objetos.

PARADA PARA CALCULAR

1. Observe o esquema ao lado e complete os demais.

   8 + 4 = 12
   12 − 8 = 4
   12 − 4 = 8

   a. 9 + 4 = 13
      ____ − 9 = 4
      13 − ____ = 9

   b. 13 + ____ = 18
      _____
      ____ = 13

   c. _____
      19 − 16 = 3
      19 − 3 = 16

   d. 23 + 4 = 27
      _____
      _____

2. Complete a tabuada do 5. Depois, resolva as multiplicações, mas só consulte a tabuada se precisar.

1 × 5 = 5	6 × 5 =
2 × 5 = 10	7 × 5 =
3 × 5 =	8 × 5 = 40
4 × 5 =	9 × 5 =
5 × 5 = 25	10 × 5 = 50

   a. 2 × 5 = ____
      4 × 5 = ____
      8 × 5 = ____

   b. 10 × 5 = ____
      5 × 5 = ____
      3 × 5 = ____

   c. 1 × 5 = ____
      9 × 5 = ____
      7 × 5 = ____

3. Luís tem cinco caixas com seis bolinhas em cada uma. Quantas bolinhas ele tem? ____

A HORA PASSA

Que horas estão marcadas nestes relógios?

_____   _____   _____   _____

> Entre uma volta
> e a seguinte,
> o tempo vai passando.
> E uma volta
> inteirinha,
> esse ponteiro vai
> dando.

1. Observe o que Daniel tem para dizer.

> SE O PONTEIRO MAIOR ESTIVER NA MARCA 12 E DER UMA VOLTA COMPLETA, RETORNANDO AO 12, DIZEMOS QUE PASSOU 1 HORA.

> MAS SE O PONTEIRO MAIOR ESTIVER NA MARCA DOZE E SE MOVER ATÉ A MARCA 6, PASSOU MEIA HORA.

a. Quantos espaços há entre os tracinhos de um número a outro em um relógio? _____

QUANDO O PONTEIRO MAIOR SE MOVE DE UM TRACINHO A OUTRO, DIZEMOS QUE PASSOU 1 MINUTO.

b. Quantos minutos se passam quando o ponteiro maior do relógio se move de um número a outro?

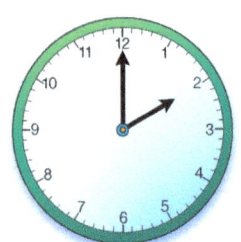

_____

2. Agora, escreva as horas que estão indicadas em cada relógio.

a.

b.

c.

_____

_____

d.

e.

_____

_____

🏠 FAÇA EM CASA

Conte para alguém de sua casa o que aprendeu na aula de hoje.

64 SESSENTA E QUATRO

MEDINDO COM A RÉGUA

Você já sabe para que usamos a régua. Ela é um instrumento que serve para traçar e medir linhas retas.

1. Sem contar as sobras laterais, quanto mede sua régua? _____

2. Observe as réguas de seus colegas de classe. Todas têm a mesma medida? _____

3. Jane traçou uma linha com 15 cm. Veja como ela fez:

   a. Agora, trace em seu caderno uma linha com 15 cm, partindo do ponto 1 de sua régua. Qual será o último ponto? _____

   b. Em seu caderno, trace outra linha com 15 cm, partindo do ponto 2. Qual será o último ponto? _____

   c. Se você traçar uma linha com 15 cm, terminando no ponto 19, qual será o primeiro ponto? _____

   d. O que você percebeu ao traçar essas linhas?

   _____
   _____
   _____

FAÇA EM CASA

1. Usando uma régua, vamos ajudar Jane a saber qual é a medida de cada lápis?

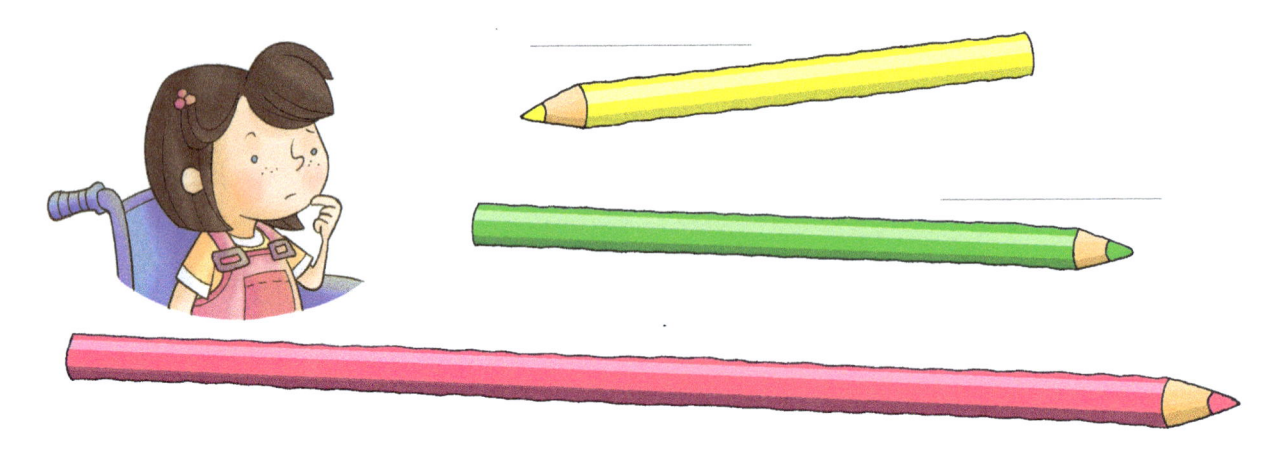

2. Escolha cinco objetos que tenham comprimento com menos de 10 centímetros. Meça-os com uma régua. Faça uma lista em seu caderno com os nomes dos objetos e as medidas de comprimento encontradas.

3. Solange e Cristina calcularam 2 × 43 de maneiras diferentes. Veja:

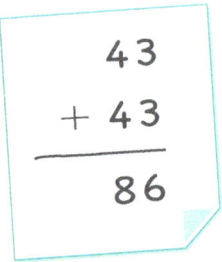

Solange:
```
   43
 + 43
 ----
   86
```

Cristina:
43 + 43 =
40 + 3 + 40 + 3 =
80 + 6 = 86

Resolva como Solange ou como Cristina:

2 × 34

2 × 54

HORA DE CONSTRUIR

• VAMOS LER JUNTOS

A professora Dorina de Gouvêa Nowill, cega desde os 17 anos, criou a Fundação Dorina Nowill em 11 de março de 1946, na cidade de São Paulo, motivada pela dificuldade em encontrar livros em *braille*.

Inicialmente, a fundação se dedicou à produção manual de livros em *braille*. Com o sucesso e o apoio de voluntários e instituições, foi possível a produção industrializada de livros em *braille*.

A fundação realiza campanha de arrecadação de tampinhas de garrafas, que são vendidas para empresas de reciclagem, e o dinheiro é revertido para a fundação.

Dorina Nowill (1919-2010).

1. Vilma e seus colegas arrecadaram tampinhas para ajudar a Fundação Dorina Nowill. Depois do primeiro dia, eles construíram uma tabela para organizar os dados. Veja:

Arrecadação no 1º dia de campanha					
Ano	1º ano	2º ano	3º ano	4º ano	5º ano
Quantidade arrecadada	20	30	70	60	40

a. Quantas tampinhas o 5º ano arrecadou a mais que o 1º ano? _____

b. Quantas tampinhas o 2º ano precisa arrecadar para ficar com o mesmo número de tampinhas do 4º ano? _____

c. Você consegue fazer uma estimativa de quantas tampinhas foram arrecadadas no 1º dia de campanha na escola de Vilma? Como você pensou?

2. Com os dados da tabela, a turma construiu este gráfico em barras para representar a quantidade de tampinhas arrecadadas nesse dia. Observe-o:

Tampinhas da solidariedade

Quantidade de tampinhas

Ano	Quantidade
1º	20
2º	30
3º	70
4º	50
5º	40

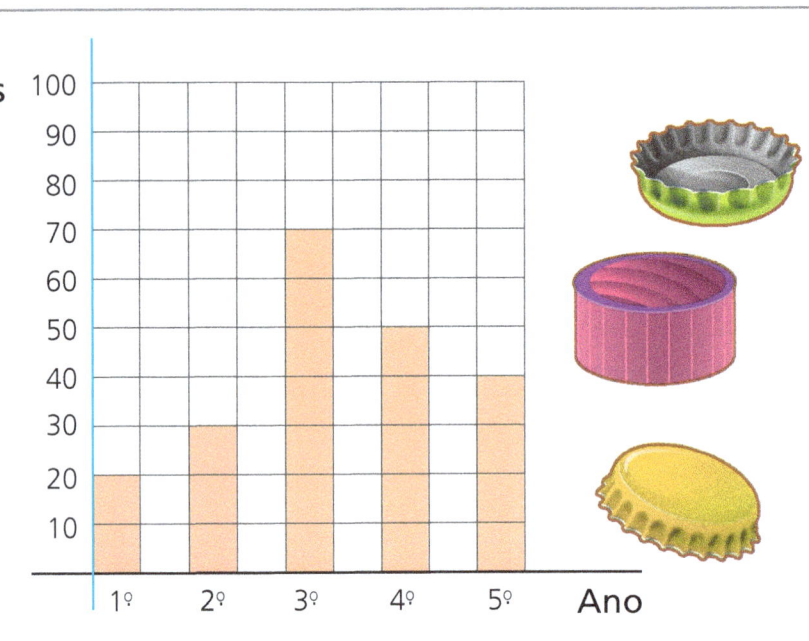

Discutam as seguintes questões e respondam:

a. O que representam os números de 10 a 100 na linha azul? _____

b. Por que Vilma e sua turma não numeraram as quantidades nessa linha de 1 em 1? _____

c. Cada quadradinho do gráfico representa quantas tampinhas?

d. Na construção do gráfico, Vilma e sua turma cometeram um erro. Comparem os dados da tabela e do gráfico e descubram o erro.

e. Invente uma pergunta a partir do gráfico.

O ANIVERSÁRIO DE DANIEL

1. Hoje é aniversário de Daniel. Ele convidou 5 amigos para comemorar em sua casa. Ele vai dar um saquinho com bolinhas coloridas para cada um. Por isso, comprou um pacote com 42 bolinhas e vai distribuí-las igualmente em 5 saquinhos.

Vamos ajudar Daniel a montar os saquinhos com o mesmo número de bolinhas em cada um?

Ele começou colocando 2 bolinhas em cada saquinho. Foram 10 bolinhas distribuídas inicialmente.

$5 \times 2 = 10$

Como sobraram muitas bolinhas, ele resolveu colocar mais 4 em cada saquinho. São mais 20 bolinhas distribuídas.

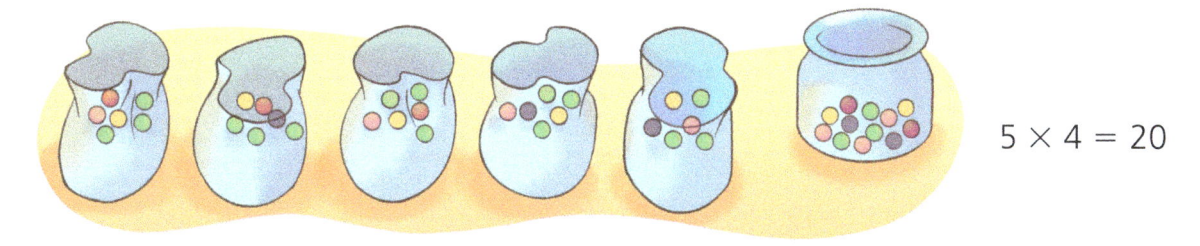

$5 \times 4 = 20$

Mesmo assim, ainda sobraram 12 bolinhas no pacote. Então, dá para colocar mais bolinhas em cada saquinho. Desenhe em cada saquinho a quantidade de bolinhas que ainda é possível colocar, e no pacote, se houver sobra.

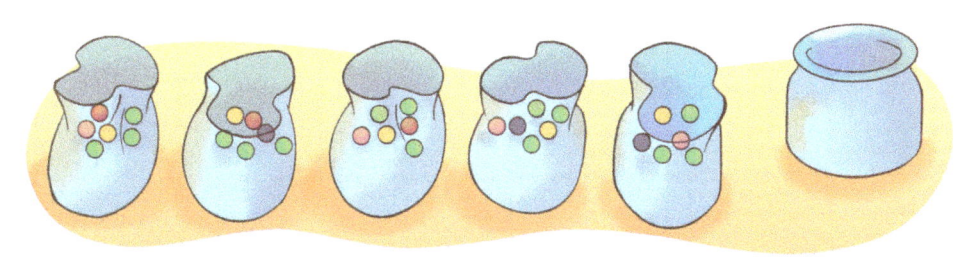

Você ajudou Daniel a fazer uma **divisão** em partes iguais. Vocês dividiram 42 bolinhas em 5 saquinhos. Após a divisão, cada saquinho ficou com 8 bolinhas, e sobraram 2 bolinhas no pacote.

Em Matemática, representa-se assim:

$$42 : 5 = 8 \text{ e sobram } 2.$$

2. Agora, o desafio é efetuar algumas divisões. Para ajudar em cada divisão, pense na distribuição que Daniel fez das bolinhas em saquinhos.

21 : 2 =   30 : 4 =   27 : 3 =

FAÇA EM CASA

1. André comprou bolinhas coloridas de tamanhos e preços diferentes. Veja na ilustração ao lado.

   Ele gastou 10 reais ao todo. Quantas bolinhas de cada tamanho ele pode ter comprado? _____

2. Um filhote de leão bebe 2 litros de leite por dia. Quantos litros de leite ele bebe em 2 semanas? _____

DIVIDINDO

Seu Luís vende os bombons que sua mulher, dona Lúcia, faz.

Ela faz grandes quantidades de bombons, e ele, para vender, monta saquinhos com 4 bombons em cada um.

Seu Luís pega uma quantidade qualquer de bombons e saquinhos. Às vezes, ele pega bombons a mais, então sobram bombons fora do saquinho. Outras vezes, ele pega bombons a menos, e faltam bombons para completar um saquinho.

Vamos ajudar seu Luís na montagem dos saquinhos. Ele deve saber quantos saquinhos precisa pegar para colocar certa quantidade de bombons. Ele também precisa saber se sobrarão ou não bombons fora dos saquinhos. Veja o quadro que seu Luís fez:

EU PEGUEI 15 BOMBONS. COMO 3 × 4 = 12, ENTÃO 15 : 4 = 3 E SOBRAM 3. FIZ 3 SAQUINHOS E SOBRARAM 3 BOMBONS.

Saquinhos com 4 bombons

Bombons	Número de saquinhos	Bombons restantes fora dos saquinhos
15	3	3
22	5	2

EM OUTRA VEZ, PEGUEI 22 BOMBONS. 5 × 4 = 20 ENTÃO, 22 : 4 = 5 E SOBRAM 2. FIZ 5 SAQUINHOS, E SOBRARAM 2 BOMBONS.

O QUE SEU LUÍS FAZ É PROCURAR A MULTIPLICAÇÃO POR 4 MAIS PRÓXIMA DO NÚMERO DE BOMBONS QUE ELE PEGOU. ASSIM, ELE SABE QUANTAS VEZES O 4 CABE NESSE NÚMERO DE BOMBONS. DEPOIS, ELE CONTA O QUE FALTA.

$3 \times 4 = 12$

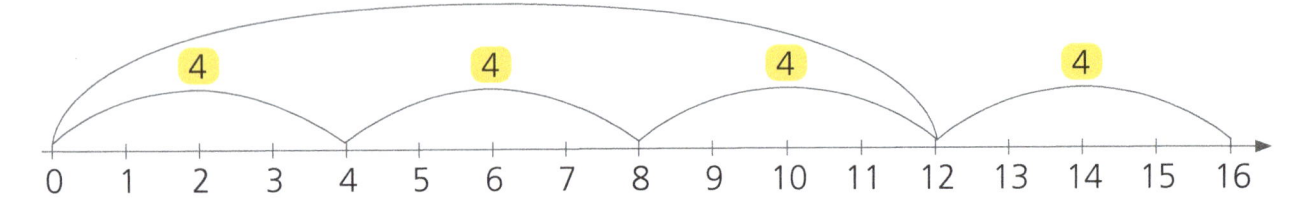

1. Seu Luís continuou pegando bombons para montar novos saquinhos:

19   30   27

Use a reta numerada para completar o quadro abaixo.

Saquinhos com 4 bombons

Bombons	Número de saquinhos	Bombons restantes fora dos saquinhos
19		
30		
27		

2. Como você faria para descobrir o número de saquinhos e de bombons restantes, se a quantidade de bombons fosse:

a. 46?

b. 51?

3. Agora, seu Luís resolveu fazer alguns saquinhos com 5 bombons em cada um. Ajude-o a calcular, usando a reta numerada e completando o quadro, sabendo que ele tem as seguintes quantidades de bombons:

15   22   28   30

0 1 2 3 4 5 6 7 8 9 10 11 12 13 14 15 16 17 18 19 20 21 22 23 24 25 26 27 28 29 30 31 32

Saquinhos com 5 bombons

Bombons	Número de saquinhos	Bombons restantes fora dos saquinhos
15		
22		
28		
30		

FAÇA EM CASA

1. Calcule da forma que você achar melhor.

   a. 17 : 4 = _____

   b. 28 : 4 = _____

   c. 17 : 5 = _____

   d. 25 : 5 = _____

   e. 23 : 4 = _____

   f. 43 : 4 = _____

   g. 23 : 5 = _____

   h. 43 : 5 = _____

2. Para fazer um sanduíche especial, Bia usa 4 rodelas de tomate e 2 fatias de queijo. Quantas fatias de queijo ela usa em 8 sanduíches especiais?

QUEBRA-CABEÇA

Destaque as peças do tangram da página 19 do **Faça você mesmo**.

Com ele, é possível montar figuras que representam animais, pessoas, barcos, mas é preciso seguir algumas regras:

- Todas as sete peças devem ser usadas.
- Não é permitido colocar uma peça em cima da outra.
- As peças devem se tocar pelo menos em um canto.

Invente uma figura com seu tangram, montando-a sobre uma folha de papel em branco. Depois de pronta, copie a figura, contornando cada peça do tangram. Pinte seu desenho.

FAÇA EM CASA

Veja o palhaço que Nicole fez com as peças do tangram. Utilizando seu tangram, contorne as peças em uma folha de papel e crie um desenho bem bonito. Depois, pinte o desenho e leve-o para a escola. Você e seus colegas montarão um painel com os trabalhos.

Use os adesivos de tangram da página 61 do **Faça você mesmo** para decorar seu desenho.

DESENHANDO FORMAS

1. Observe o desenho abaixo.

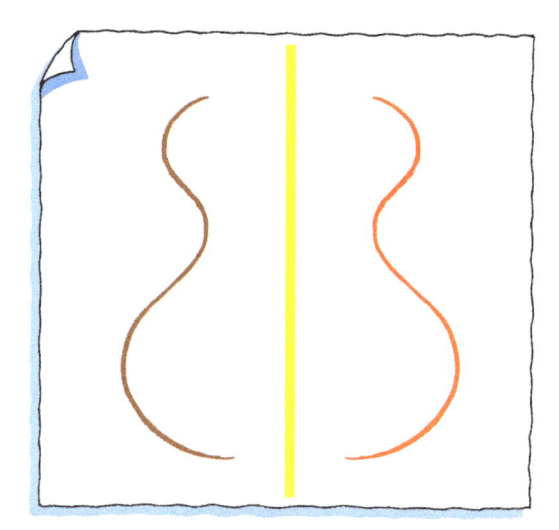

    a. Imagine que estas formas estejam desenhadas no chão da sala de aula e ande sobre elas.

    b. Se elas estivessem desenhadas em um papel, e você pudesse dobrá-lo na linha amarela, o que aconteceria com as outras duas linhas?

    c. Agora, desenhe as duas formas ao mesmo tempo. Use uma folha de papel grande, giz de cera ou giz comum colorido.

2. Observe a forma ao lado. Copie-a em uma folha em branco, usando uma régua.

HORA DA RODA

O tangram é mesmo genial, e Ingrid Biesemeyer Bellinghausen, autora do livro **Os animais do mundinho**, da editora DCL, sabe disso. Leia a história e preste bastante atenção nas ilustrações. Será seu desafio descobrir como o tangram foi usado para fazer cada animal que aparece. Leia a história com seu tangram à mão. Vai ser muito divertido.

SETENTA E CINCO

UNIDADE 3

Nesta unidade, você vai:
- Realizar um jogo usando o ábaco.
- Aprender a tabuada do 7.
- Dividir e subtrair.
- Conhecer a história do tangram.
- Resolver problemas.
- Calcular mentalmente.
- Conhecer o paralelogramo.

Vamos começar com uma história bem gelada...

Era uma vez alguns bonequinhos de neve. Para não derreterem, precisavam de um lugar muito, muito frio para viver. Como você imagina esse lugar? Quantos bonequinhos você acha que precisavam se proteger?

PARA COMEÇO de CONVERSA

1. Para fazer um bonequinho de neve, molhe o dedo em tinta branca e desenhe o corpo e a cabeça. Faça isso em papel de qualquer cor. Apenas o papel branco não vale!

Espere a tinta secar e, usando canetinhas coloridas, complete o desenho.

2. Desenhe bonequinhos de vários jeitos: alegres, tristes, preocupados... Falando, gritando, calados. Vale soltar a imaginação.

3. Depois invente um final para essa história.

Use os adesivos da página 57 do **Faça você mesmo** para decorar seus bonequinhos!

CONHECENDO HISTÓRIAS SOBRE O TANGRAM

• VAMOS LER JUNTOS

Há diversas lendas sobre a origem do tangram. Vamos conhecer uma delas?

Um mensageiro levava uma pedra de jade ao imperador chinês. A pedra tinha a forma de um quadrado. No caminho, aconteceu um acidente: o mensageiro deixou a pedra cair no chão, e ela se partiu em sete pedaços. O mensageiro tentou remontar o quadrado, mas, ao juntar as peças, obteve figuras de formas diferentes.

Veja como ficou uma delas.

NO COMPUTADOR

1. Que tal você descobrir outras histórias sobre o tangram?

Acesse *sites* de busca para encontrar informações sobre o tangram. Pesquise a origem e as lendas desse quebra-cabeça. Converse com a professora a respeito do que você encontrou.

2. Acesse o *site* a seguir. Se precisar, peça a ajuda de um adulto.

<http://ftd.li/r2pw2f> Acesso em: 26 fev. 2016.

Usando o tangram do computador, construa as silhuetas a seguir. O que cada uma lembra?

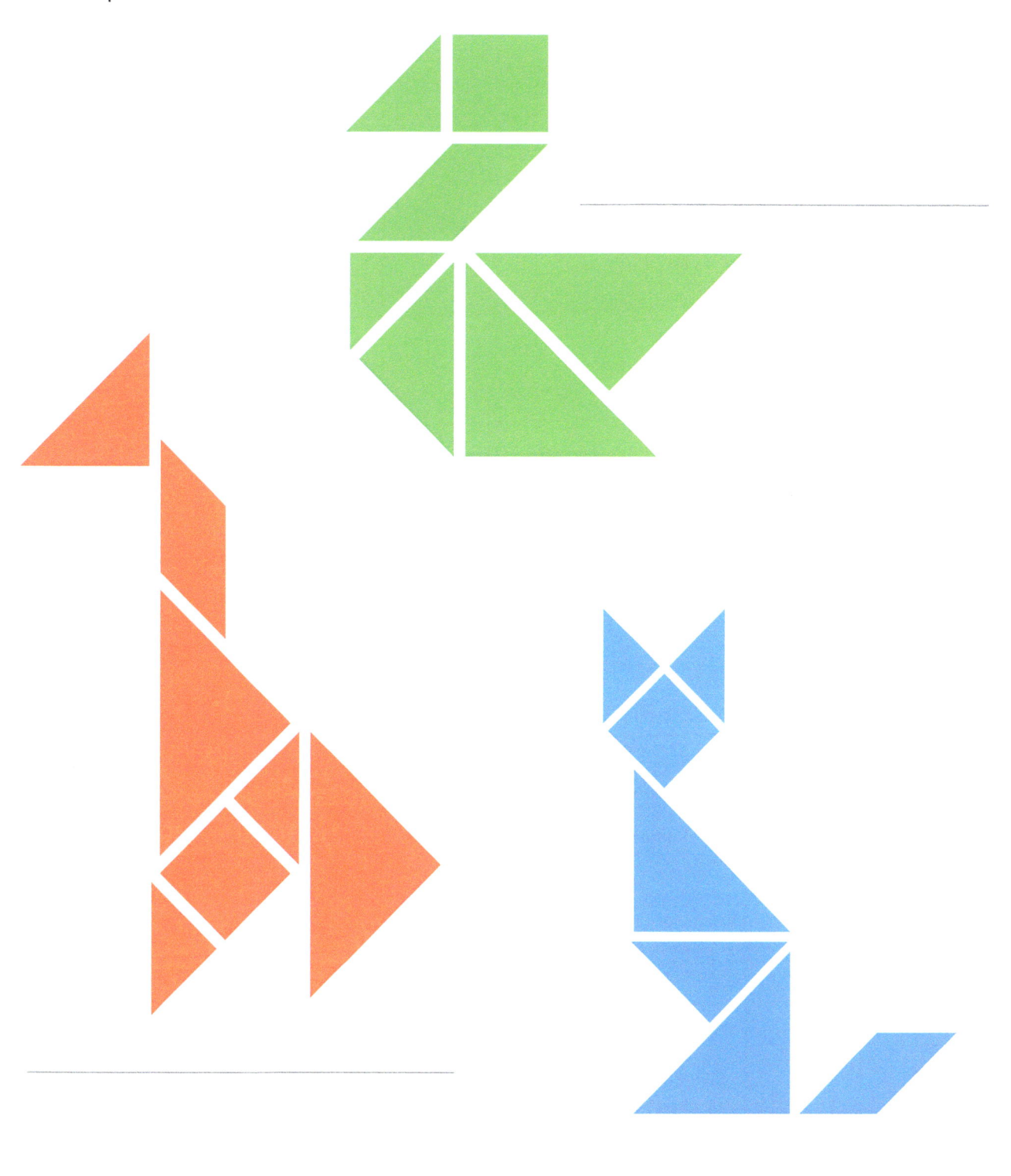

ADICIONANDO COM O ÁBACO

Você lembra como Helena calculou 248 + 125?

Ela decompôs os dois números em unidades, dezenas e centenas.

AGORA VOCÊ VAI APRENDER A FAZER ESSA CONTA USANDO O ÁBACO!

Primeiro, registre no ábaco um dos números: o 248, por exemplo.

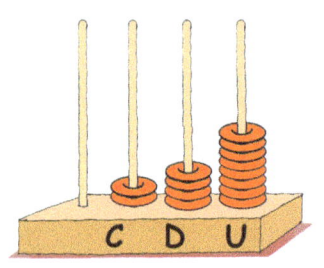

Acrescente as argolas que representam o valor 125.

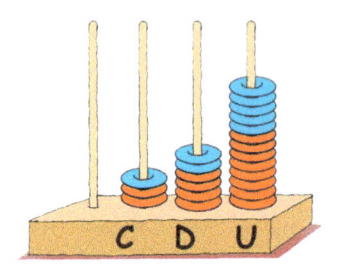

No pino das unidades temos 13 argolas, no pino das dezenas, 6 argolas, e no pino das centenas, 3 argolas.

As 13 unidades devem ser trocadas por 1 dezena e 3 unidades (10 + 3).

Podemos retirar 10 argolas do pino das unidades e trocá-las por uma argola verde que colocamos no pino das dezenas. No total, ficamos com 7 dezenas. Veja:

VAMOS VER SE VOCÊ ENTENDEU!

Assim, chegamos ao resultado: 248 + 125 = 373.

1. Resolva as adições em seu ábaco e registre com desenhos como você chegou ao resultado.

> Confira se você encontrou o mesmo resultado da atividade 3 da página 31.

54 + 37 = _____

a. 62 + 18 = _____

b. 46 + 46 = _____

c. 327 + 216 = _____

d. 524 + 257 = _____

e. 365 + 419 = _____

f. 306 + 135 = _____

OITENTA E UM

Vamos registrar no Quadro de ordens o que você fez no ábaco.

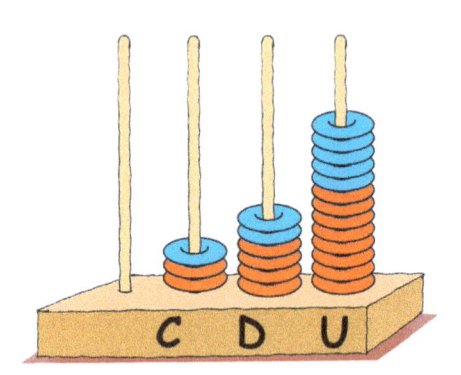

JÁ SEI SOMAR DE DUAS MANEIRAS DIFERENTES: DECOMPONDO OS NÚMEROS E USANDO O ÁBACO. SERÁ QUE EXISTEM OUTRAS FORMAS?

C	D	U
Centenas	Dezenas	Unidades
2	①4	8
+ 1	2	5
3	7	①3

O número 1 da dezena do número 13 é colocado acima do número 4 na ordem das dezenas.

2. Resolva, nos Quadros de ordens, as contas **b**, **c**, **e** e **f** feitas com o ábaco na atividade 1. Use lápis de cor diferente para indicar a dezena que é transportada da ordem das unidades para a das dezenas.

C	D	U
Centenas	Dezenas	Unidades

C	D	U
Centenas	Dezenas	Unidades

C	D	U
Centenas	Dezenas	Unidades

C	D	U
Centenas	Dezenas	Unidades

JOGO

Resta zero

Neste jogo, vence quem não tiver nenhum ponto. Quer saber como? Como o próprio nome diz, é o resta zero... zero ponto.

Este jogo é para ser jogado em dupla ou em trio.

» **O que é preciso?**
- um ábaco para cada jogador
- argolas (pelo menos 20)
- um dado
- folha de papel para marcar os pontos

» **Quais são as regras?**

1. Escolham quem começa o jogo. Em seus ábacos, coloquem uma argola no pino das centenas. Cada um começa com 100 pontos. Joguem alternadamente.

2. Na sua vez de jogar, lance o dado e retire dos pontos marcados no ábaco o valor que saiu no dado. Por exemplo, se saiu o valor 4 no dado, você deve retirar 4 de 100 e marcar o resultado no ábaco. Desse resultado, retire o que sair no dado nas próximas vezes.

3. Se, na sua vez de jogar, o número que sair no dado for maior do que a quantidade de argolas do ábaco, você perde a vez.

4. Ganha o primeiro jogador que chegar a zero, ou seja, aquele que retirar todas as argolas de seu ábaco e ficar sem nenhum ponto!

LEVE OU PESADO?

Pedro e Bruna brincam de leve e pesado.

EU ACHO QUE O LIVRO É **LEVE**.

VOCÊ ESTÁ ERRADO, PEDRO. O LIVRO É **PESADO**.

AFINAL, O LIVRO É LEVE OU PESADO? O QUE VOCÊS ACHAM?

O LIVRO É LEVE EM COMPARAÇÃO COM A MOCHILA E É PESADO EM COMPARAÇÃO COM O LÁPIS.

O LIVRO PODE SER LEVE OU PESADO. DEPENDE DA COMPARAÇÃO FEITA.

Muitas vezes, as pessoas comparam a massa de um objeto com a massa de outro.

Mas será que só existe esse jeito de saber se um objeto é leve ou pesado? Certamente que não. Você mesmo já deve ter visto que as pessoas utilizam balanças para fazer medições de massa.

1. Em que lugares você já viu balanças? Escreva no caderno.

2. Observe as balanças de dois pratos.

Nas frases a seguir, pinte uma das palavras **leve**, **pesado** ou **pesada**, de acordo com o que você observa nas ilustrações acima.

   a. O copo é mais (leve/pesado) que a xícara, ou a xícara é mais (leve/pesada) que o copo.

   b. A jarra é mais (leve/pesada) que o livro, ou o livro é mais (leve/pesado) que a jarra.

3. Fran é uma cachorrinha. Ela tem dois filhotes: o Din e o Don.

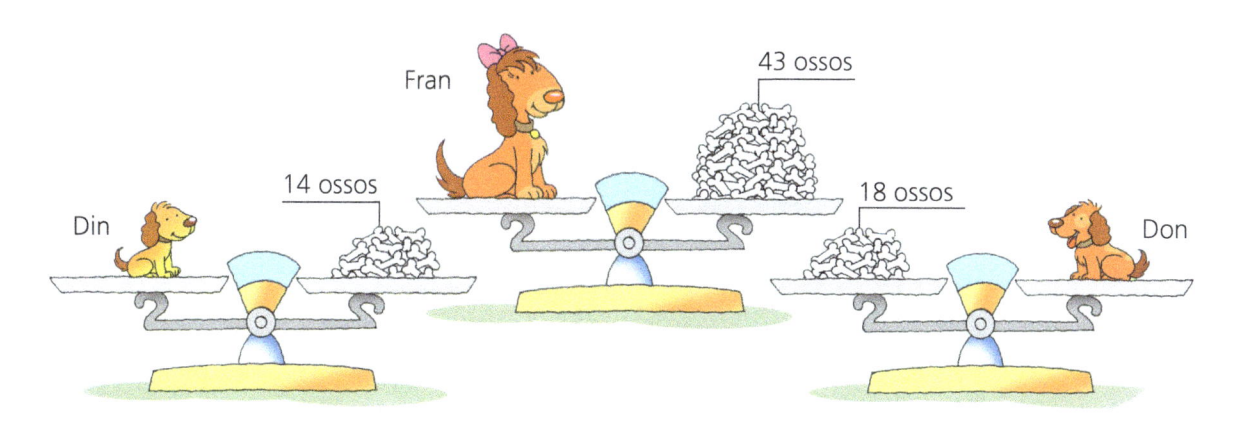

Din — 14 ossos — Fran — 43 ossos
18 ossos — Don

a. Quem é mais pesado: Din ou Don? _____

b. Quanto pesa Din? _____

c. Qual é a unidade de medida de massa que está sendo utilizada? _____

d. Se colocarmos Din e Don em um mesmo prato da balança e Fran no outro lado, o que acontecerá? Por quê? _____

4. Complete as frases a seguir com as informações que faltam.

a. Fran pesa _____ ossos **a mais** que Din.

b. Don pesa _____ ossos **a menos** que Fran.

c. A **diferença** de "peso" entre Din e Don é de _____ ossos.

FAÇA EM CASA

100 ossos

1. Quantos ossos pesam Din, Don e Fran juntos? _____

2. Quanto pesa o cãozinho preto?

_____

OITENTA E CINCO 85

O PARALELOGRAMO

ESTA PEÇA TEM A FORMA DE UM PARALELOGRAMO.

MAS ELA NÃO PARECE COM UMA CAIXINHA!

NÃO PODEMOS CONFUNDIR PARALELOGRAMO COM PARALELEPÍPEDO!

Esse é um paralelepípedo.

Esse é um paralelogramo.

1. Em seu caderno, contorne cada uma das peças do seu tangram. Escreva o nome delas, o número de lados e o número de vértices que cada uma tem.

2. Use duas peças do tangram e forme:
   a. um paralelogramo.
   b. um triângulo médio.

3. Com a régua, desenhe em seu caderno as peças do tangram na posição das imagens a seguir.

Triângulo.   Quadrado.   Paralelogramo.

ADICIONANDO COM O ÁBACO OUTRA VEZ

Helena fez outra conta usando o ábaco e registrou no Quadro de ordens.

Ela retirou as argolas do ábaco e deixou a conta escrita no quadro. Veja ao lado.

C Centenas	D Dezenas	U Unidades
①3	4	2
+ 2	8	5
6	2	7

1. Faça esse cálculo em seu ábaco e tente explicar o que significa o número 1 que está em vermelho. _____

2. Continue fazendo as contas a seguir no ábaco e registre os resultados aqui.

   a. 156 + 362 = _____   b. 471 + 387 = _____   c. 250 + 193 = _____

3. Agora, em seu caderno, desenhe, usando a régua, 3 Quadros de ordens. Represente cada conta da atividade anterior em um desses quadros.

4. Tente fazer a conta a seguir sem o ábaco.

   564 + 285 = _____

FAÇA EM CASA

1. Calcule da forma que achar melhor.

   a. 27 + 81 = _____   c. 256 + 147 = _____   e. 360 + 147 = _____
   b. 58 + 33 = _____   d. 146 + 182 = _____   f. 469 + 260 = _____

2. Em seu caderno, calcule e represente no Quadro de ordens as contas a seguir.

   a. 72 + 37 = _____   c. 561 + 242 = _____   e. 504 + 128 = _____
   b. 85 + 44 = _____   d. 343 + 190 = _____   f. 138 + 91 = _____

3. Escolha, entre as multiplicações abaixo, as que têm 24, 36 ou 32 como resultado e escreva-as nos espaços correspondentes do quadro.

8 × 4   3 × 5   6 × 6   2 × 10   9 × 4   8 × 6   8 × 3   4 × 6   6 × 4   9 × 6

Resultado	Multiplicações
24	
36	
32	

4. Mara vendeu sua bicicleta por 320 reais. Desse valor, gastou 120 reais em livros e 25 reais em roupas. Quanto sobrou? _____

JOGO

Resta zero

Que tal jogar novamente **Resta zero**, só que agora com dois dados? O material é o mesmo descrito na página 83, e as regras também, porém em vez de um dado, vocês vão lançar dois, somar os pontos que saírem e subtrair esse total dos pontos no ábaco. Vamos lá?

O JOGO VAI SER BEM MAIS RÁPIDO!

FAÇA EM CASA

De acordo com o jogo **Resta zero**, responda às perguntas a seguir.

1. Você tem 90 pontos. Ao lançar os dados, saem os números 5 e 6. Com quantos pontos você fica? _____

2. Você tem 42 pontos e saem 4 e 5 nos dados. Seu colega tem 38 pontos e para ele saem 3 e 3 nos dados. Quem está mais perto do zero, você ou ele? _____

3. Você está com 9 pontos, quase no final do jogo. Que valores devem sair nos dados para você ganhar a partida? _____

PARADA PARA CALCULAR

1. Paolo queria saber quantas horas há em 1 dia e mais 4 horas. Veja como ele pensou para chegar ao resultado.

Agora é com você! Quantas horas são:

> 1 DIA TEM 24 h. ENTÃO, 1 DIA + 4 h É O MESMO QUE 24 h + 4 h = 28 h.

a. 1 dia e mais 3 horas? _____

b. 1 dia e mais 6 horas? _____

c. 2 dias e mais 2 horas? _____

2. Complete o quadro com o que falta e responda às perguntas.

a. Quais produtos aparecem na coluna do 2 e também na do 3?

b. Quais produtos aparecem na coluna do 2 e também na do 6?

c. Quais produtos aparecem na coluna do 2 e se repetem na do 3 e na do 6?

d. Quais são as multiplicações que resultam 30?

e. Quais são as multiplicações que resultam 18?

f. Quais são as multiplicações com total 24?

×	1	2	3	4	5	6
1						
2						
3						
4						
5						
6						
7						
8						
9						
10						

VAMOS DANÇAR?

Os diretores da escola de Michele resolveram fazer um baile beneficente para ajudar uma comunidade próxima à escola. Para agradar aos participantes, fizeram uma pesquisa para saber qual é o ritmo musical favorito. Os pais dos alunos também participaram. Veja nas tabelas abaixo os resultados dessa pesquisa.

Vamos dançar?

Ritmo	Quantidade de votos
Bolero	30
Pagode	50
Funk	20
MPB	60

Ritmo	Quantidade de votos
Clássico	40
Jazz	70
Rock	30
Samba	80

Vamos construir, em uma malha quadriculada, um gráfico com os dados que estão organizados nas tabelas acima? É fácil. Você vai precisar de uma folha de papel quadriculado.

Título: _____

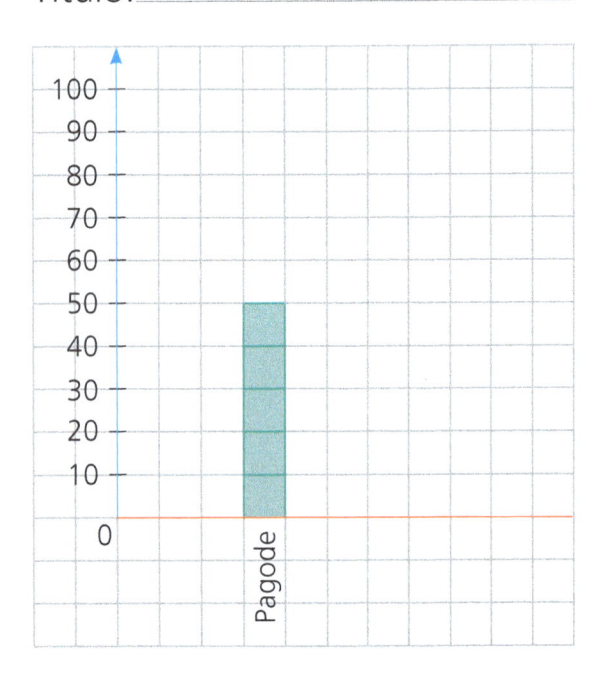

As linhas azul e vermelha são os **eixos** do gráfico.

Na linha vermelha você escreve os nomes dos ritmos musicais pesquisados.

Na linha azul você indica que cada quadrinho representa 10 votos.

Depois, pinta um quadrinho para cada 10 votos que o ritmo obteve.

A quantidade de votos para o ritmo Pagode já está registrada no gráfico.

NÃO SE ESQUEÇA DE ESCREVER O TÍTULO DO GRÁFICO!

SIMETRIA NAS PEÇAS DO TANGRAM

Os triângulos do tangram possuem eixo de simetria. Veja:

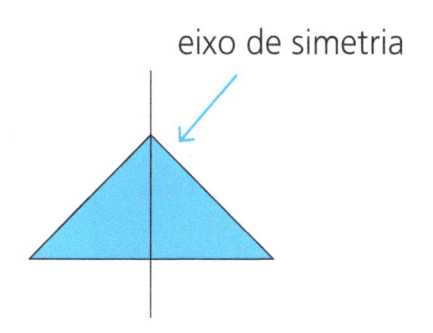

eixo de simetria

Para as atividades desta página, você deverá utilizar o tangram que você destacou na página 19 do **Faça você mesmo**.

1. Contorne um triângulo do seu tangram em uma folha de papel e recorte-o. Dobre em duas partes iguais e sobrepostas, isto é, cada parte deve ficar exatamente em cima da outra. Abra o triângulo e cole-o em seu caderno. Faça um traço na linha de dobra para marcar o eixo de simetria.

2. Contorne o quadrado em uma folha de papel e recorte-o. Dobre a figura e trace os quatro eixos de simetria que ela tem.

3. Contorne o paralelogramo em uma folha e recorte. Tente dobrar esse paralelogramo em duas metades iguais e sobrepostas.

   Você conseguiu? Por quê? _____

4. Complete o quadro com o que você acabou de aprender sobre as formas geométricas do tangram.

Peças do tangram

Nome da figura	Quantos lados?	Quantos vértices?	Quantos eixos de simetria?
Triângulo			
Quadrado			
Paralelogramo			

SEU PROBLEMA AGORA É...

» Organizar o texto do problema na ordem convencional de leitura.
» Resolver problemas utilizando dados numéricos.

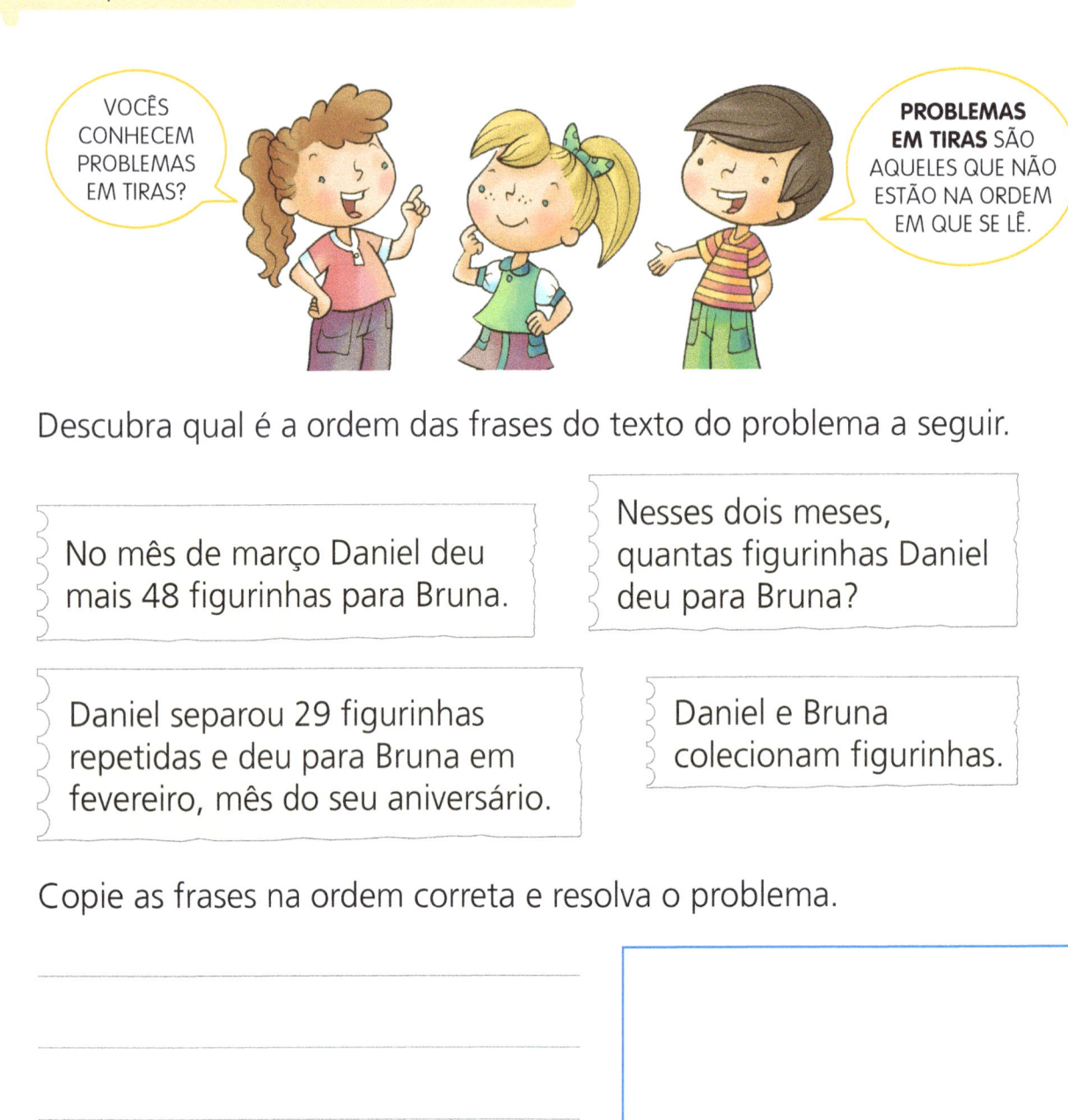

VOCÊS CONHECEM PROBLEMAS EM TIRAS?

PROBLEMAS EM TIRAS SÃO AQUELES QUE NÃO ESTÃO NA ORDEM EM QUE SE LÊ.

Descubra qual é a ordem das frases do texto do problema a seguir.

No mês de março Daniel deu mais 48 figurinhas para Bruna.

Nesses dois meses, quantas figurinhas Daniel deu para Bruna?

Daniel separou 29 figurinhas repetidas e deu para Bruna em fevereiro, mês do seu aniversário.

Daniel e Bruna colecionam figurinhas.

Copie as frases na ordem correta e resolva o problema.

A TABUADA DO 7

UMA SEMANA TEM 7 DIAS. QUANTOS DIAS TÊM 10 SEMANAS?

Para responder a essa questão, Pedro começou a completar o quadro abaixo. Escreva o que falta no quadro para ajudá-lo a descobrir essa resposta.

1	2	3	4	5	6	7
8	9	10	11	12	13	14

1. Agora responda à questão de Pedro: quantos dias têm 10 semanas? _____

2. Escreva em seu caderno a tabuada do 7, como já fizemos com as outras que estudamos.

EM DUPLA

Você e seu colega vão comparar as tabuadas do 3 e do 7.

Escrevam as duas tabuadas lado a lado, observem bem as duas e escrevam as suas conclusões no quadro abaixo.

Comparando as tabuadas do 3 e do 7	
Semelhanças	Diferenças

HORA DA RODA

Divirta-se lendo o livro **Vira, vira, vira lobisomem**, de Lúcia Pimentel Góes, São Paulo, Paulinas, 2005, que conta a história de Lobisô, que tem grandes mudanças na vida a cada 7 anos.

JOGO

Resta zero

Vamos jogar **Resta zero** com dois dados novamente? Os colegas que forem jogar devem registrar os resultados obtidos.

Resta zero	
Nome do jogador:	
Soma dos dados	Resultado da jogada

Cada um faz um quadro como esse acima e, em cada jogada, marca a soma dos pontos dos dois dados e o resultado da jogada.

DIVIDIR E SUBTRAIR

DIVIDIR É O MESMO QUE SUBTRAIR.

SOFIA, EU NÃO ENTENDI! O QUE UMA COISA TEM A VER COM A OUTRA?

1. Qual a sua opinião sobre o que Sofia disse? Será que ela tem razão?

PARA DIVIDIR AS BOLINHAS IGUALMENTE NAS 3 CAIXAS, EU RETIRO DO SAQUINHO 3 BOLINHAS DE CADA VEZ E COLOCO UMA EM CADA CAIXA. FAÇO ISSO ATÉ NÃO PODER DISTRIBUIR MAIS.

Veja como ela calcula **16 : 3**.

Use os adesivos da página 63 do **Faça você mesmo** para calcular como Sofia.

Ela distribui inicialmente 3 bolinhas, uma em cada caixa. Restam 13 bolinhas.
16 − 3 = 13

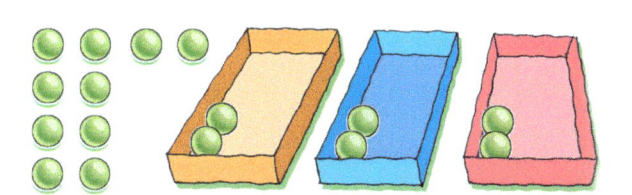

Depois, ela distribui mais 3 bolinhas, uma em cada caixa. Restam 10 bolinhas.
13 − 3 = 10

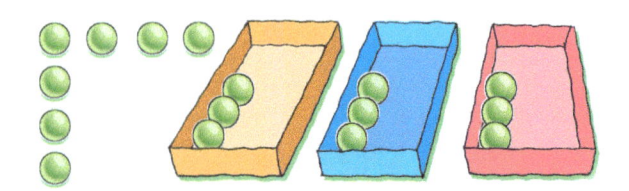

Distribui mais 3 bolinhas, uma em cada caixa. Restam 7 bolinhas.

10 − 3 = 7

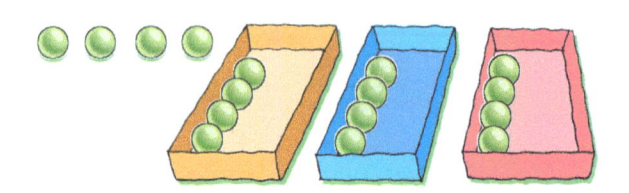

Distribui mais 3 bolinhas. Restam 4 bolinhas.

7 − 3 = 4

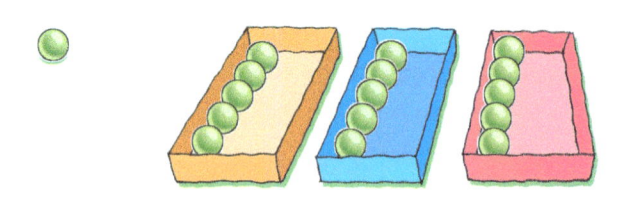

Ela distribui mais 3 bolinhas. Resta 1 bolinha fora das caixas.

4 − 3 = 1

NÃO POSSO MAIS DISTRIBUIR IGUALMENTE! ENTÃO, O RESTO DA DIVISÃO DE 16 POR 3 É 1.

ENTENDI! 16 : 3 = 5 E RESTA 1.

Dividir é o mesmo que subtrair quantidades iguais várias vezes, até não poder mais distribuir igualmente. Com isso, temos o resultado e o resto da divisão.

2. Jane faz essa divisão de outro jeito. Vamos ver como é.

EU POSSO DISTRIBUIR MAIS DE CADA VEZ. NÃO PRECISA SER DE UM EM UM.

Vamos tentar fazer 16 : 3 como Jane disse?

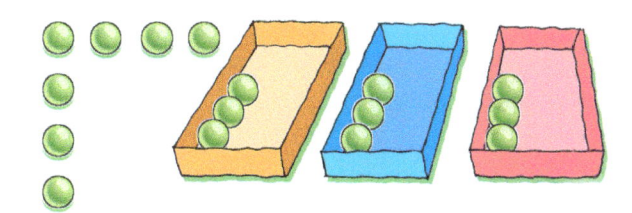

Inicialmente ela distribui 3 bolinhas em cada uma das caixas (3 × 3 = 9 bolinhas). Restam 16 − 9 = 7 bolinhas.

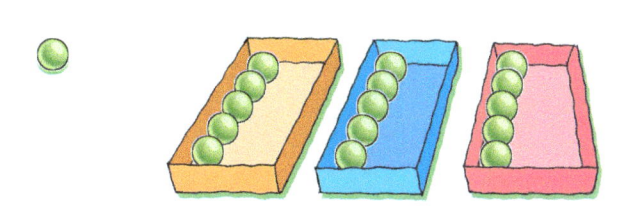

Em seguida, Jane distribui mais 2 bolinhas em cada uma das caixas (3 × 2 = 6 bolinhas), ou seja, a divisão termina, e o resto de 16 por 3 é 1.

- Agora é com você! Escolha como deseja fazer e calcule:
  - **a.** 17 : 5
  - **b.** 20 : 3
  - **c.** 24 : 4

PARADA PARA CALCULAR

1. Escreva as subtrações que tenham o resultado mostrado no retângulo verde.

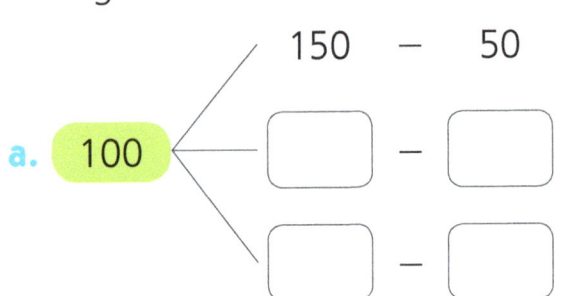

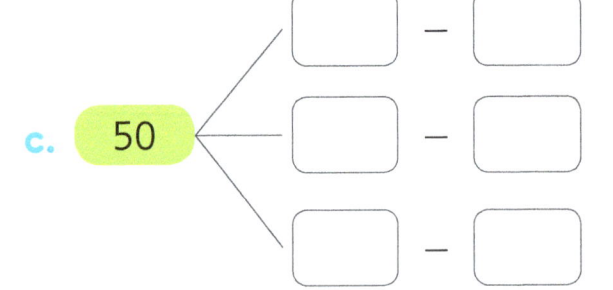

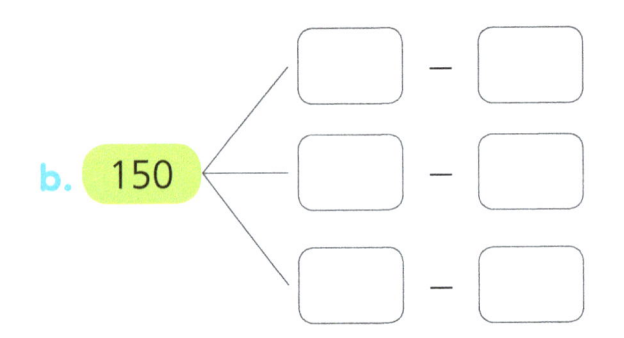

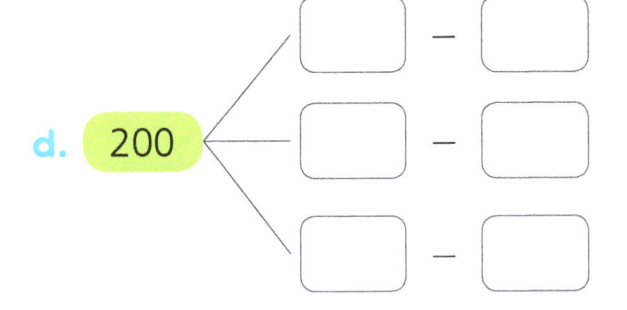

   a. 100
   - 150 − 50
   - ☐ − ☐
   - ☐ − ☐

   c. 50
   - ☐ − ☐
   - ☐ − ☐
   - ☐ − ☐

   b. 150
   - ☐ − ☐
   - ☐ − ☐
   - ☐ − ☐

   d. 200
   - ☐ − ☐
   - ☐ − ☐
   - ☐ − ☐

2. Quanto custaria uma caixa inteira?

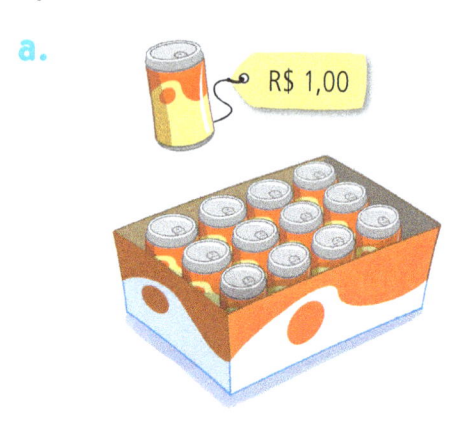

   a. R$ 1,00

   b. R$ 0,50

   c. R$ 5,00

   d. R$ 10,00

MAIS UM, MENOS UM

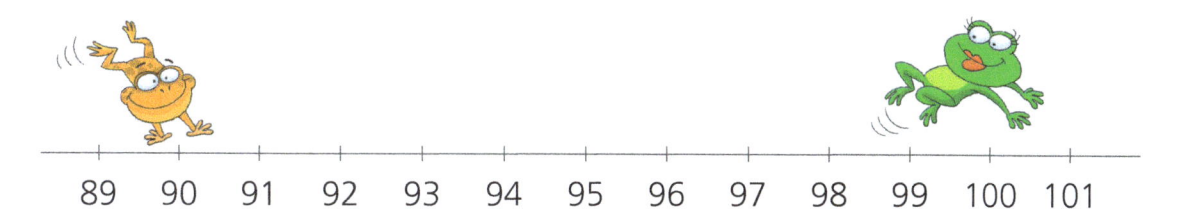

89 90 91 92 93 94 95 96 97 98 99 100 101

A sapa Bitoca vem devagarinho,
de um em um, dando pulinhos
até encontrar o Sapão.
Ele sai da toca, pulando atrapalhado,
para no encontrão
ganhar um beijo estalado.

Você já conhece a reta numerada e sabe contar de um em um.

Na unidade 2, você pesquisou o significado das palavras **sucessor** e **antecessor** e investigou qual seria a relação dessas palavras com a Matemática e os números.

Retome sua pesquisa. Observe se ela está de acordo com o que vamos expor a seguir.

O **sucessor** de um número é aquele que tem **uma unidade a mais** que esse número.

O **antecessor** de um número é aquele que tem **uma unidade a menos** que esse número.

NA RETA NUMERADA, O SUCESSOR DE UM NÚMERO É DESENHADO **DEPOIS** DESSE NÚMERO. O ANTECESSOR ESTÁ **ANTES** DESSE NÚMERO.

POR ISSO SE CHAMA **ANTE**CESSOR, POIS VEM **ANTES** DO NÚMERO!

O sucessor de 99 é 100, porque 99 + 1 = 100.

O antecessor de 99 é 98, porque 99 − 1 = 98.

Vamos ver se você realmente entendeu o significado de **sucessor** e de **antecessor**. Observe os números a seguir e escreva o sucessor e o antecessor de cada um deles. O primeiro já está pronto.

16 **17** 18

a. ____ 28 ____ d. ____ 204 ____ g. ____ 599 ____

b. ____ 100 ____ e. ____ 311 ____ h. ____ 555 ____

c. ____ 77 ____ f. ____ 365 ____ i. ____ 800 ____

FAÇA EM CASA

1. Encontre os resultados das divisões. Você pode fazer desenhos, usar algum material ou aplicar o que aprendeu nesta unidade.

   a. 32 : 5   b. 27 : 3   c. 49 : 7   d. 40 : 6   e. 46 : 5

2. Observe o muro das tabuadas. Encontre os resultados das tabuadas do 3 e do 7. Você ganha 2 pontos a cada número encontrado da tabuada do 3 e 5 pontos a cada número da tabuada do 7. Vamos ver quantos pontos você consegue fazer?

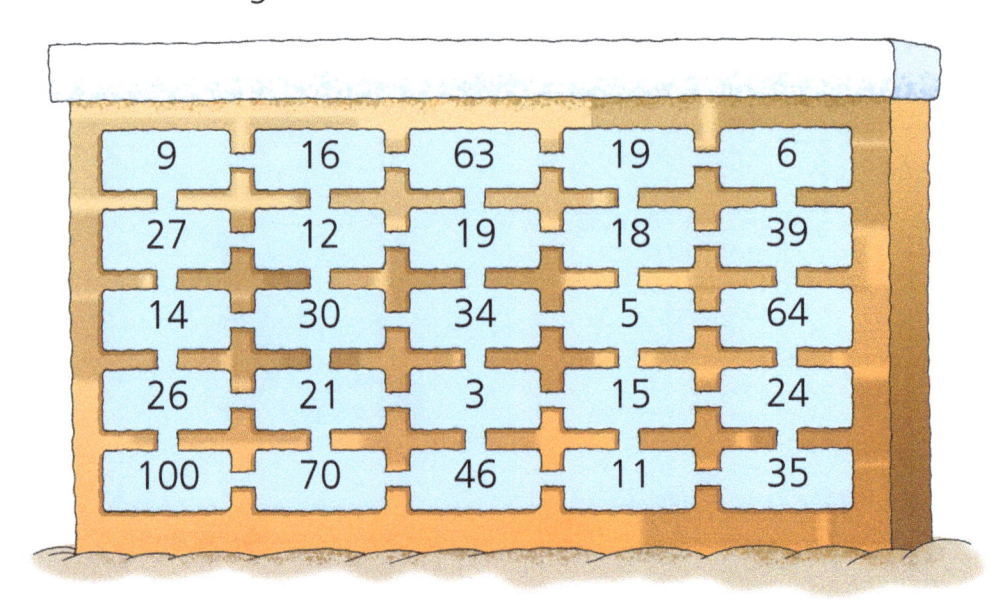

9	16	63	19	6
27	12	19	18	39
14	30	34	5	64
26	21	3	15	24
100	70	46	11	35

SEU PROBLEMA AGORA É...

» Enfrentar um desafio diferente: descobrir qual é a operação que resolve cada problema.

» Verificar que alguns problemas não têm solução.

Escolha e marque com **X** a operação que resolve cada problema. Depois, calcule mentalmente os resultados e anote-os.

1. A mãe de Michele comprou 12 bolas e 3 bonecas. Quantos brinquedos ela comprou? _____

12 − 3   3 × 12   12 + 3   Sem solução.

2. Na classe de Michele há 28 alunos, 14 são meninas. Quantos meninos há na classe de Michele? _____

28 + 14   28 − 14   14 × 28   Sem solução.

3. O pai de Michele tem 36 selos em sua coleção, e a mãe dela tem 32 canecas na sua coleção. Quantos objetos tem a coleção de Michele? _____

36 + 32   36 − 32   36 × 32   Sem solução.

4. Michele tem de medir o caminho que a joaninha percorreu. Cada pedaço da linha mede exatamente 2 centímetros. Qual é o comprimento da linha? _____

12 + 2   12 × 2   12 − 2   Sem solução.

SILHUETAS

Observe ao lado a silhueta de uma flor, feita com as sete peças do tangram.

Com as peças de seu tangram, monte essa silhueta. Depois, faça o contorno dessa silhueta em uma folha de papel em branco e desenhe as linhas das peças usadas para fazer a flor.

DESENHANDO FORMAS

1. Observe o desenho a seguir.

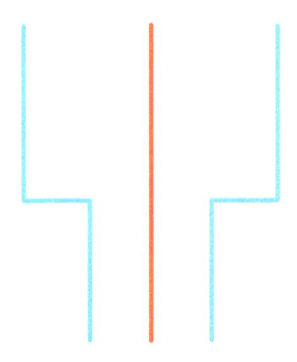

Reproduza esse desenho, à mão livre, em uma folha de papel em branco. Primeiramente, faça o traço vermelho. Depois, com uma canetinha azul em cada mão, faça os traços azuis ao mesmo tempo, sem tirar as canetinhas do papel.

2. Com régua e lápis, reproduza o desenho ao lado em uma folha de papel em branco.

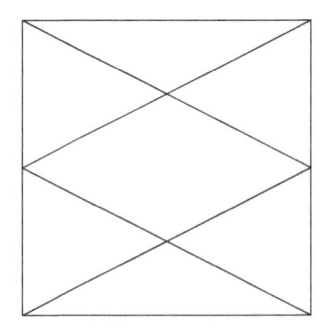

FAÇA EM CASA

Crie uma silhueta com seu tangram. Depois, escreva uma história sobre essa figura.

Vamos fazer um painel com as criações de todos?

PARADA PARA AVALIAÇÃO

Veja quanto estudamos nas unidades 1, 2 e 3.

- Construímos as tabuadas do 6 e do 7 e comparamos com as outras tabuadas.
- Aprendemos a fazer adições no Quadro de ordens.
- Aprendemos o que é uma figura que tem simetria.
- Avançamos na leitura e na escrita de números.
- Resolvemos muitos tipos de problemas.
- Fizemos pesquisas e construímos tabelas e um gráfico em barras.
- Medimos comprimentos com diferentes instrumentos e usamos a régua para medir e traçar linhas retas. Também conhecemos diversas balanças.
- Conhecemos as pirâmides e as comparamos com outros sólidos geométricos.

Pense em cada um desses assuntos e escreva em seu caderno:

- Você tem mais dificuldade em algum deles?
- Qual deles você precisa estudar mais para ter certeza de que aprendeu?

Para terminar a unidade, que tal resolver este problema? Ele é bem diferente!

No trajeto da Terra à Lua foi realizada uma corrida espacial entre cinco naves.
- "Dourada" chegou depois de "Super-Rápida".
- "Cósmica" e "Avançada" chegaram ao mesmo tempo.
- "Sideral" chegou antes de "Super-Rápida".
- A nave vencedora chegou sozinha.

Que nave ganhou a corrida?

UNIDADE 4

Nesta unidade, você vai:
- Conhecer o número mil.
- Subtrair usando o ábaco.
- Jogar usando a multiplicação.
- Resolver problemas.
- Calcular mentalmente.
- Aprender mais sobre medida de massa e medida de capacidade.

PARA COMEÇO de CONVERSA

Vamos começar descobrindo o nome que Paulo deu a cada cachorrinho que desenhou.

Siga as pistas e escreva o nome de cada um.

Pista 1: O Raio não usa coleira.

Pista 2: O Trovoada não sabe sentar e admira o Chuvisco, porque ele sabe.

Pista 3: O Tempestade é muito simpático. Ele não é escuro nem amarelo.

CENTO E CINCO 105

PREPARANDO A FESTA

Na escola de Gabriela, a festa junina já está sendo preparada!

A diretora, uma professora e Gabriela foram comprar os produtos que faltavam para a festa. Observe a lista de ofertas da loja.

Saquinho com bandeirinhas .... R$ 5,00
Saquinho com balões .... R$ 8,00
Embalagem de garfinhos .... R$ 6,00
Embalagem com 150 copos .... R$ 12,00
Embalagem com 50 pratinhos .... R$ 4,00
Embalagem de guardanapos ...... R$ 3,00
Garrafa de refrigerante .... R$ 2,00

PARA A FESTA FICAR BEM ANIMADA, COMPRAMOS TRÊS SAQUINHOS DE BANDEIRINHAS, DOIS SAQUINHOS DE BALÕES E DUAS EMBALAGENS DE GARFINHOS.

COMPRAMOS TAMBÉM DUAS EMBALAGENS DE PRATINHOS, DUAS EMBALAGENS DE GUARDANAPOS E DUAS EMBALAGENS DE COPOS PARA COMPLETAR O QUE A ESCOLA JÁ GANHOU.

AH! E AINDA COMPRAMOS MAIS SEIS GARRAFAS DE REFRIGERANTE!

1. Ao todo, quanto a diretora, a professora e Gabriela gastaram nessa loja?

2. A diretora pagou com duas notas de 50 reais. Quanto ela recebeu de troco?

3. Se a diretora tivesse apenas 80 reais para gastar na loja, o que poderia retirar da compra?

EM GRUPO

Vamos organizar uma festa?

1. Quantos amigos vocês querem convidar?
2. Escolham mais dois itens para a festa de vocês e escrevam nas linhas finais do quadro abaixo. Escrevam, também, a quantidade de cada item que vão comprar e façam os cálculos.

Itens para a festa	Quantidade	Vamos pagar
Pratinhos		
Copos		
Garfinhos		
Refrigerantes		
Total		

CENTO E SETE 107

FAÇA EM CASA

1. Gabriela estava curiosa para saber quantos convites suas amigas tinham vendido para a festa.

   Neide: GABRIELA, EU VENDI 8 CONVITES A MAIS DO QUE VOCÊ.
   Gabriela: EU VENDI 15 CONVITES.
   Cristiane: EU VENDI 13 CONVITES A MENOS DO QUE A NEIDE.

   a. Qual é o número de convites vendido por Cristiane? _____

   b. As três amigas juntas conseguiram ou não vender 50 convites para a festa? Por quê?

2. Complete o quadro com as informações que faltam.

Número	Escrita por extenso	Decomposição
366		300 + 60 + 6
909		
	Seiscentos e dezenove.	
		700 + 20 + 3

3. Complete as contas com os números que faltam.

a. 1 ☐ 3
   + 5 7 ☐
   ─────
     ☐ 8 7

b. 5 4 6
   − 2 ☐ ☐
   ─────
     ☐ 1 3

c. ☐ 3 5
   − 6 ☐ 4
   ─────
     2 1 ☐

d. 5 ☐ 8
   + ☐ 2 ☐
   ─────
     8 8 1

108 CENTO E OITO

PARADA PARA CALCULAR

1. Conte de 10 em 10.

   a. 82, _____, _____, _____, _____, _____, _____, _____

   b. 109, _____, _____, _____, _____, _____, _____, _____

   c. 317, _____, _____, _____, _____, _____, _____, _____

   d. 900, _____, _____, _____, _____, _____, _____, _____

2. Observe a grade de números e escreva o que falta.

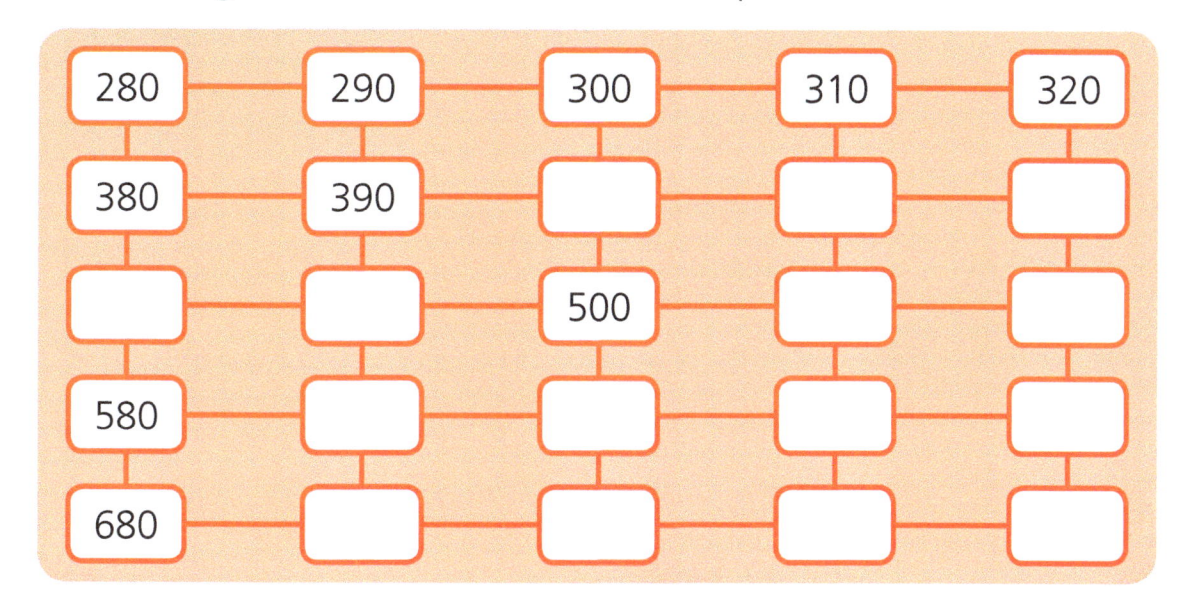

280	290	300	310	320
380	390			
		500		
580				
680				

3. Escreva as adições com resultado 100.

100
0 + 100 + 0
10 + 80 + 10
____ + ____ + ____
____ + ____ + ____
____ + ____ + ____
____ + ____ + ____

100
0 + 100
20 + 80
____ + ____
____ + ____
____ + ____
____ + ____

O TRAPÉZIO

No fim de semana, Raquel foi ao circo com sua avó. Ela ficou impressionada com a artista do trapézio. Na escola, contou tudo aos colegas e disse à professora que queria saber mais sobre os trapezistas. A professora sugeriu uma pesquisa na internet.

Então, os alunos descobriram que **trapezistas** são artistas que se penduram no trapézio, uma barra de madeira ou de ferro suspensa por duas cordas ou peças verticais.

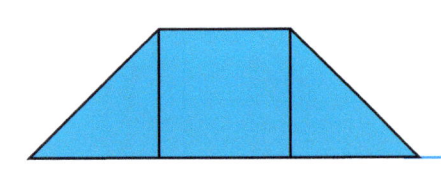

Descobriram, também, que a palavra **trapézio** vem do grego *trapezion*, de *trapeza*, "mesa pequena de quatro pernas", e que trapézio também é o nome desta figura geométrica, que eles montaram usando peças do tangram.

1. Com as peças do tangram, monte um trapézio também. Qual é o número de vértices e de lados do trapézio que você fez?

2. Faça mais trapézios com as peças do tangram indicadas abaixo.
   a. Use o paralelogramo e um triângulo pequeno.
   b. Use o paralelogramo e o triângulo médio.
   c. Use o paralelogramo e dois triângulos pequenos.

   Desenhe suas construções no caderno.

3. Compare o trapézio com o retângulo.

   Em seu caderno, faça uma lista de semelhanças e diferenças entre as duas figuras geométricas.

MÃOS NA MASSA

VAMOS LER JUNTOS

A unidade fundamental das medidas de massa é o **grama**, que representamos por **g**.

Nós usamos também o **quilograma** para medir massas, representado por **kg**. Nessa palavra, **quilo** significa **mil**.

Veja a representação de 1 quilograma.

1 kg equivale a 1000 g

1 kg = 1000 g

Vamos aprender um pouco mais sobre medida de massa, usando uma deliciosa receita.

Uma balança será muito útil.

VAMOS PREPARAR NOSSA RECEITA?

Moranguinho

Ingredientes

- ✓ 1 envelope de 35 g de gelatina em pó sabor morango
- ✓ 300 g de coco fresco ralado
- ✓ 250 mL de água fervente para dissolver a gelatina
- ✓ 5 ovos
- ✓ 650 g de açúcar refinado
- ✓ açúcar cristal

Modo de preparo

1. Com a ajuda de um adulto, dissolva a gelatina na água fervente.
2. Junte o açúcar refinado, o coco e os ovos em uma panela com fundo grosso e peça a um adulto que a leve ao fogo brando para cozinhar, mexendo sempre, até desprender a mistura do fundo.
3. Passe a mistura para um prato untado com margarina e, depois de fria, modele doces no formato de pequenos morangos.
4. Passe-os no açúcar cristal.
5. Sirva em forminhas de papel.

Rende aproximadamente 30 docinhos.

1. Quais foram os ingredientes usados na receita?

   _____

   _____

2. Que instrumentos de medida você usou no preparo da receita?

   _____

3. Quantos gramas de açúcar refinado vão em duas receitas desse doce?

   _____

4. Quantas receitas dá para fazer usando 1 kg ou 1 000 g de coco ralado?

   _____

5. Uma caixa de gelatina de 70 g dá para quantas receitas? _____

   _____

6. Os alunos da escola de Gabriela fizeram 5 receitas para servir na festa. Quantos docinhos foram feitos aproximadamente?

   _____

HORA DA RODA

Quem disse que cozinha não é lugar de criança?
No livro **Receitas nojentas, ideias bolorentas**, de Eliana Martins, editora Melhoramentos, São Paulo, 2006, você acompanha o preparo de pratos bem diferentes e muito nutritivos.

E em **O livro de receitas do Menino Maluquinho**, de Ziraldo e Fé Emma, editora Melhoramentos, São Paulo, 2002, além de receitas testadas por crianças como você, há dicas muito importantes de segurança e higiene na cozinha.

FAÇA EM CASA

Escreva um bilhete para sua professora, contando o que você aprendeu sobre medidas de massa no preparo dos docinhos. Capriche!

MONTANDO FORMAS

Veja o que Luís e Ellen descobriram brincando com o tangram.

> COM DOIS TRIÂNGULOS PEQUENOS, EU FIZ UM QUADRADO!

> EU CONSEGUI MONTAR UM TRIÂNGULO MÉDIO.

EM DUPLA

Que tal montar formas geométricas usando as peças do tangram? Você e seu colega trabalharão juntos. Mas cada um fará sua montagem!

1. Monte um paralelogramo usando os dois triângulos grandes do tangram. Desenhe abaixo a resposta.

2. Que outras figuras é possível montar usando os dois triângulos grandes? Desenhe as respostas no espaço abaixo.

3. Monte um triângulo usando as três peças a seguir. Desenhe a resposta no quadro ao lado das figuras de triângulos.

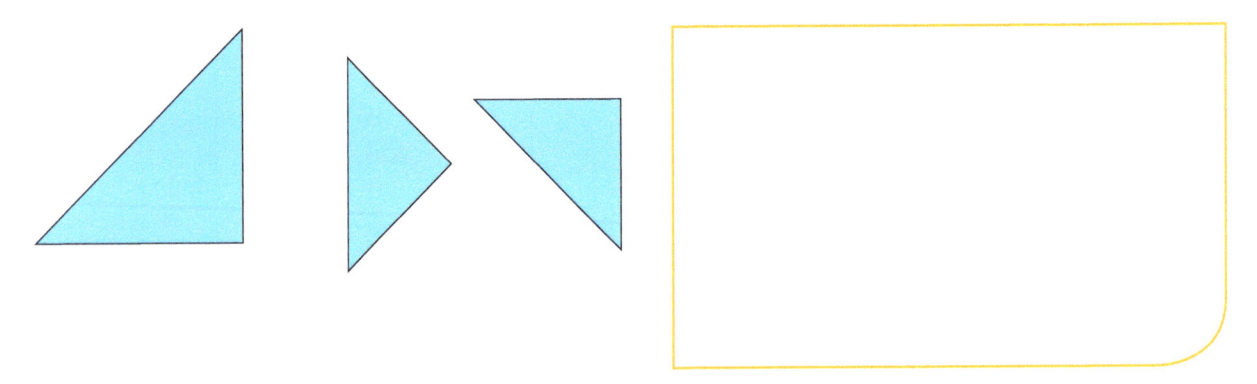

4. Usando as peças da atividade anterior, monte um quadrado e desenhe a resposta.

FAÇA EM CASA

1. Pegue as seguintes peças de seu tangram:

   Construa e desenhe, no caderno, triângulos formados com:
   a. o quadrado e os dois triângulos.
   b. o paralelogramo e os dois triângulos.

2. Desafio! Faça um quadrado usando 4 peças quaisquer do tangram. Desenhe a resposta no caderno.

LEITE NOSSO DE CADA DIA

VAMOS LER JUNTOS

Brasileiro bebe pouco leite

O Brasil é o sexto entre os maiores produtores de leite do mundo, mas, segundo o Ministério da Saúde, o brasileiro bebe 120 litros de leite ao ano, quantidade menor que a recomendada.

A Organização Mundial da Saúde (OMS) aconselha que crianças de até dez anos tomem 400 mL de leite por dia, o que, em um ano, dá quase 150 litros. O consumo deve ser maior para os jovens entre 11 e 19 anos: 700 mL por dia. Para adultos e idosos, a OMS recomenda ingerir 600 mL diariamente.

Fonte de pesquisa: Tatiana Rocha. **Leite**: consumir com moderação? Disponível em: <http://ftd.li/eexbjn>. Acesso em: 01 mar. 2016.

1. Segundo o Ministério da Saúde, quantas caixas de 1 litro de leite um brasileiro consome em seis meses? _____

2. Se uma família consome aproximadamente 50 L de leite por mês, quinhentos litros são suficientes para 6 meses? Por quê?

_____

3. Uma padaria usa 6 L de leite para cada fornada de pão doce.
   a. Quantos litros de leite são gastos em 10 fornadas? _____
   b. Invente um problema parecido com este e que tenha como resposta 200 L de leite.

4. Enrico tem 8 anos e toma aproximadamente 12 L de leite por mês. Quantos litros ele toma em 2 meses? Quantos litros ele toma em 10 meses? Ele toma mais ou menos leite do que o indicado no texto?

_____

5. Quantos litros de leite você toma em um mês? Pense e encontre uma forma de registrar. _____

TABUADA DO 8

Você já conhece muitas tabuadas.
Chegou a hora de aprender a tabuada do 8. Vamos lá!

EM DUPLA

1. Vocês construirão a tabuada sozinhos! Completem as multiplicações por 8 que aparecem nas tabuadas já conhecidas.

   a. 8 × 2 = _____
   b. 8 × 5 = _____
   c. 8 × 3 = _____
   d. 8 × 6 = _____
   e. 8 × 4 = _____
   f. 8 × 7 = _____

   Observe a representação das multiplicações no quadriculado.

   3 × 6

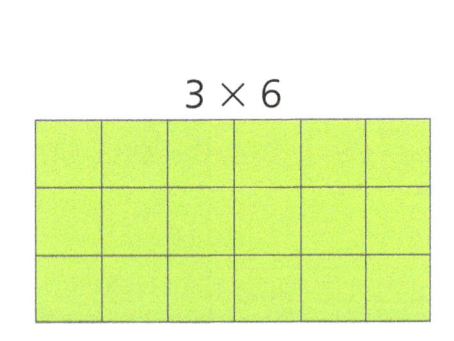

   6 × 3

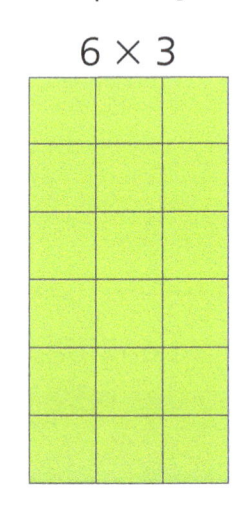

   3 × 6 = 6 × 3

   5 × 4

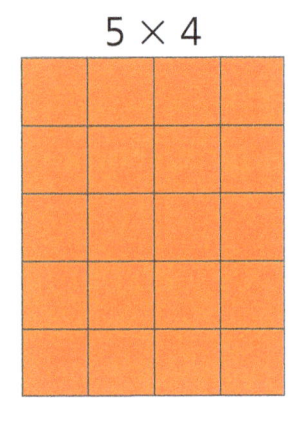

   4 × 5

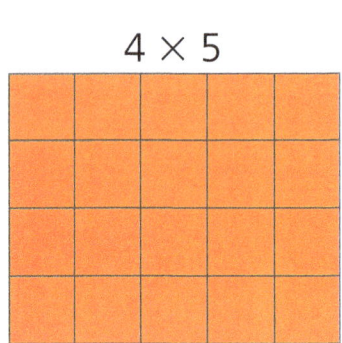

   5 × 4 = 4 × 5

   O resultado não se altera quando trocamos de posição os números que estão sendo multiplicados.

2. Usando essas informações, completem as multiplicações com os resultados já conhecidos da tabuada do 8.

   2 × 8 = _____   3 × 8 = _____   4 × 8 = _____

   5 × 8 = _____   6 × 8 = _____   7 × 8 = _____

3. Ainda faltam 4 multiplicações para completar a tabuada do 8. Decidam a melhor forma de efetuar essas multiplicações e escrevam os resultados.

   a. 1 × 8 = _____   c. 9 × 8 = _____
   b. 8 × 8 = _____   d. 10 × 8 = _____

4. Nós começamos, e vocês terminam de escrever a tabuada do 8.

   Tabuada do 8

   1 × 8 = 8   6 × 8 = _____
   2 × 8 = _____   7 × 8 = _____
   3 × 8 = _____   8 × 8 = _____
   4 × 8 = _____   9 × 8 = _____
   5 × 8 = _____   10 × 8 = _____

   É MUITO BOM DESCOBRIR COISAS NOVAS!

5. Façam uma lista das multiplicações com resultados que aparecem tanto na tabuada do 8 quanto na do 6.

6. Agora, façam a lista das multiplicações com resultados que aparecem tanto na tabuada do 8 como na do 4.

JOGO

Jogo da velha multiplicativo

Convide um colega para jogar com você.

» **O que é preciso?**
- 1 dado comum, o tabuleiro abaixo para a dupla e 10 marcadores de cores diferentes para cada jogador (podem ser botões ou bolinhas de papel)

» **Quais são as regras?**

1. Cada um escolhe uma cor de marcador.

2. Decidam quem inicia a partida e joguem alternadamente.

3. Na sua vez, o jogador lança o dado e escolhe um dos números dos círculos coloridos abaixo, multiplica esses dois números e coloca um marcador sobre o resultado no tabuleiro.

4. Se o resultado da multiplicação já estiver marcado, o jogador deve passar a vez.

5. Vence o jogador que colocar primeiro três de seus marcadores seguidos (na horizontal, na vertical ou na diagonal).

Tabuleiro

1	12	25	16	1
8	30	2	36	9
10	3	0	24	15
20	4	5	18	6

0　1　2　3　4　5　6

CONHECENDO O MIL

PEDRO, EU JÁ FALEI **MIL** VEZES PARA VOCÊ ARRUMAR SEU QUARTO.

ESSE *SHOW* FOI NOTA **MIL**.

ACHO QUE TEM **MIL** BALAS NESTE POTE.

Como você verificou nas cenas, a palavra **mil** é usada em várias situações do dia a dia. Você já ouviu ou falou frases com a palavra mil? O que estamos querendo dizer quando usamos a palavra mil?

Mil é o nome de um número. Mas quanto vale mil?

Mil é o número sucessor de 999.

$$999 + 1 = 1\,000 \rightarrow \text{mil}$$

O mil é o menor número de uma nova ordem no Quadro de ordens, a ordem dos milhares.

M	C	D	U
Milhares	Centenas	Dezenas	Unidades
1	0	0	0

Para representar esse número no ábaco, utilizamos o quarto pino. Nele, as contas representam milhares. Veja:

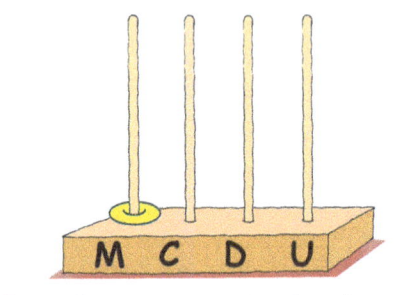

Essa é a representação do número 1 000 no ábaco.

Agora, a representação do número 4 000.

Veja como representar o número 2 467:

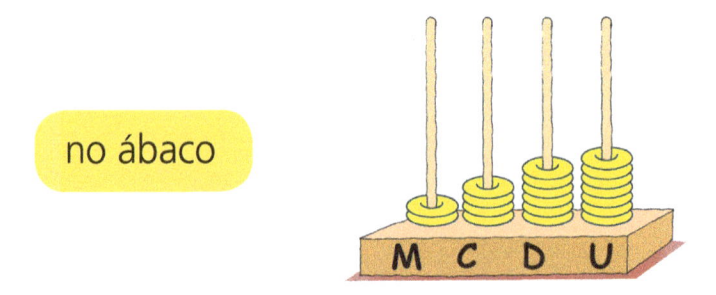

no ábaco

no Quadro de ordens

M	C	D	U
Milhares	Centenas	Dezenas	Unidades
2	4	6	7

Lemos esse número assim: dois mil, quatrocentos e sessenta e sete.

Veja outros números maiores que 1 000.

3 908 – três mil, novecentos e oito

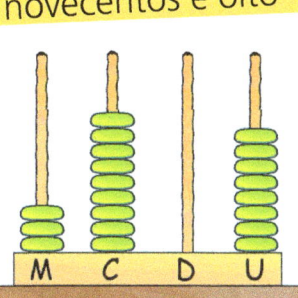

7 055 – sete mil e cinquenta e cinco

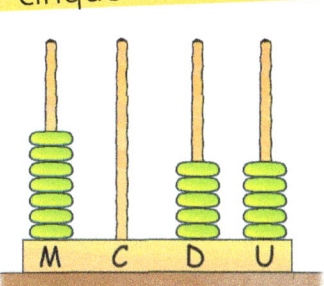

5 001 – cinco mil e um

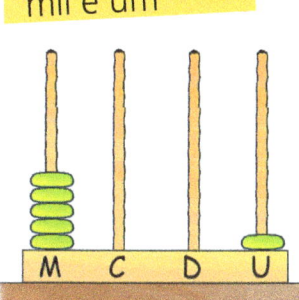

Em seu ábaco, represente cada número a seguir. Escreva como se lê cada um.

- 1 127: _____
- 2 016: _____
- 3 899: _____
- 4 203: _____
- 5 662: _____

FAÇA EM CASA

1. Continue cada sequência de números de acordo com a regra.

    a. De seis em seis:

    0, 6, 12, _____

    b. De três em três:

    15, 18, 21, _____

    c. De dez em dez:

    23, 33, 43, _____

2. No caderno, calcule e represente no Quadro de ordens.

    a. 702 + 373 = _____
    b. 313 + 490 = _____
    c. 185 + 244 = _____
    d. 603 + 158 = _____
    e. 61 + 342 = _____
    f. 108 + 85 = _____

3. Represente no quadriculado cada multiplicação a seguir.
Nós já fizemos 3 × 6 para você.

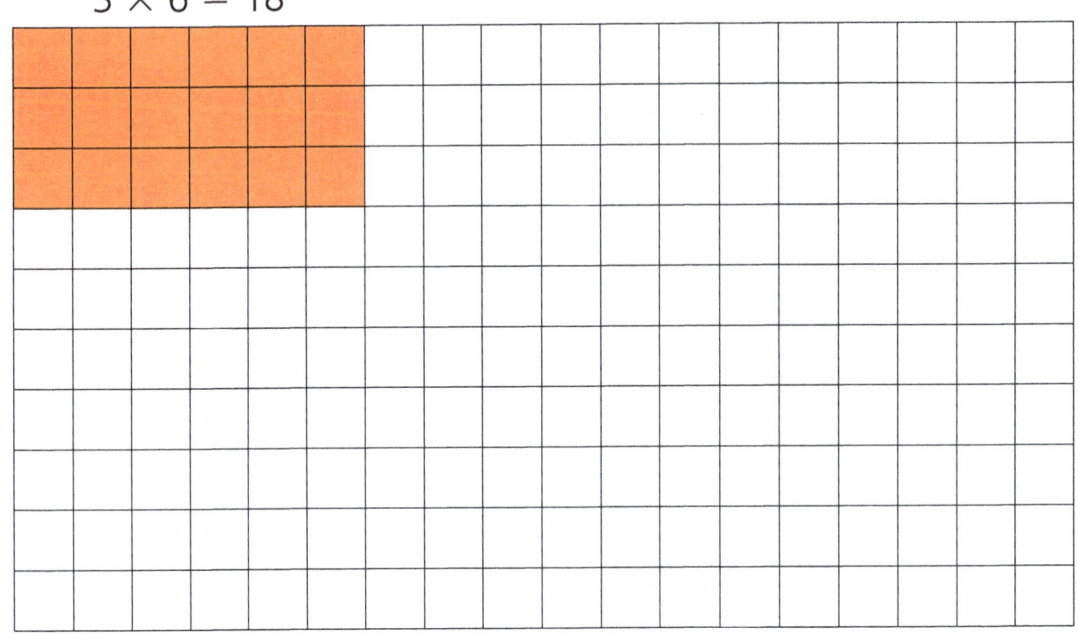

a. 8 × 2   b. 7 × 3   c. 4 × 5   d. 10 × 4

3 × 6 = 18

4. Divida igualmente. Às vezes sobra resto, outras vezes, não.

a. 12 peixes em 3 aquários

b. 33 cadernos em 4 estantes

c. 42 pessoas em 6 filas

122 CENTO E VINTE E DOIS

SUBTRAINDO NÚMEROS GRANDES

Gabriela e Daniel estão conversando sobre suas coleções de figurinhas.

TENHO 445 FIGURINHAS EM MINHA COLEÇÃO.

NOSSA! COMECEI A COLECIONAR AS FIGURINHAS BEM DEPOIS DE VOCÊ E JÁ TENHO 128. FALTA POUCO PARA EU ALCANÇAR VOCÊ!

VOCÊ ESTÁ ENGANADO. FALTA MUITO... MUITO MESMO!

Após a conversa, eles procuraram descobrir se a diferença entre as duas coleções era grande ou não. Como saber quanto é essa diferença?

Veja como os dois amigos resolveram calcular 445 − 128 para saber quantas figurinhas faltam para Daniel alcançar Gabriela.

+ 300   + 10   + 2   + 5

128 → 428 → 438 → 440 → 445

128 + 317 = 445 → 445 − 128 = 317

128 = 100 + 20 + 8

− 100   − 20   − 5   − 3

445 → 345 → 325 → 320 → 317

445 − 128 = 317

CENTO E VINTE E TRÊS **123**

EM DUPLA

1. Converse com um colega sobre os cálculos de Gabriela e Daniel. Depois, tentem efetuar a subtração a seguir, usando as duas formas apresentadas.

   725 − 343 = _____

2. Escolham uma das duas formas e calculem.

   a. 853 − 522 = _____

   b. 224 − 115 = _____

FAÇA EM CASA

1. Em seu caderno, calcule da forma que achar melhor.

   a. 459 + 432 = _____

   b. 734 − 522 = _____

   c. 351 + 564 = _____

   d. 999 − 153 = _____

   e. 688 + 231 = _____

   f. 875 − 354 = _____

2. Escreva em seu caderno as tabuadas do 4 e do 6. Quais são os resultados que aparecem nas duas tabuadas?

   _____

3. Calcule mentalmente e anote a resposta.

   a. 292 − 200 = _____

   b. 350 + 50 = _____

   c. 356 − 350 = _____

   d. 793 − 700 = _____

   e. 968 − 68 = _____

   f. 1 000 − 400 = _____

4. Veja o bilhete que Nícolas recebeu de sua avó.

> Sorocaba, 1º de julho de 2016.
> Netinho querido, nós nos veremos daqui a 2 meses e 8 dias.
> Que saudade!

QUANTOS DIAS TEREI DE ESPERAR PARA VER A VOVÔ?

JOGO

Jogo da velha multiplicativo

Hora de jogar em dupla novamente como na página 118. Depois, respondam às perguntas a seguir.

1. Por que os números 7 e 11 não aparecem no tabuleiro?

2. Se você tirar 2 no dado, que número deve escolher no círculo para que você possa marcar o 12 no tabuleiro? E se tirar 4 no dado?

3. No dado saiu 5. Você quer marcar 30 no tabuleiro. Que número você poderá escolher nos círculos?

4. Em uma das jogadas, Sofia marcou 15 no tabuleiro e escolheu o número 4 nos círculos. Que número ela tirou no dado?

PARADA PARA CALCULAR

1. Complete o quadro com as informações que faltam.

Antecessor	Número	Sucessor
	645	
508		
	411	
		840
	960	

2. Quais as duas centenas exatas mais próximas de cada número?

   a. _____ 399 _____   c. _____ 405 _____   e. _____ 295 _____

   b. _____ 702 _____   d. _____ 897 _____   f. _____ 197 _____

3. Para fazer de cabeça.

   a. Paulo tem 94 figurinhas. Quantas faltam para 100? _____

   b. Tenho 36 balas. Quantas balas faltam para eu ter 40? _____

   c. Um livro custa R$ 75,00. Rui tem R$ 30,00. Quanto falta para Rui comprar o livro? _____

   d. José tem 35 bolas de gude. Quantas faltam para 50? _____

4. Qual é a diferença em minutos de um relógio para outro?

   a. Relógio de pulso.   b. Relógio de parede.   c. Relógio digital.

OS RELÓGIOS DESTA PÁGINA NÃO ESTÃO COM OS TAMANHOS PROPORCIONAIS ENTRE SI.

FORMAS SIMÉTRICAS

1. O que representa a linha verde neste desenho?

   _____

   - Pegue uma folha em branco e trace uma linha vertical, como esta verde ao lado. Em seguida, com um lápis em cada mão, trace as duas outras linhas ao mesmo tempo.

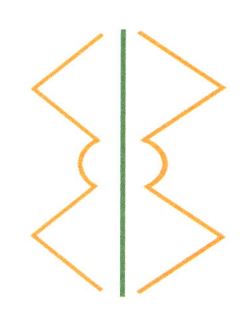

2. Faça a outra metade da figura ao lado. A linha laranja deve ser o eixo de simetria.

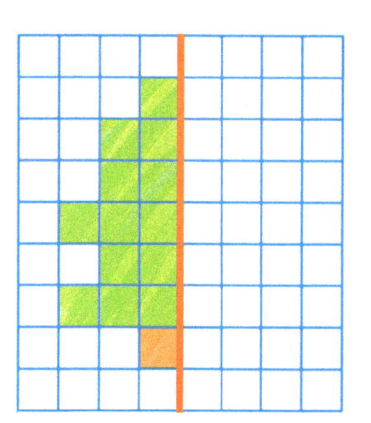

FAÇA EM CASA

Leia o poema a seguir.

o
jóquei
azul
sobre
o
cavalo
branco
cascos
velozes,
esporas
nos
flancos

o
jóquei
verde
sobre
o
cavalo
branco
sonhos
velozes,
a vida
nos
flancos

Agora, observe a simetria presente na ilustração do poema.

Converse com seus colegas e a professora sobre essa simetria.

Sérgio Capparelli e Ana Cláudia Grusynski. **Poesia visual**. São Paulo: Global, 2002.

OLHANDO DE CIMA

Os sólidos geométricos estão no chão, e Daniel olha de cima para eles.

1. Usando seus sólidos geométricos, faça uma construção semelhante à de Daniel e olhe-a de cima.

2. Marque com um **X** o desenho que corresponde ao que você vê ao olhar sua construção de cima.

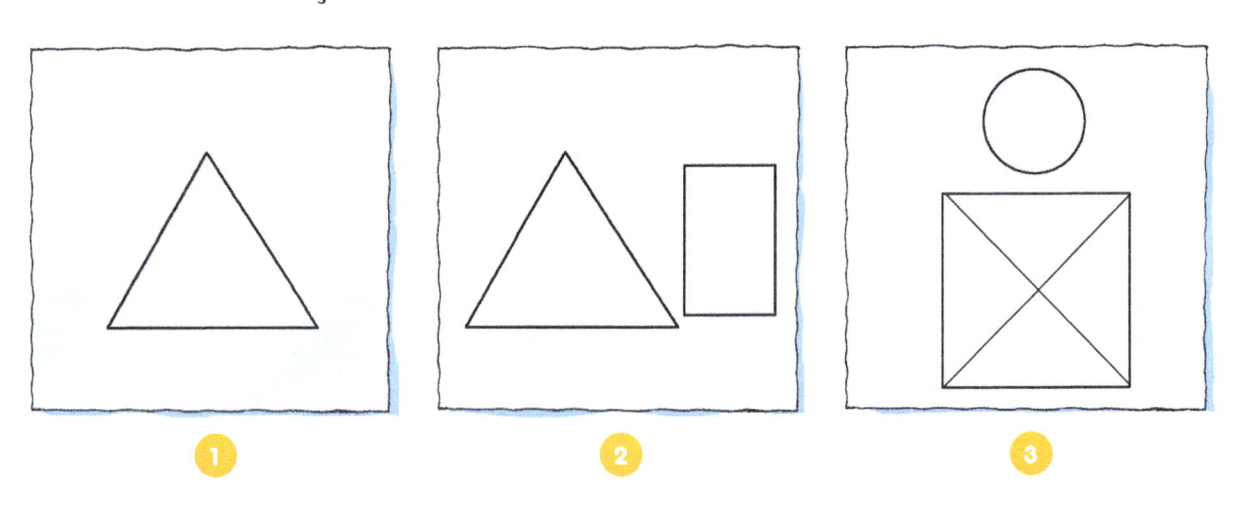

① ② ③

O desenho mostrado na figura ③ é chamado de **vista superior** da construção.

Que tal pensar um pouco mais sobre vistas? Então, faça as próximas atividades.

3. Observe os objetos que estão do lado esquerdo da página. Olhando-os de cima, o que você vê? Ligue cada figura à sua vista superior.

FAÇA EM CASA

Escolha um objeto em sua casa. Desenhe a vista superior dele.
Na classe, você deverá adivinhar o objeto desenhado por seu colega e ele adivinhará o seu.

SUBTRAINDO COM O ÁBACO

Você já sabe fazer subtrações de vários modos. Vamos relembrar dois desses modos?

Usando as fichas do material dourado:

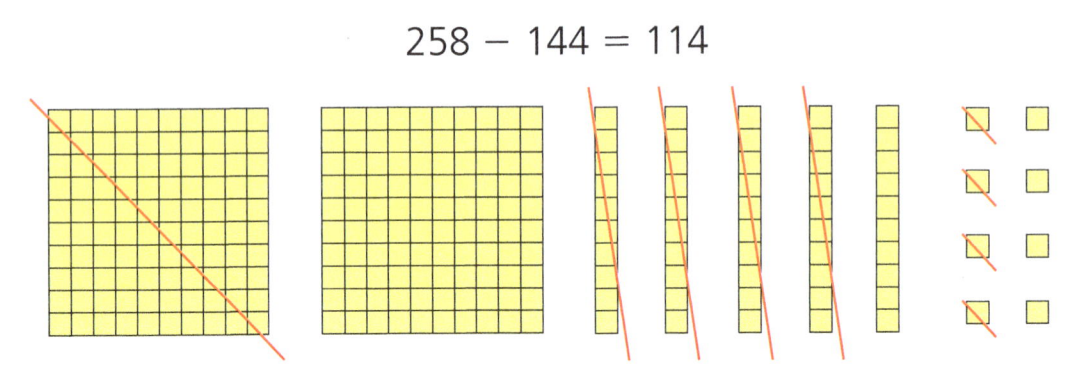

$$258 - 144 = 114$$

Calculando mentalmente de dois jeitos diferentes:

-100 -40 -4

258 → 158 → 118 → 114 $144 = 100 + 40 + 4$

$+100$ $+10$ $+4$

144 → 244 → 254 → 258 $144 + 114 = 258$
$258 - 144 = 114$

Agora, você vai aprender outra técnica para subtrair números. Você vai utilizar seu ábaco de pinos. Depois, vai representar no Quadro de ordens o que fez no ábaco. Vamos lá!

Calculando 435 − 124:

Representamos no ábaco a quantidade 435.

Retiramos as argolas correspondentes a 124 (1 centena, 2 dezenas e 4 unidades).

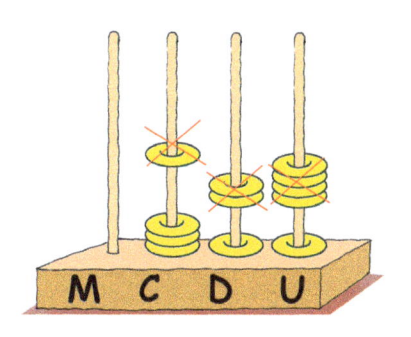

As argolas que restam no ábaco representam o resultado da subtração.

$435 - 124 = 311$

Colocando no Quadro de ordens, temos:

C	D	U
Centenas	Dezenas	Unidades
4	3	5
− 1	2	4
3	1	1

1. Calcule as subtrações em seu ábaco. Depois, represente cada subtração no Quadro de ordens.

   a. 356 − 221

C	D	U

   b. 888 − 572

C	D	U

Você se lembra do jogo **Resta zero**? Agora, vamos aplicar o que aprendemos no jogo.

Calculando 374 − 158:

Representamos no ábaco a quantidade 374.

Como podemos retirar 158 de 374 se no pino das unidades do ábaco só temos 4 unidades?

> TIRAMOS UMA ARGOLA DO PINO DAS DEZENAS E COLOCAMOS 10 ARGOLAS NO PINO DAS UNIDADES.

Vamos aprender a registrar esse cálculo no Quadro de ordens.

C	D	U
Centenas	Dezenas	Unidades
3	⁶7̸	¹⁴4̸
− 1	5	8
2	1	6

> ENTÃO, 374 − 158 = 216.

2. Calcule no ábaco os resultados das subtrações a seguir e represente nos Quadros de ordens. Escreva em vermelho as trocas de dezenas e de unidades.

a. 362 − 236

C	D	U

b. 571 − 327

C	D	U

c. 250 − 143

C	D	U

3. Agora, tente resolver esta subtração sem o ábaco.

794 − 255

C	D	U

FAÇA EM CASA

1. Em seu caderno, calcule da maneira que achar melhor.

   a. 245 + 39 = _____

   b. 187 − 138 = _____

   c. 84 + 317 = _____

   d. 347 − 109 = _____

   e. 155 + 263 = _____

   f. 888 − 249 = _____

2. Escreva no caderno os números 27, 356 e 640 de três maneiras diferentes. Na primeira forma use só adições, na segunda, tem de aparecer pelo menos uma multiplicação, e a terceira forma é livre. Veja como fizemos com o número 68.

   68 = 40 + 20 + 5 + 3 = 10 × 6 + 8 = 10 × 8 − 20 + 5 + 3

   - Você concorda com essa última forma de escrever o 68?

3. Este problema tem informações a mais. Copie-o em seu caderno, mas somente com os dados necessários para responder à pergunta. Depois, resolva-o.

   Joana adora caminhar de sua casa até a academia onde pratica esportes. De segunda-feira a quinta-feira Joana pratica natação e vôlei, em aulas com duração de 2 horas por dia. Às sextas-feiras, ela descansa e visita sua avó, que mora a 4 quarteirões da academia. Quantas horas Joana se dedica aos esportes por semana?

O LEITE MAIS VENDIDO

A classe de Pedro resolveu fazer uma pesquisa para saber qual tipo de leite é mais vendido em um supermercado da cidade.

Veja o gráfico feito pela classe de Pedro.

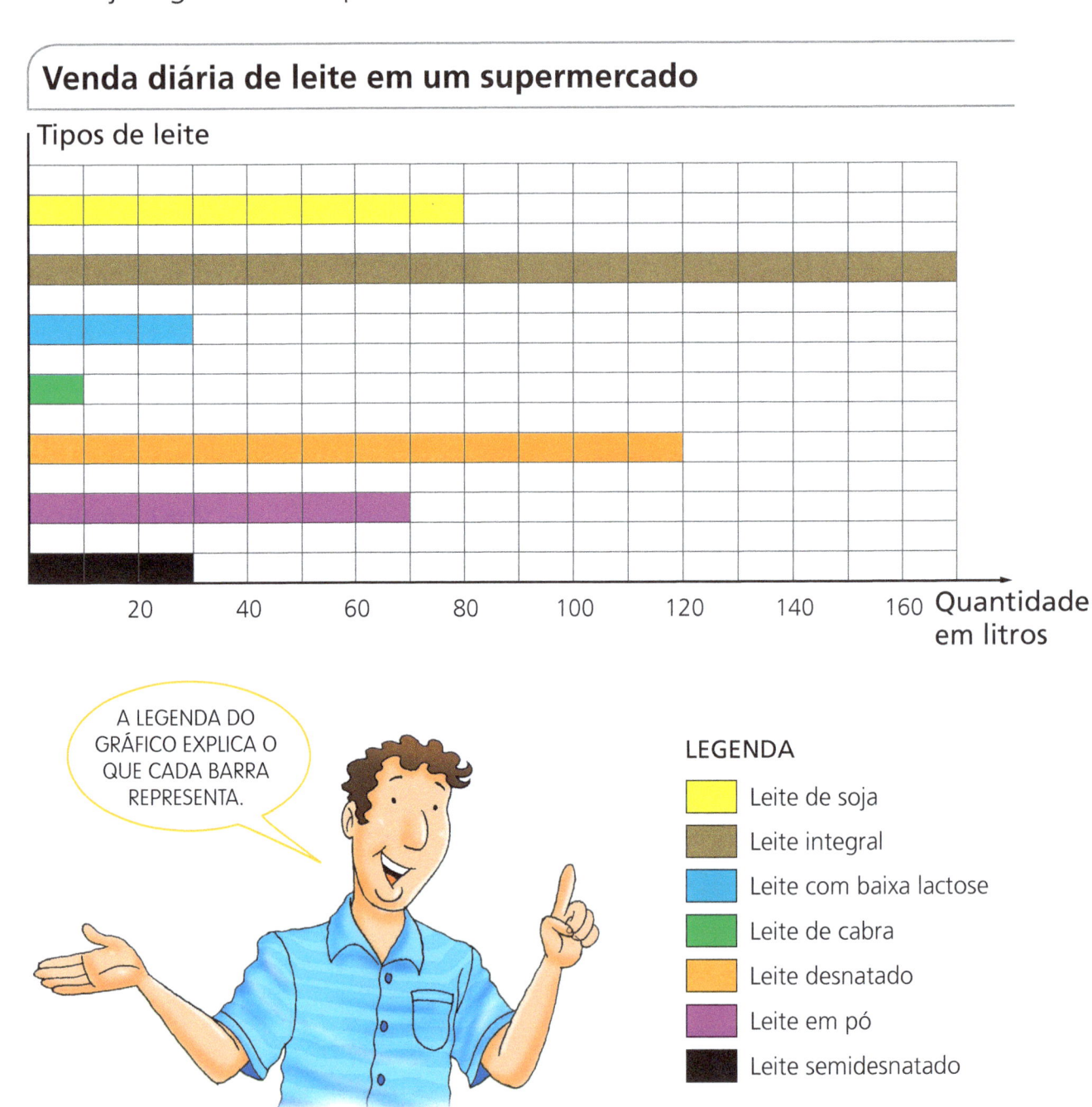

Venda diária de leite em um supermercado

Tipos de leite

Quantidade em litros

A LEGENDA DO GRÁFICO EXPLICA O QUE CADA BARRA REPRESENTA.

LEGENDA
- Leite de soja
- Leite integral
- Leite com baixa lactose
- Leite de cabra
- Leite desnatado
- Leite em pó
- Leite semidesnatado

Esse é um gráfico em barras simples. Ele é semelhante aos gráficos que você conhece. Só que aqui os dados que você costumava escrever no eixo horizontal estão no eixo vertical.

1. Observando o gráfico da página anterior, complete a tabela.

Venda diária de leite em um supermercado	
Tipos de leite	Quantidade em litros
Leite semidesnatado	
Leite em pó	
	120
Leite de cabra	
	30
	170
Leite de soja	

2. Responda de acordo com os dados do gráfico ou da tabela.
   a. Quantos litros de leite semidesnatado são vendidos por semana nesse supermercado? _____
   b. Por dia, quantos litros de leite de soja são vendidos a mais do que o leite com baixa lactose? _____
   c. Ao todo, quantos litros de leite são vendidos por dia nesse supermercado? _____

3. Qual é o tipo de leite mais consumido em sua casa? Quantos litros de leite sua família consome em um mês?

UNIDADE 5

Nesta unidade, você vai:
- Conhecer novas formas geométricas: o trapézio e o prisma de base triangular.
- Aprender as tabuadas do 9 e do 10.
- Organizar os números em pares e ímpares.
- Resolver problemas.
- Calcular mentalmente.
- Construir mais figuras com o tangram e resolver problemas.

PARA COMEÇO de CONVERSA

Que tal desenhar um jardim de flores bem coloridas?

1. Misture guache vermelho com amarelo. Que cor você obteve? Junte um pouco de água à mistura.

2. Com um pincel, faça uma bola bem grande de tinta sobre uma folha de cartolina ou papel-cartão.

3. Levante a folha e deixe a tinta escorrer para formar o caule da flor. Espere a tinta secar...

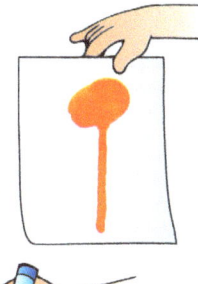

4. ... E com giz de cera desenhe o miolo de sua flor.

Faça o mesmo com outras combinações de cores. Misture:

azul e amarelo

vermelho e azul

vermelho e branco

Agora, termine de desenhar seu jardim!

CENTO E TRINTA E SETE 137

TABUADA DO 9

Agora, vamos estudar a tabuada do 9. Ela está quase pronta, porque você já sabe que $2 \times 9 = 9 \times 2$, e o resultado está na tabuada do 2; então, $2 \times 9 = 18$.

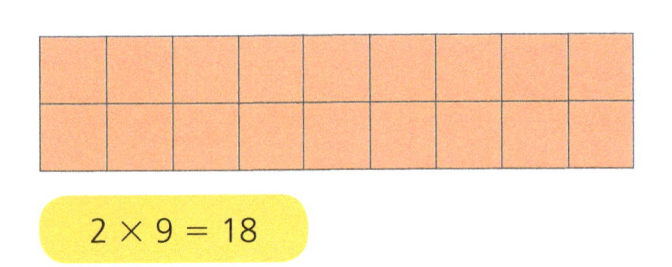

$2 \times 9 = 18$

$9 \times 2 = 18$

1. Continue a tabuada do 9. Você pode pesquisar resultados que já estão em outras tabuadas.

a. $1 \times 9 =$ _____

b. $3 \times 9 =$ _____

c. $4 \times 9 =$ _____

d. $5 \times 9 =$ _____

e. $6 \times 9 =$ _____

f. $7 \times 9 =$ _____

g. $8 \times 9 =$ _____

NÃO ENCONTREI 9×9 EM OUTRAS TABUADAS. O RESULTADO É UM NÚMERO GRANDE E EU FICO CONFUSO PARA CONTAR DE 9 EM 9.

JÁ SEI COMO FACILITAR ESSE CÁLCULO! VOU USAR O QUADRICULADO E DESMONTAR A MULTIPLICAÇÃO EM OUTRAS MAIS SIMPLES. QUER VER?

PENSE QUE 7 × 9 É IGUAL A 7 × 4 MAIS 7 × 5.

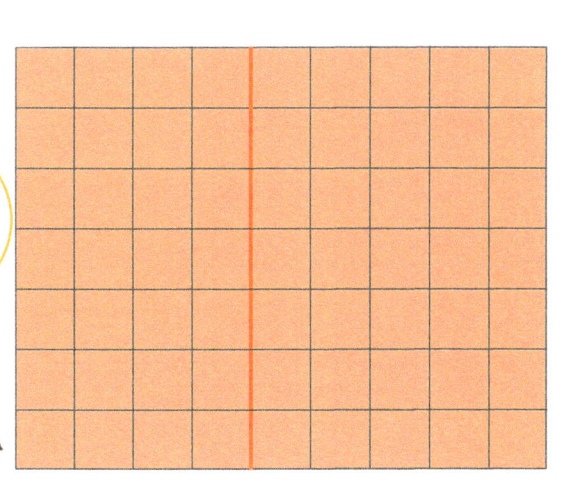

7 × 4 = 28
e
7 × 5 = 35
Então:
7 × 9 =
= _____ + _____ = _____
7 × 9 = _____

QUE BACANA, HELENA! DESSE JEITO EU CONSIGO RESOLVER O RESTO DA TABUADA DO 9.

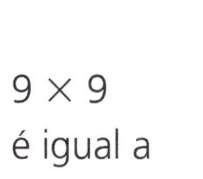

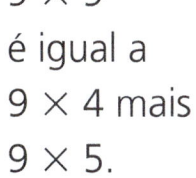

9 × 9 é igual a 9 × 4 mais 9 × 5.

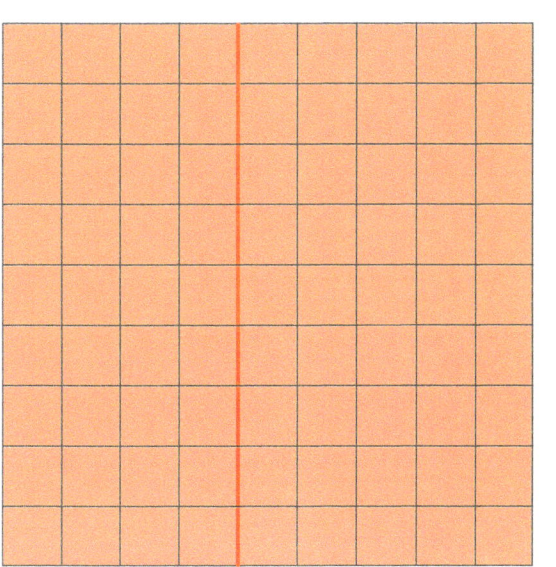

9 × 4 = _____
e
9 × 5 = _____
Então:
9 × 9 =
= _____ + _____ = _____
9 × 9 = _____

SÓ FALTA CALCULAR 10 × 9. ESTE RESULTADO ESTÁ EM QUAL TABUADA?

2. Agora, complete a tabuada do 9.

1 × **9** = 9
2 × **9** = 18
3 × **9** = _____
4 × **9** = _____
5 × **9** = _____
6 × **9** = _____
7 × **9** = _____
8 × **9** = _____
9 × **9** = _____
10 × **9** = _____

QUANTAS VEZES O 10?

Seu Antenor vai se aposentar e fechar sua loja de brinquedos. Então, resolveu fazer uma grande promoção para acabar com o estoque. Veja:

**QUEIMA DE ESTOQUE
PAGUE APENAS 10 REAIS EM CADA BRINQUEDO**

1. As mães de Pedro e de Sara vão aproveitar a promoção e comprar alguns brinquedos para doar no Dia das Crianças. Calcule quanto cada uma gastará.

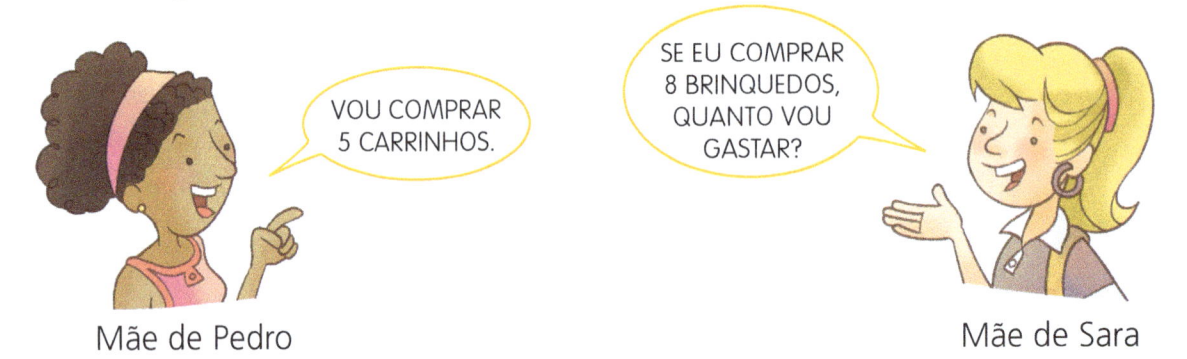

VOU COMPRAR 5 CARRINHOS.

Mãe de Pedro

SE EU COMPRAR 8 BRINQUEDOS, QUANTO VOU GASTAR?

Mãe de Sara

A mãe de Pedro comprará 5 carrinhos. Ela gastará _____.

Se a mãe de Sara comprar 8 brinquedos, ela gastará _____.

2. Agora é sua vez! Faça uma lista de brinquedos que deseja comprar na loja de seu Antenor e escreva o valor que você terá de pagar.

EM DUPLA

1. Escrevam os resultados das multiplicações.

   a. 2 × 10 = _____

   b. 8 × 10 = _____

   c. 9 × 10 = _____

   d. 12 × 10 = _____

   e. 14 × 10 = _____

   f. 19 × 10 = _____

2. Completem esta sequência de números, somando de 10 em 10.

   | 10 | | | | | | | | | | | | | | 160 |

3. Inventem algumas multiplicações por 10 e escrevam o resultado. Depois, troquem com outra dupla. Cada dupla confere as multiplicações da outra.

FAÇA EM CASA

1. Complete a tabuada do 10.

   1 × **10** = 10
   2 × **10** = 20
   3 × **10** = _____
   4 × **10** = _____
   5 × **10** = _____
   6 × **10** = _____
   7 × **10** = _____
   8 × **10** = _____
   9 × **10** = _____
   10 × **10** = _____

2. Andrea gastou 100 reais na promoção "Pague apenas 10 reais em cada brinquedo". Ela dividiu o pagamento em duas parcelas iguais.

   a. Qual o valor das parcelas que Andrea terá de pagar? _____

   b. Quantos brinquedos ela comprou? _____

3. Lia está lendo um livro interessante. Ela já leu até a página 58. O livro tem 85 páginas. Quantas páginas faltam para Lia terminar de ler o livro? _____

4. Adivinhe! Que número sou eu? Estou nas tabuadas do 10 e do 8. Sou maior que 30 e menor que 70. _____

PROBLEMAS COM O TANGRAM

1. Leia o problema a seguir.

   > Eu e meus quatro irmãos fazemos parte do tangram. Somos bem parecidos. Nós temos três lados e três vértices, mas não somos iguais! Nenhum dos meus irmãos tem o mesmo tamanho que eu. Quem sou eu?

   Desenhe a solução desse problema.

2. Escolha uma das peças do tangram. Crie um problema com ela. Depois, troque com o colega para que um resolva o problema do outro.

AS MEDIDAS DO CORPO

• VAMOS LER JUNTOS

O pediatra é o médico que cuida da saúde dos bebês, das crianças e dos adolescentes. Uma de suas funções é acompanhar o crescimento e a variação da massa corporal das crianças.

Ontem, um pediatra foi à escola de Cláudia. Ele mediu a altura e a massa de cada criança usando a balança antropométrica. Você já viu uma?

Observe na tabela as medidas de algumas crianças da classe de Cláudia.

Comparando medidas

Nome	Massa (kg)	Altura (cm)	Idade
Cláudia	33	126	8 anos e 3 meses
Cássio	32	121	8 anos e 7 meses
Carlos	25	133	7 anos e 11 meses
Carolina	23	122	8 anos e 2 meses
Catarina	26	134	7 anos e 10 meses

Balança antropométrica.

1. Qual é a criança mais velha? _____ E a mais alta? _____

2. Quem é o mais baixo, Cássio ou Carlos? Por quê? _____

3. Qual é a diferença de altura entre Cláudia e Catarina? _____

4. Se todas as crianças da tabela subissem juntas na mesma balança, ela marcaria mais ou menos que 125 kg? Por quê? _____

● **BRINCADEIRA**

Pedra no alvo

Na escola, Pedro e seus colegas inventaram uma brincadeira. Veja:

> CADA JOGADOR ATIRA 10 PEDRAS AO ALVO. AS MINHAS SÃO AS VERMELHAS.

> AS MINHAS SÃO AS AZUIS.

> E AS MINHAS SÃO AS VERDES!

Joel   Enrico   Pedro

No final da brincadeira, eles contam os pontos. Veja como terminou.

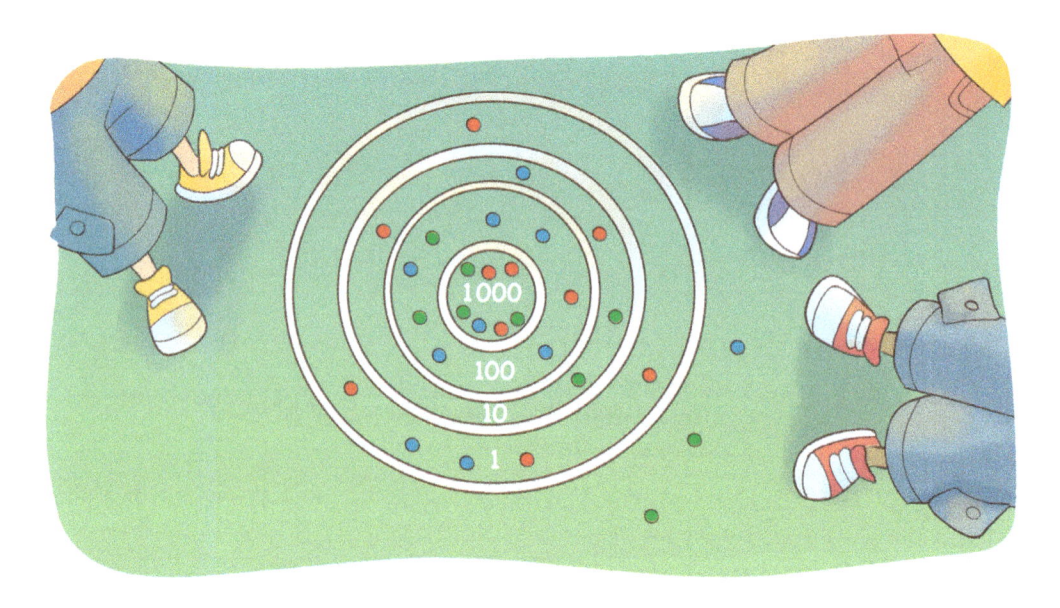

Agora é com vocês. Organizem-se para brincar!

MULTIPLICANDO MENTALMENTE

Helena e Fernando descobriram um jeito de simplificar os cálculos para fazer as multiplicações da tabuada do 9.

Vamos usar o quadriculado para simplificar outras multiplicações? Veja:

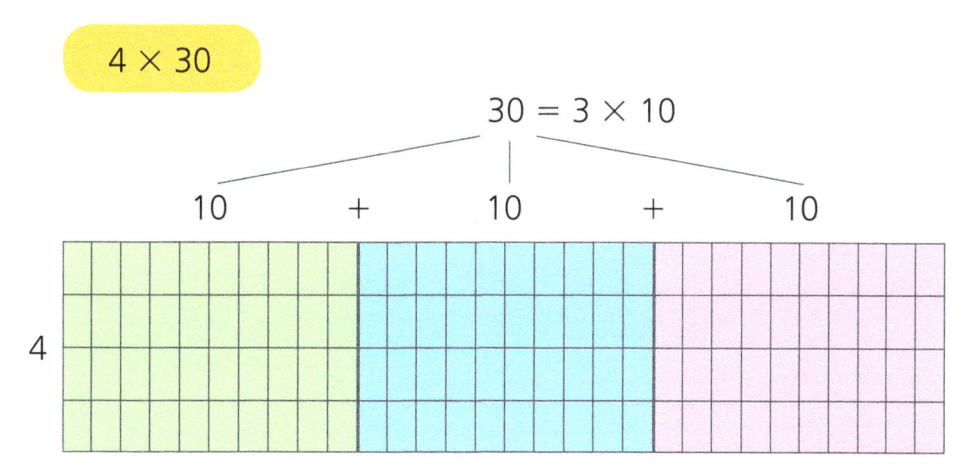

4 × 30

30 = 3 × 10

10 + 10 + 10

4

É o mesmo que:

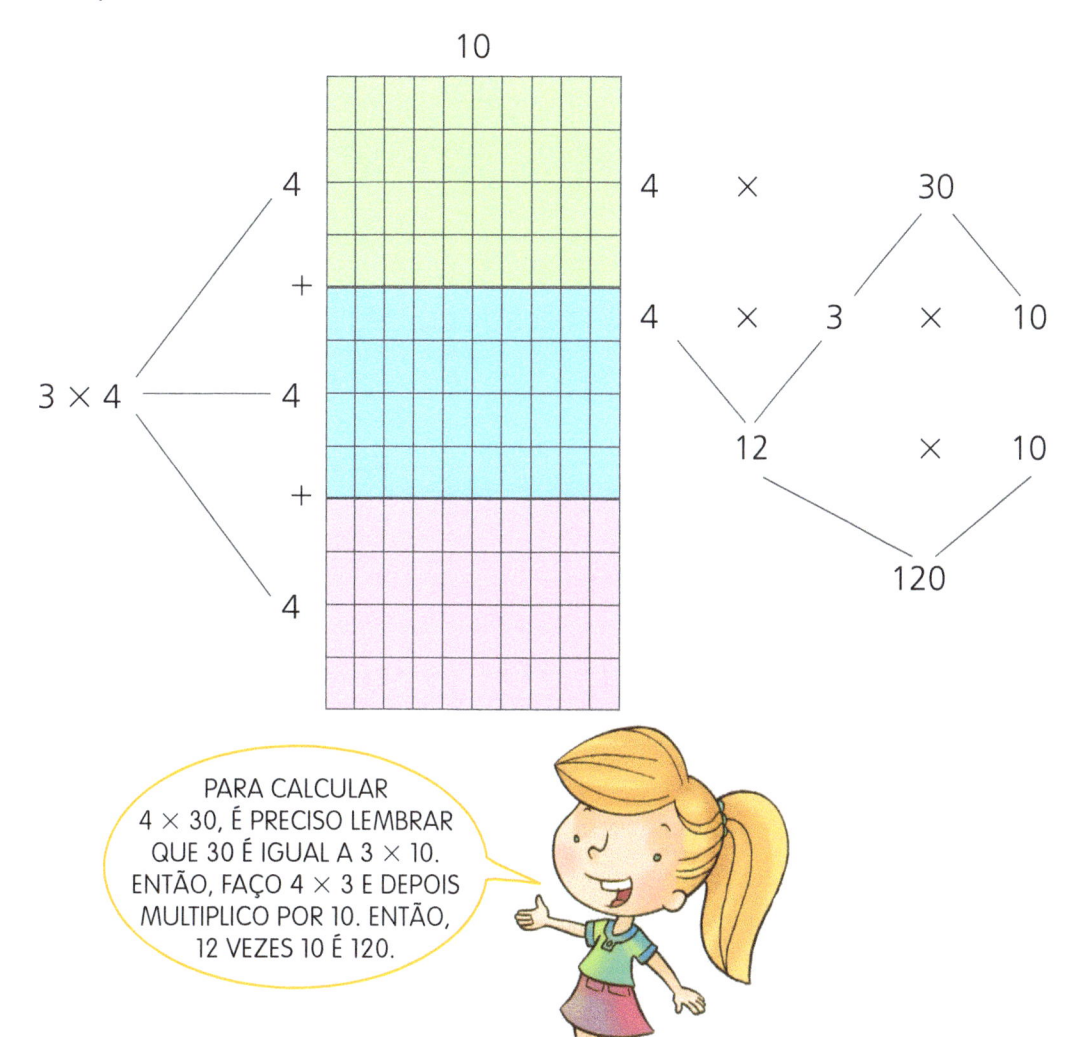

10

3 × 4 — 4 + 4 + 4

4 × 30
4 × 3 × 10
12 × 10
120

PARA CALCULAR 4 × 30, É PRECISO LEMBRAR QUE 30 É IGUAL A 3 × 10. ENTÃO, FAÇO 4 × 3 E DEPOIS MULTIPLICO POR 10. ENTÃO, 12 VEZES 10 É 120.

No caderno, faça como Helena e calcule 3 × 20 e 2 × 70. Se achar necessário, separe os grupos de 10 em 10 no quadriculado.

a. 3 × 20

b. 2 × 70

HORA DA RODA

Pra que serve o zero? De Ana Vicente, editora Mercuryo Jovem.
Os números de 1 a 9 se achavam muito especiais. Eles se viam em todos os lugares, em muitas brincadeiras, nos jogos, nas placas dos carros. Eles achavam que o zero nem existia. Mas o zero tinha certeza de que era importante. E para você; o que é o zero? Para que ele serve? Será que podemos viver sem ele? Leia esse livro para pensar melhor no assunto do zero e seu lugar no mundo.

FAÇA EM CASA

1. Calcule mentalmente.

   a. 5 × 30 = _____

   b. 4 × 20 = _____

   c. 3 × 60 = _____

   d. 6 × 40 = _____

2. Continue calculando. Se for necessário, registre os cálculos em seu caderno.

   a. 4 + 125 + 320 = _____

   b. 534 − 315 = _____

   c. 555 + 83 = _____

   d. 999 − 717 = _____

   e. 5 × 50 = _____

   f. 88 − 59 = _____

   g. 200 + 45 + 55 = _____

   h. 4 × 40 = _____

   i. 498 + 441 = _____

   j. 864 − 548 = _____

3. Agora, separe os resultados das contas da atividade **2** em três listas:

Resultados menores que 230	Resultados de 230 a 330	Resultados maiores que 330

4. A distância entre as cidades mineiras Diamantina e Belo Horizonte é de aproximadamente 300 quilômetros. Viajando entre essas duas cidades, percorri 218 quilômetros em um dia. Quantos quilômetros ainda faltam para eu completar essa viagem?

PARADA PARA CALCULAR

1. Observe e escreva o que falta.

| | | | 730 | 720 | 710 | | | | |

2. Escreva:

a. o menor número de dois algarismos terminado em zero. _____

b. o maior número de dois algarismos terminado em zero. _____

c. o menor número de três algarismos terminado em zero. _____

d. o maior número de três algarismos terminado em zero. _____

3. Qual é a diferença?

40 − 10 = ___	20 − 6 = ___	40 − 27 = ___
30 − 20 = ___	30 − 8 = ___	60 − 18 = ___
50 − 30 = ___	40 − 5 = ___	70 − 52 = ___
60 − 40 = ___	60 − 7 = ___	90 − 46 = ___
90 − 50 = ___	90 − 4 = ___	80 − 35 = ___
80 − 30 = ___	70 − 9 = ___	50 − 24 = ___
70 − 40 = ___	80 − 3 = ___	30 − 11 = ___

FAZENDO ESTIMATIVAS

Confira as ofertas do *pet shop*.

AS FOTOS DESTA PÁGINA NÃO ESTÃO COM OS TAMANHOS PROPORCIONAIS ENTRE SI.

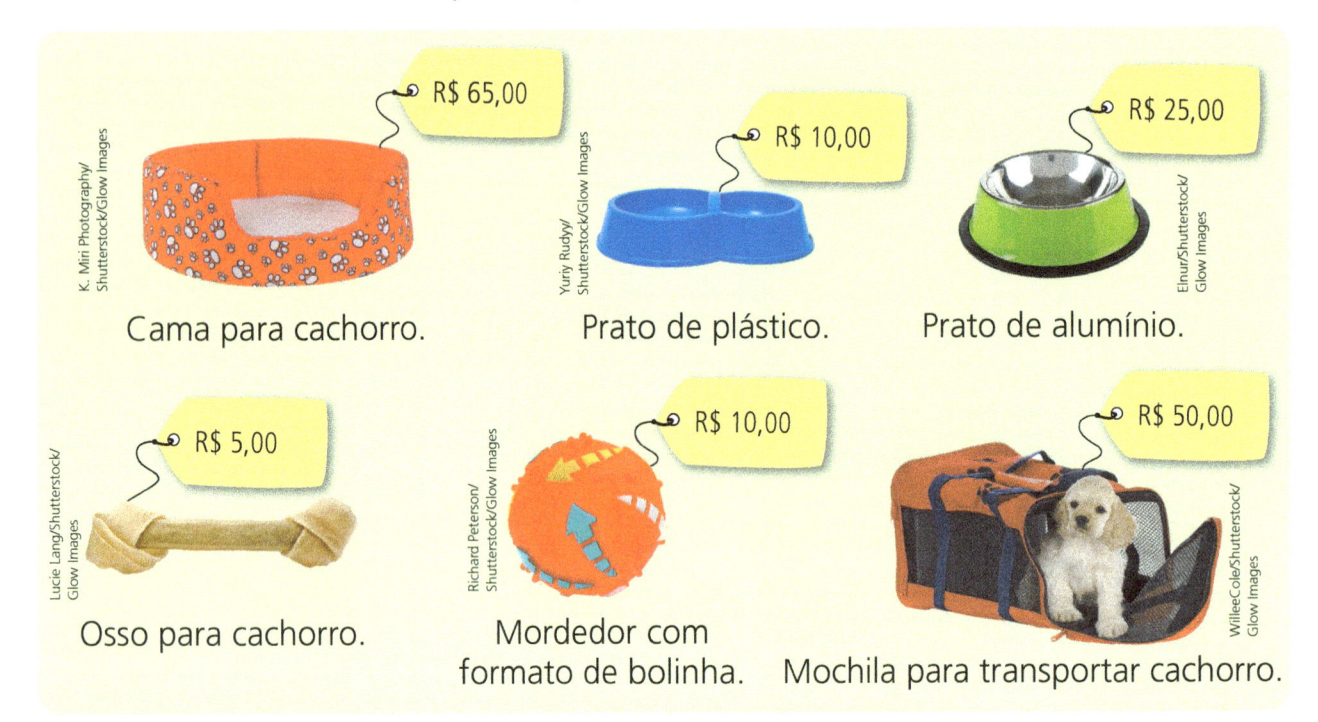

- Cama para cachorro. — R$ 65,00
- Prato de plástico. — R$ 10,00
- Prato de alumínio. — R$ 25,00
- Osso para cachorro. — R$ 5,00
- Mordedor com formato de bolinha. — R$ 10,00
- Mochila para transportar cachorro. — R$ 50,00

Cada questão tem três alternativas, mas só uma é a correta e nela você deve marcar um **X**. Não precisa fazer cálculos exatos, o importante é fazer boas estimativas e cálculos mentais.

1. Ana comprou 3 ossos para seu cachorro Ted. Ela gastou:
   a. entre 10 e 20 reais.
   b. entre 30 e 50 reais.
   c. mais de 100 reais.

2. Lúcia comprou 4 mordedores com formato de bolinha para seu cachorro. Ela gastou:
   a. mais de 50 reais.
   b. menos de 30 reais.
   c. entre 35 e 45 reais.

3. Alfredo pagou suas compras com uma nota de 100 reais e recebeu 20 reais de troco. Ele comprou:
   a. 3 pratos de alumínio.
   b. 1 mochila para transportar cachorro e um prato de alumínio.
   c. 3 mordedores em forma de bolinha e uma mochila para transportar cachorro.

FAZENDO DESENHOS

1. Esta é a sala de aula da professora Luciene.

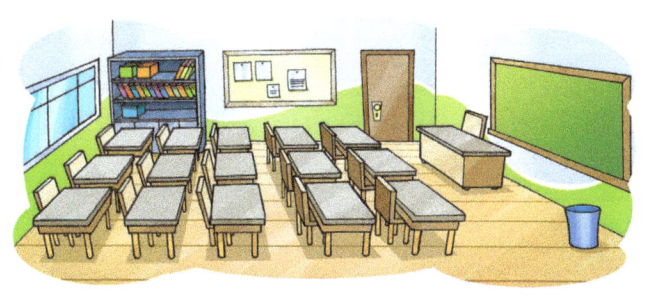

   Veja a representação que os alunos fizeram com a vista de cima da sala. Faça uma lista do que está faltando no desenho.

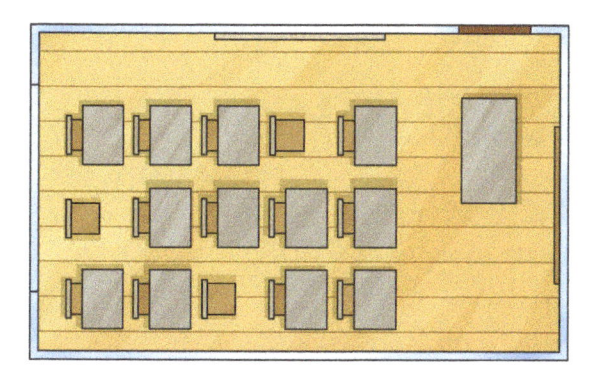

2. Copie em seu caderno as figuras **A** e **B**, utilizando uma régua.

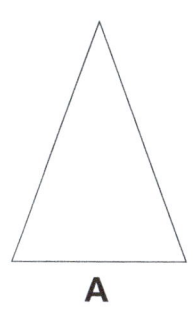

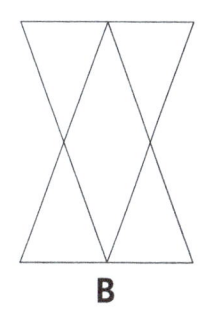

   A   B

3. Escreva os números de 1 a 6 nos triângulos. A soma dos números em cada lado do triângulo maior deve ser sempre 9.

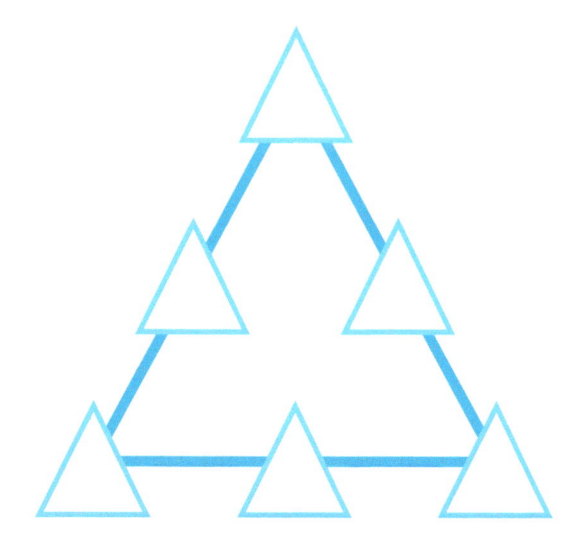

OUTRAS FORMAS DE DINHEIRO

1. João foi ao supermercado fazer as compras do mês. No caixa, ele resolveu pagar a conta com cheque. Veja:

> OBSERVE QUE O NÚMERO 136 CORRESPONDE AO TOTAL DO VALOR EM REAIS, E O NÚMERO 50, DEPOIS DA VÍRGULA, CORRESPONDE AOS CENTAVOS.

- Anote as principais informações contidas no cheque de João.

_____

_____

2. Júlio tem uma loja de brinquedos. No fim do dia, ele troca os cheques recebidos por dinheiro.

a. Chegando ao banco, no caixa só havia cédulas de R$ 50,00. Quantas cédulas Júlio recebeu? _____

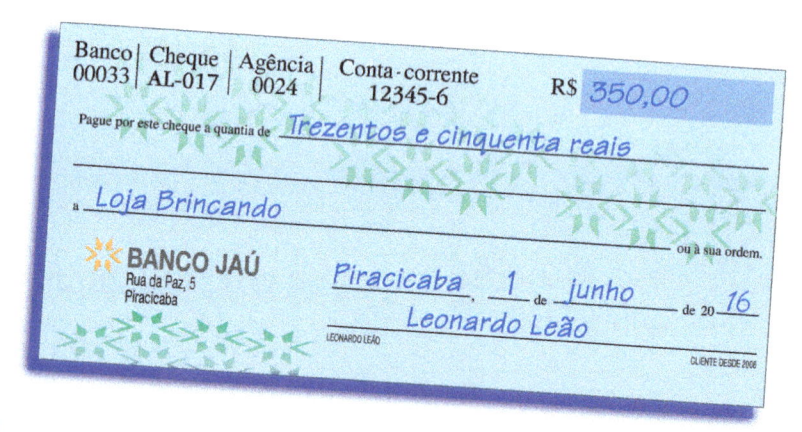

b. Se fossem só cédulas de R$ 10,00, quantas ele receberia?

_____

c. E de R$ 5,00? _____

3. Clarinda foi ao banco descontar um cheque. O caixa do banco informou que o cheque não tinha fundos. Você sabe o que isso quer dizer?

UTILIZANDO A ADIÇÃO E A SUBTRAÇÃO

Para que servem a adição e a subtração?

Quais são os problemas que podem ser resolvidos com adições e subtrações?

EM DUPLA

1. Troque ideias com seu colega de classe. Primeiro, pensem a respeito das duas perguntas acima. Depois, resolvam os problemas a seguir.

2. Pedro é muito organizado. Veja o registro diário da quantidade de figurinhas de sua coleção. Complete a 3ª coluna da tabela.

Minha coleção

Dia	Registro diário	Total de figurinhas
14 Domingo	Eu tenho 113 figurinhas.	113
15 Segunda-feira	Perdi 37.	
16 Terça-feira	Jonas me deu 18.	
17 Quarta-feira	Emprestei 22 ao meu irmão.	
18 Quinta-feira	Ganhei 3 partidas e 65 figurinhas no total.	
19 Sexta-feira	Meu irmão devolveu as figurinhas emprestadas.	

3. Ana tem 16 anos. Sua mãe é 34 anos mais velha que ela. Qual é a idade da mãe de Ana? Qual será a idade de cada uma daqui a 15 anos? _____

4. E agora, você já sabe para que servem a adição e a subtração? Discuta com seu colega sobre o assunto, mas cada um deve responder em seu próprio caderno.

NÚMEROS PARES E NÚMEROS ÍMPARES

> DESCUBRA A REGRA UTILIZADA PARA PINTAR OS NÚMEROS E CONTINUE PINTANDO O RESTO DO QUADRO.

1	2	3	4	5	6	7	8	9	10
11	12	13	14	15	16	17	18	19	20
21	22	23	24	25	26	27	28	29	30
31	32	33	34	35	36	37	38	39	40
41	42	43	44	45	46	47	48	49	50

Qual é a regra dessas sequências?

> NO QUADRO, ALGUÉM COMEÇOU PINTANDO DE AMARELO OS NÚMEROS DE 2 EM 2: 2, 4, 6... É SÓ IR SOMANDO 2, E ASSIM POR DIANTE.

> E ALGUÉM FEZ ALGO PARECIDO COM OS NÚMEROS PINTADOS DE LARANJA. COMEÇANDO DO 1, FOI ADICIONANDO 2.

> OS RESULTADOS DA TABUADA DO 2 ESTÃO ENTRE OS NÚMEROS QUE VOCÊ AJUDOU A PINTAR DE AMARELO.

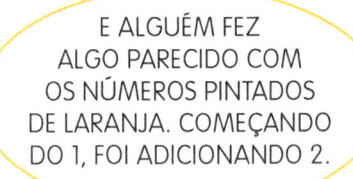

1. Você concorda com as crianças? O que mais você observa na organização dos números no quadro de 1 a 50?

_____

_____

> Os números 2, 4, 6, 8, 10, 12, 14, 16, 18, 20, 22, 24... são chamados de **números pares**.
> Os números 1, 3, 5, 7, 9, 11, 13, 15, 17, 19, 21, 23... são chamados de **números ímpares**.

Quando temos objetos ou pessoas em quantidades pares, é possível formar pares sem sobrar nenhum objeto ou pessoa.

1 par de meias.

5 pares de pessoas.

O retângulo tem 2 pares de lados de mesma medida.

8 pares de brincos.

Quando temos objetos ou pessoas em quantidades ímpares e formamos pares com eles, sempre sobra 1. Veja:

2 pares de luvas e 1 luva sem par. O número 5 é ímpar.

13 crianças formam 6 pares e sobra 1 criança. O número 13 é ímpar.

2. Marque com um **X** os números pares e com uma • os números ímpares.

17   24   32   25   41   30

🏃 FAÇA EM CASA

1. Para responder, use, combinados, dois dos algarismos a seguir: 2, 5, 8 ou 0.

    a. O maior número par é _____.

    b. O menor número ímpar é _____.

    c. O menor número par é _____.

    d. O maior número ímpar é _____.

2. Na linha reta a seguir, marque pontos de 0 a 100, de 10 em 10. Depois, represente a posição aproximada dos 4 números que você achou na atividade anterior.

    _____

    LEMBRE-SE DE QUE
    12 × 20 =
    = 12 × 2 × 10 =
    = 24 × 10 = 240

3. Calcule como Leandro.

    a. 8 × 20 = _____   d. 6 × 40 = _____

    b. 3 × 90 = _____   e. 15 × 20 = _____

    c. 11 × 30 = _____   f. 21 × 20 = _____

4. Com a régua, meça o comprimento de cada parte desta linha.

    O comprimento total da linha é _____ cm.

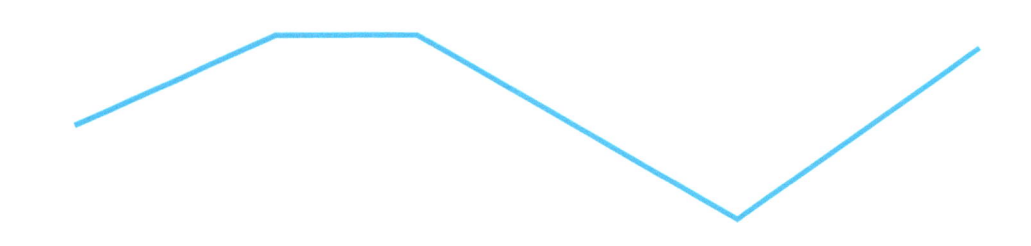

    Agora, trace uma linha reta de mesmo comprimento da linha acima.

PARADA PARA CALCULAR

1. Responda de acordo com a ilustração.
   a. Quanto pesam 6 pacotes destes?
   _____
   b. E 10 pacotes?
   _____

2. Se uma maçã pesa 50 g, quanto pesam:
   a. 2 maçãs iguais a essa? _____
   b. 3 maçãs iguais a essa? _____
   c. 4 maçãs iguais a essa? _____
   d. 6 maçãs iguais a essa? _____
   e. 8 maçãs iguais a essa? _____
   f. 10 maçãs iguais a essa? _____

3. Complete as sequências adicionando sempre a mesma quantidade em cada uma delas.

   0 7 14 ☐ ☐ ☐ ☐ ☐ ☐ ☐ ☐

   0 8 16 ☐ ☐ ☐ ☐ ☐ ☐ ☐ ☐

   0 9 18 ☐ ☐ ☐ ☐ ☐ ☐ ☐ ☐

   0 25 50 ☐ ☐ ☐ ☐ ☐ ☐ ☐ ☐

4. Consulte as sequências do exercício anterior e complete com o que falta.
   a. 8 = _____ × 8
      16 = _____ × 8
      24 = _____ × 8
   b. 48 = _____ × 8
      40 = _____ × 8
      32 = _____ × 8
   c. 56 = _____ × 8
      64 = _____ × 8
      72 = _____ × 8

UM NOVO SÓLIDO GEOMÉTRICO

Trabalhe com o molde da página 21 do **Faça você mesmo**.

1. Destaque o molde.

2. Dobre o molde nas linhas pontilhadas.

3. Inicie a montagem da caixinha, colando as abas, mas deixe uma face sem colar.

4. Pela face aberta, encha a caixinha com papel de jornal picado. Depois, cole a face.

Depois que você montar seu novo sólido, ele ficará parecido com o desenho abaixo.

O NOME DESTE SÓLIDO É **PRISMA DE BASE TRIANGULAR** OU **PRISMA TRIANGULAR**.

5. Em uma folha em branco, contorne todas as faces de seu prisma triangular. Pinte e recorte cada uma delas.

6. Veja outro molde do prisma triangular.

   Agora, com as figuras que você recortou no exercício 5, faça dois moldes diferentes deste.

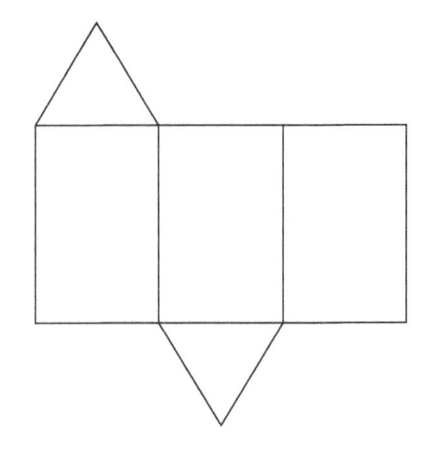

7. Em seu caderno, escreva o nome de cada uma das figuras que formam as faces do prisma triangular e desenhe um dos moldes que você produziu no exercício anterior.

MAIS SOBRE OS SÓLIDOS GEOMÉTRICOS

1. Pegue as peças a seguir no seu conjunto de sólidos geométricos e complete o quadro.

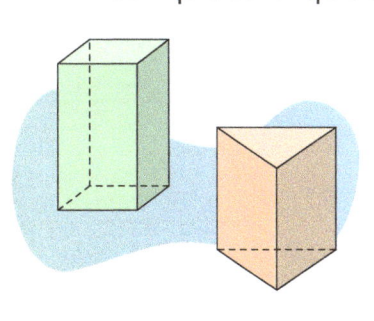

	Paralelepípedo retangular	Prisma triangular
Número de faces		
Número de arestas		
Número de vértices		

2. Agora, observe estes outros sólidos. Complete o quadro.

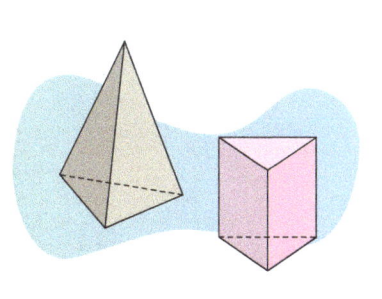

	Pirâmide de base triangular	Prisma triangular
Número de faces		
Número de arestas		
Número de vértices		

3. Escreva duas diferenças entre o cilindro e os outros sólidos. _____

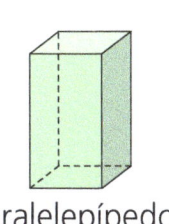

Paralelepípedo.

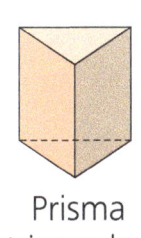

Prisma triangular.

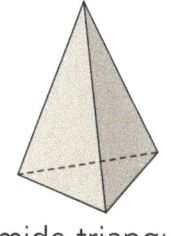

Pirâmide triangular.

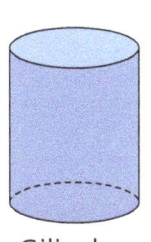

Cilindro.

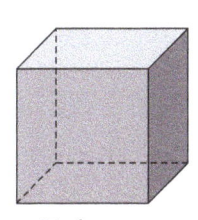

Cubo.

FAÇA EM CASA

Conte a alguém de sua casa o que você aprendeu sobre o prisma triangular.

● **BRINCADEIRA**

Pedra no alvo

Brinque novamente e marque seus pontos. Quem vencerá?
Depois, resolva as questões.

1. Veja na página 144 como ficou o alvo depois da jogada dos três amigos. Quantos pontos cada um deles fez?

   a. Joel, com as pedras vermelhas, conseguiu _____ pontos.

   b. Enrico, com as pedras azuis, fez _____ pontos.

   c. Pedro, com as pedras verdes, fez _____ pontos.

2. Usando as pedras da mesma cor, eles fizeram uma segunda jogada. Veja a pontuação de cada um.

   ● Joel: 2 215 pontos   ● Enrico: 4 012 pontos   ◆ Pedro: 5 111 pontos

   Agora, desenhe no alvo as pedras de cada jogador.

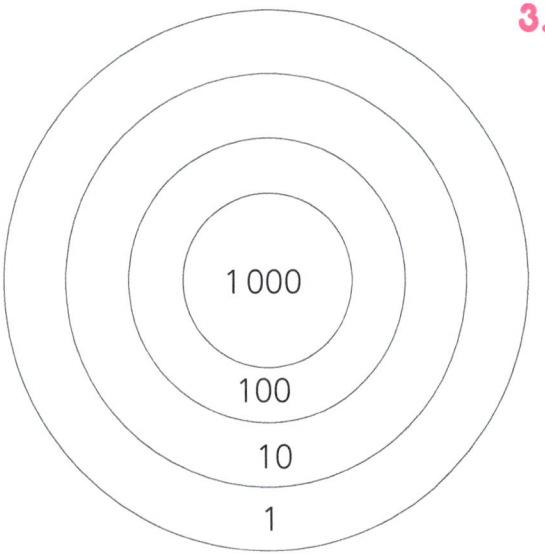

3. Quantos pontos Joel, Enrico e Pedro fizeram nos dois jogos?

   (alvo: 1 000 / 100 / 10 / 1)

4. Jogando 10 pedras no alvo é possível marcar 9 999 pontos? _____

5. Qual é o maior número de pontos que cada jogador pode fazer?

🏠 FAÇA EM CASA

Encontre diferentes soluções para cada um dos problemas a seguir. Se necessário, converse com sua professora.

- **a.** Forme retângulos com 3, 4 ou 5 peças do tangram.
- **b.** Forme paralelogramos com 3, 4 ou 5 peças do tangram.
- **c.** Forme trapézios com 4 ou 5 peças do tangram.

SEU PROBLEMA AGORA É...

» Resolver problemas sem números.
» Organizar informações em uma tabela.

Aline, Diana e Mariana vivem juntas. Elas têm mochilas de cores diferentes, e cada uma delas gosta de um sabor de suco.

Siga as pistas e responda às perguntas.

- Aline gosta de suco de uva e não tem mochila rosa.
- Quem tem mochila rosa gosta de suco de limão.
- A dona da mochila azul é Mariana.

1. Qual é o sabor de suco preferido de Diana? _____

2. Quem gosta de suco de laranja? _____

3. Quem é a dona da mochila branca? _____

4. Complete o quadro com as informações que faltam:

Menina	Cor da mochila	Sabor do suco
Aline		
Diana		
Mariana		

QUANTAS CHANCES?

As tabelas e os gráficos ajudam na organização de dados. Quando temos várias informações sobre um assunto, é preciso organizá-las para facilitar a compreensão e a utilização delas.

1. Vamos jogar dados? Utilize o molde da página 23 do **Faça você mesmo** para montar o seu. Coloque jornal picado e amassado dentro dele, antes de colar a última face, para que ele fique bem firme.

2. Depois de pronto o dado, lance-o trinta vezes e anote os resultados em seu caderno.

3. Organize em uma tabela o total de vezes que cada número do dado saiu.

4. Responda de acordo com os trinta lançamentos de seu dado.

    a. Qual foi o número que saiu mais vezes? _____

    b. Quantos números pares saíram? _____

    c. Quantos números ímpares saíram? _____

    d. Qual foi o número que saiu menos vezes? _____

    e. Compare sua tabela com a de seu colega de classe. Elas são iguais?

DIZEMOS QUE CADA NÚMERO DO DADO TEM **1 CHANCE EM 6 POSSIBILIDADES** DE SAIR, ISTO É, QUANDO VOCÊ LANÇA O DADO, UM NÚMERO PODERÁ SAIR 1 VEZ ENTRE OS 6 NÚMEROS QUE O DADO POSSUI.

FTD digital

Olá, aluno!

Este livro que está em suas mãos permite acessar **conteúdo multimídia** que irá tornar o seu aprendizado muito mais **dinâmico** e **profundo**. Basta utilizar o seu *código exclusivo*, impresso nesta página.

Se você já é usuário do FTD Digital, acesse-o usando seu **login** e sua **senha**. Então, clique em **cadastrar livro** e siga as instruções de como utilizar seu *código exclusivo*. Se você **ainda não é usuário** do FTD Digital, siga os passos abaixo antes de registrar seu *código exclusivo* e bons estudos.

Passo a passo:

1. Acesse: **www.ftd.com.br** e clique em **FTD Digital**.
2. Clique em **criar cadastro** e preencha com seus dados.
3. Em seguida, você receberá um **e-mail para ativação**. Clique no link e conclua seu cadastro.
4. Agora que você tem acesso ao ambiente **FTD Digital**, siga as orientações para o registro do seu *código exclusivo*.

Perfil Aluno

Você terá acesso a **vídeos**, **animações**, **simuladores**, **jogos**, **infográficos**, **educlipes** e **textos** para facilitar a compreensão dos temas de seus estudos. Além disso, você poderá buscar **indicações de leitura** complementar, **fazer simulados** e **obter ajuda** para suas pesquisas na web com o **Acervo de links**.

Experimente e entre para o mundo FTD Digital.

Seu código exclusivo:

1131.3903.GS3F.GR8E.J6J

www.ftd.com.br

FAÇA!
Matemática

Saber

Parte 2

KÁTIA CRISTINA STOCCO SMOLE
Doutora e mestre em Educação com área de concentração em ensino de Ciências e Matemática pela FEUSP. Licenciada e bacharela em Matemática pela FFCL de Moema.
Assessora de escolas públicas e privadas de Ensino Fundamental e Médio.

MARIA IGNEZ DE SOUZA VIEIRA DINIZ
Doutora, mestre e bacharela em Matemática pelo Instituto de Matemática e Estatística IME-USP.
Assessora de escolas públicas e privadas de Ensino Fundamental e Médio.

VLADEMIR MARIM
Doutor e mestre em Educação pela PUC-SP. Licenciado e bacharel em Matemática pela UniFMU. Pedagogo pela FFCL de Botucatu. Psicopedagogo pela UniFAI.
Professor e pesquisador da Universidade Federal de Uberlândia (UFU).

FTD

1ª edição | São Paulo | 2016

SUMÁRIO
Parte 2

UNIDADE 6

- **NO** DECOMPONDO PARA MULTIPLICAR 166
  Algoritmo da multiplicação
- **NO** QUAL É O PRODUTO? 170
  Memorização das tabuadas
- SEU PROBLEMA AGORA É… 171
- **NO** RETA NUMERADA 172
- **NO** APRENDENDO A DIVIDIR 173
  Algoritmo da divisão
- SEU PROBLEMA AGORA É… 177
- SEU PROBLEMA AGORA É… 178
- PARADA PARA CALCULAR 179
- **G** DEPENDE DE COMO SE OLHA 180
  Vistas
- PARADA PARA CALCULAR 181
- **G** VISTAS 182
- NO COMPUTADOR 184
  Tabuadas
- **NO** SUBTRAÇÃO E ADIÇÃO 185
- **EP** CONHECENDO MELHOR OS CLIENTES 187
  Leitura de gráficos
- **GM** ESPORTES: SALTO EM ALTURA 188
  Coleta e organização de dados
- **NO** QUAL É O PRODUTO? 189
- **EP** ORGANIZANDO AS INFORMAÇÕES: SALTO EM ALTURA 190
  Tabelas e gráficos
- PARADA PARA AVALIAÇÃO 191

UNIDADE 7

- **NO** ORGANIZANDO AS TABUADAS 194
- **NO** MULTIPLICANDO POR 100, 200, 300... 196
- PARADA PARA CALCULAR 199
- **G** SEPARANDO FIGURAS 200
  Prismas e pirâmides
- **NO** DIVIDINDO NÚMEROS MAIORES 203
  Algoritmo da divisão
- PARADA PARA CALCULAR 205
- **NO** EM BUSCA DOS PARES 206
  Leitura de horas
- **GM** NA HORA CERTA 207
  Leitura de horas
- **NO** ESTIMANDO 209
  Estimativa nas operações
- **NO** UMA OPERAÇÃO E TRÊS IDEIAS DIFERENTES 210
  Subtração
- **NO** CÁLCULO ESTIMADO 212
  Adição e subtração
- **NO** SEMELHANTES OU DIFERENTES? 214
  Leitura de problemas
- NO COMPUTADOR 215
- **G** AS BASES DAS PIRÂMIDES 216
- SEU PROBLEMA AGORA É… 219

EP ESTATÍSTICA E PROBABILIDADE   **G** GEOMETRIA   **GM** GRANDEZAS E MEDIDAS   **NO** NÚMEROS E OPERAÇÕES

UNIDADE 8

- **NO** QUADRO DO MILHAR 222
  Sistema de Numeração Decimal
- **G** PADRÕES GEOMÉTRICOS 225
  Composição de figuras
- **G** CONSTRUINDO PADRÕES 226
  Composição de figuras e simetria
- **NO** CÁLCULO APROXIMADO NA DIVISÃO ... 227
  SEU PROBLEMA AGORA É... 228
- **NO** MUITAS FORMAS DE MULTIPLICAR 230
  Algoritmo da multiplicação
  PARADA PARA CALCULAR 233
- **NO** PAGANDO MENOS 234
  Medidas de massa e capacidade
- **G** DESCOBRINDO O PADRÃO 236
  Composição e decomposição de figuras
- **NO** PARA QUE SERVE A MULTIPLICAÇÃO? ... 237
- **EP** CAMPANHA DA SOLIDARIEDADE 238
  Gráfico em barras duplas
  SEU PROBLEMA AGORA É... 240
  PARADA PARA CALCULAR 242
- **GM** UM DIA DA ROTINA DE DANIEL 243
  Leitura e escrita de horas

UNIDADE 9

- **NO** COMPARAR, ADICIONAR E SUBTRAIR ... 246
- **GM** AS MEDIDAS 247
  SEU PROBLEMA AGORA É... 249
  NO COMPUTADOR 250
- **G** CRIANDO PADRÕES 252
  Translação
- **NO** LANCE DA DIVISÃO 254
  Estimativa da divisão
- **GM** TRABALHANDO COM DINHEIRO 256
  Sistema monetário
- **NO** LANCE DA DIVISÃO 257
- **G** PELOS CAMINHOS DA ARTE 258
- **NO** QUAIS SÃO AS MINHAS CHANCES? ... 260
  Organização de dados
- **NO** LANCE DA DIVISÃO 263
  SEU PROBLEMA AGORA É... 264
  PARADA PARA AVALIAÇÃO 266
  MAIS PROBLEMAS 267

LEIA MAIS 272
REFERÊNCIAS 272

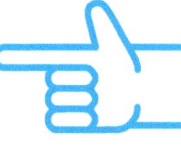

EP ESTATÍSTICA E PROBABILIDADE **G** GEOMETRIA **GM** GRANDEZAS E MEDIDAS **NO** NÚMEROS E OPERAÇÕES

UNIDADE 6

— BAGRE BRANCO, BRANCO BAGRE.

— PEDRO PREGOU UM PREGO NA PORTA PRETA.

164 CENTO E SESSENTA E QUATRO

Nesta unidade, você vai:

- Multiplicar e dividir.
- Adicionar, subtrair e resolver problemas.
- Fazer construções com cubos.
- Realizar construções com régua.
- Analisar a planificação de alguns sólidos geométricos.
- Coletar e organizar dados em tabelas.
- Calcular mentalmente.

CAIXA DE GRAXA GROSSA DE GRAÇA.

QUEM A PACA CARA COMPRA, PACA CARA PAGARÁ.

PARA COMEÇO de CONVERSA

Trava-língua é uma frase difícil de falar.

Você consegue falar bem depressa, sem travar a língua?

Brinque de travar a língua com sua família também.

DECOMPONDO PARA MULTIPLICAR

Quantos carros tem este estacionamento?

$15 + 15 + 15 + 15 + 15 + 15$

$6 \times 15!$

Vamos fazer esse cálculo?

Para isso, podemos usar a tabuada do 10, a representação no quadriculado e a decomposição de 15 em 10 + 5.

Observe como podemos separar os carros no estacionamento.

carros da esquerda:
$6 \times 10 = 60$

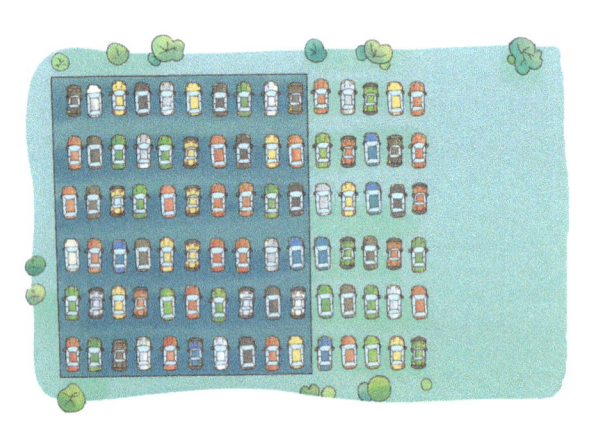

carros da direita:
$6 \times 5 = 30$

Adicionando os carros da esquerda aos da direita, temos:
$60 + 30 = 90$

$$
\begin{array}{c}
6 \times 15 \\
10 + 5 \\
6 \times 10 + 6 \times 5 \\
60 + 30 \\
90
\end{array}
$$

$$
\begin{array}{r}
15 \\
10 + 5 \\
\times \ 6 \\
\hline
60 \leftarrow 6 \times 10 \\
+ \ 30 \leftarrow 6 \times 5 \\
\hline
90
\end{array}
$$

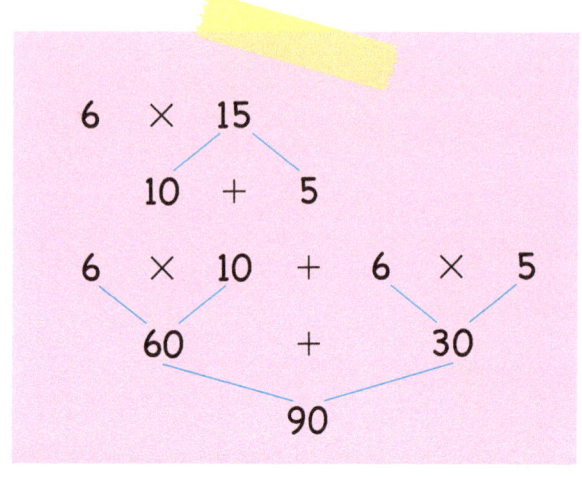

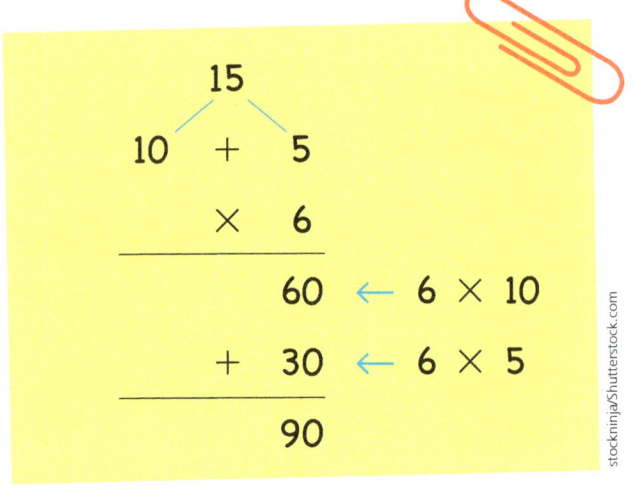

Agora, observe este pátio de uma fábrica de automóveis. Ele tem 24 fileiras, e cada uma delas possui 5 carros. Quantos carros há neste pátio?

Lembre-se: 24 × 5 é igual a 5 × 24 e 24 = 20 + 4.
Vamos fazer esse cálculo da mesma forma que o exemplo anterior.

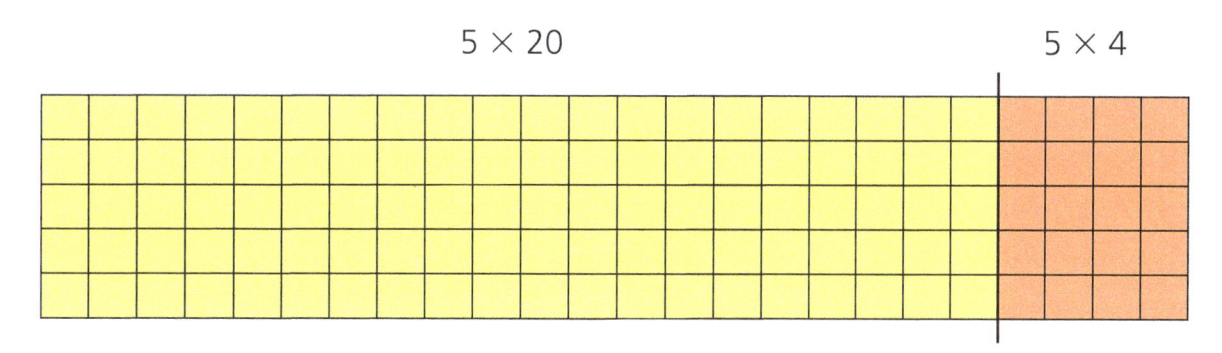

5 × 20   5 × 4

Complete os cálculos abaixo.

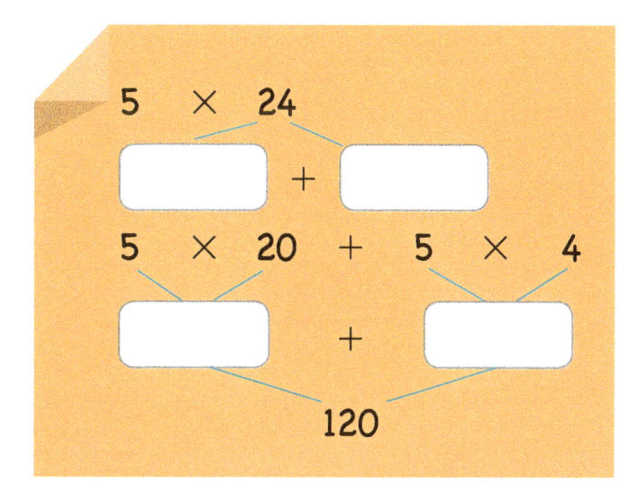

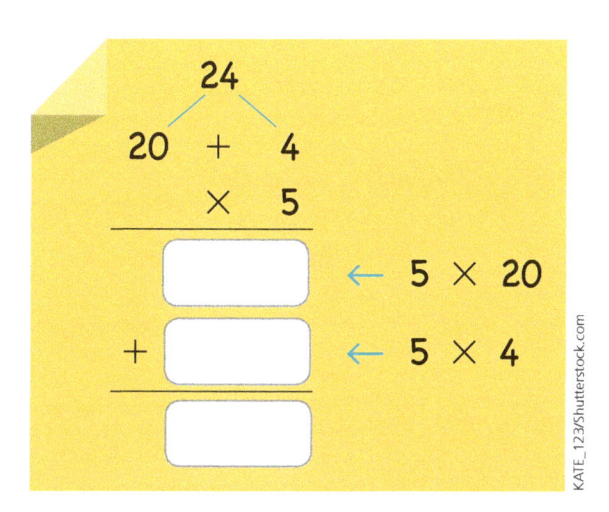

👥 EM DUPLA

Completem os esquemas com os números que faltam.

a.

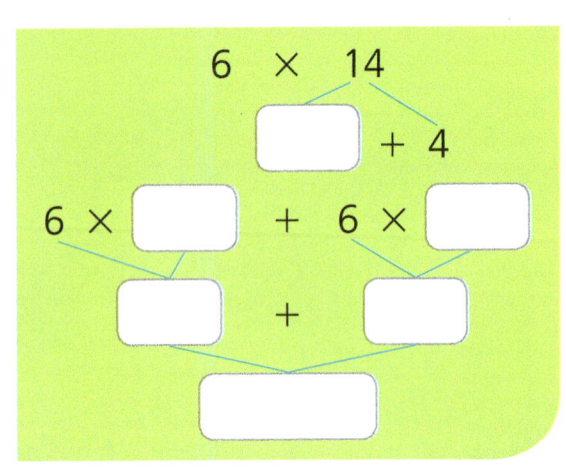

6 × 14
☐ + 4
6 × ☐ + 6 × ☐
☐ + ☐
☐

14
☐ + ☐
× 6
☐
☐
+ ☐
☐

b.

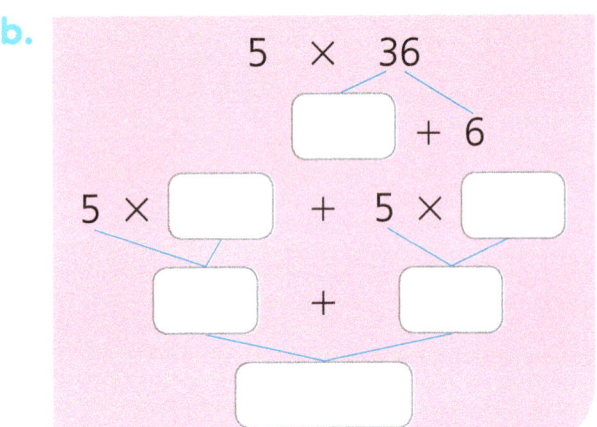

5 × 36
☐ + 6
5 × ☐ + 5 × ☐
☐ + ☐
☐

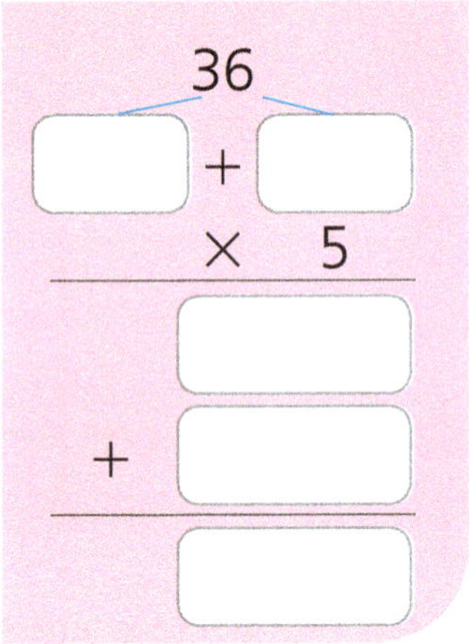

36
☐ + ☐
× 5
☐
☐
+ ☐
☐

c.

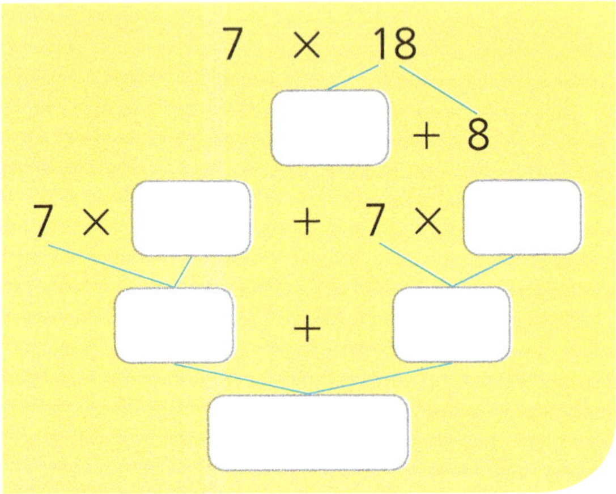

7 × 18
☐ + 8
7 × ☐ + 7 × ☐
☐ + ☐
☐

18
☐ + ☐
× 7
☐
☐
+ ☐
☐

🧍 FAÇA EM CASA

1. Calcule no caderno, da forma que achar melhor, e anote o resultado aqui.

   a. 6 × 23 = _____   c. 4 × 15 = _____   e. 7 × 41 = _____

   b. 5 × 32 = _____   d. 3 × 36 = _____   f. 2 × 73 = _____

2. Coloque os números a seguir em ordem crescente, ou seja, do menor para o maior. Depois, escolha quatro desses números e escreva-os por extenso.

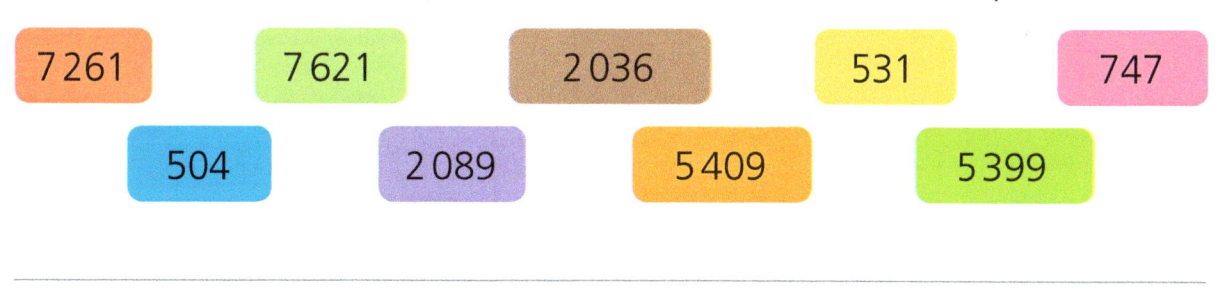

7 261   7 621   2 036   531   747
504   2 089   5 409   5 399

_____
_____
_____
_____

3. Qual é o número que não poderia estar nesta sequência? Por quê?

270   360   450   540   630   750   810

_____
_____

4. André é do time dos ímpares. Quais são as cores das camisetas que André pode usar?

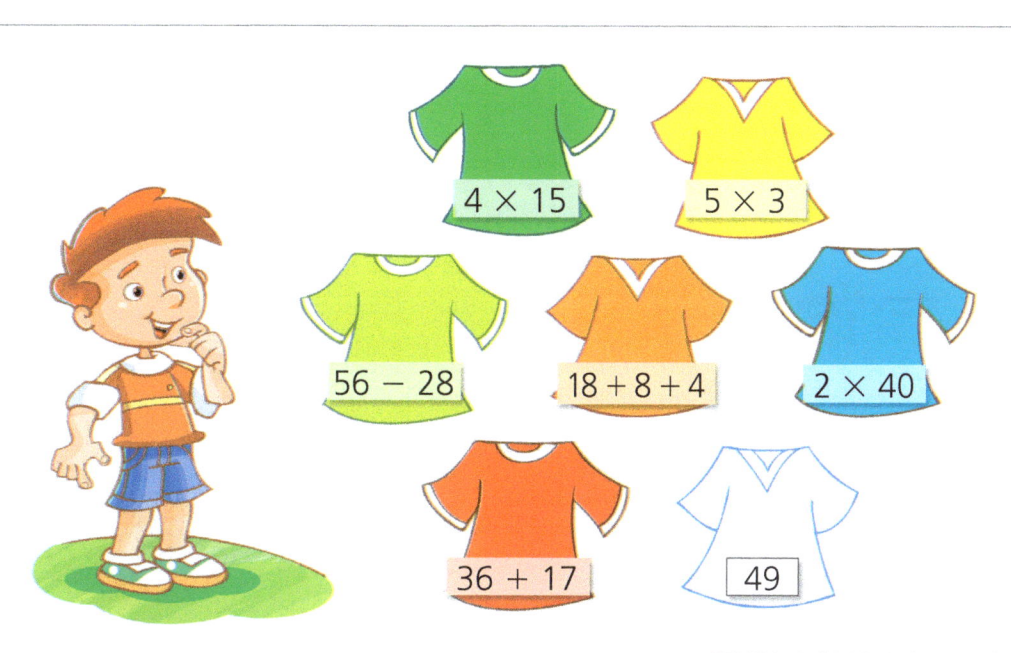

- verde: 4 × 15
- amarela: 5 × 3
- verde-clara: 56 − 28
- laranja: 18 + 8 + 4
- azul: 2 × 40
- vermelha: 36 + 17
- branca: 49

CENTO E SESSENTA E NOVE **169**

JOGO

Qual é o produto?

Vamos aprender uma forma de brincar e de memorizar as tabuadas ao mesmo tempo. Para isso, vamos jogar **Qual é o produto?**

» **Como jogar**

- Forme um grupo com mais 4 colegas.
- Distribua, igualmente entre os jogadores, as 40 cartas das páginas 25 e 27 do **Faça você mesmo**.
- Na sua vez, o jogador coloca uma de suas cartas no centro da mesa.
- O próximo jogador verificará se tem o resultado da operação que está no centro da carta colocada na mesa. Esse resultado deve estar escrito em uma das extremidades de uma de suas cartas.
  - Se o resultado estiver em uma de suas cartas, o jogador colocará essa carta no centro da mesa, sobre a carta anterior, que não poderá mais ser utilizada nas próximas jogadas.
  - Se não encontrar o resultado em nenhuma de suas cartas, o jogador passará a vez.
- Quando nenhum dos participantes tiver uma carta com o resultado da operação do centro da carta que está na mesa, aquele que tiver maior quantidade de cartas em mãos colocará uma delas no centro da mesa.
- Após todas as jogadas possíveis, aquele que tiver a menor quantidade de cartas será o vencedor.

HORA DA RODA

Ratos e gatos nunca foram lá muito amigos, não é?
Mas na história **Fugindo das garras do gato**, de Choi Yun-Jeong Kim Sun-Yeong, Editora Callis, eles são inimigos de verdade. A última do gato foi que ele resolveu assustar muito os ratos e impedi-los de conseguir comida. E agora?

A sorte dos ratos é que eles são muito bons resolvedores de problema e decidiram bolar um plano e colocá-lo imediatamente em ação. Se quiser saber qual plano é esse, não deixe de ler essa desafiadora história.

SEU PROBLEMA AGORA É...

» Relacionar o problema com a conta que o resolve.

Escolha as contas que resolvem cada problema e marque-as com um **X**. Calcule o resultado e escreva a resposta de cada um.

1. Joana comprou 24 lápis grafite por 4 reais e 24 lápis de cor por 12 reais. Quantos lápis ela comprou?

   24 + 24   4 + 12

   24 × 4   2 × 24   24 × 12

2. Guilherme coleciona carrinhos. Ele tem 28 carrinhos em cada uma de suas cinco caixas. Quantos carrinhos ele tem ao todo?

   Impossível   28 × 5   28 + 5   28 : 5

3. Na festa da escola, a professora distribuiu pirulitos para seus 28 alunos. Cada um recebeu 5 pirulitos. Quantos pirulitos ela distribuiu?

   Impossível   28 × 5   28 + 5   28 : 5

4. Sofia comprou 28 figurinhas e 5 revistinhas. Qual é a idade de Sofia?

   Impossível   28 × 5   28 + 5   28 : 5

RETA NUMERADA

Veja a reta numerada de 1 em 1 e de 10 em 10.

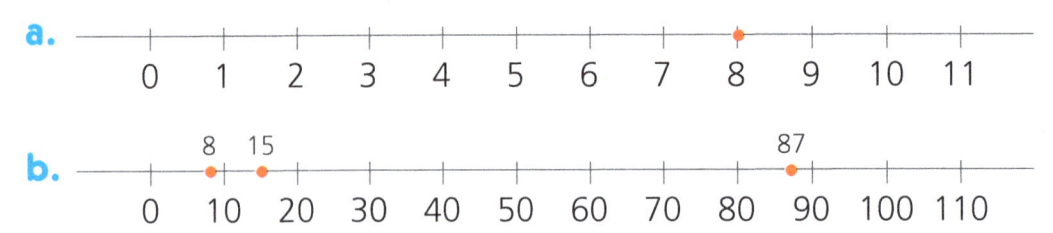

a.
```
  0  1  2  3  4  5  6  7  8  9  10  11
```

b.
```
         8  15                    87
  0  10  20  30  40  50  60  70  80  90  100  110
```

Observe que o número 8 está representado nas duas retas. Mas os números 15 e 87, por causa da limitação do papel, só aparecem na reta numerada de 10 em 10 unidades.

Para representar números ainda maiores, podemos organizar os pontos na reta de 100 em 100 ou de 1 000 em 1 000. Veja:

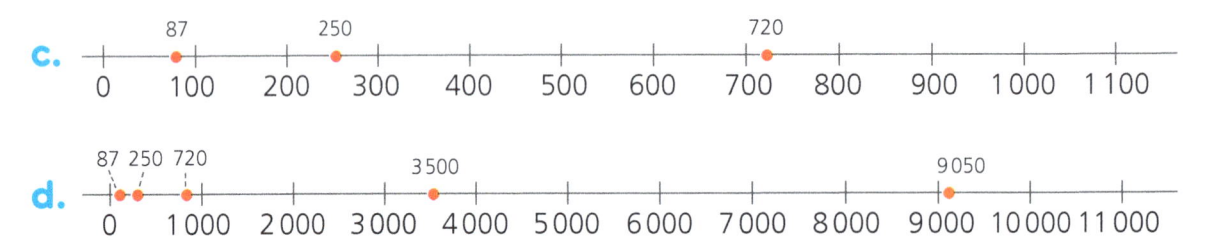

c.
```
      87      250              720
  0  100  200  300  400  500  600  700  800  900  1 000  1 100
```

d.
```
  87 250 720        3 500                  9 050
  0  1 000  2 000  3 000  4 000  5 000  6 000  7 000  8 000  9 000  10 000  11 000
```

Os números 87, 250 e 720 podem ser representados nas retas **c** e **d**. Já os números maiores que 1 000 são representados na reta organizada de 1 000 em 1 000.

Agora, observe os números abaixo e a representação deles nas retas numeradas. Escreva a cor dos pontos que representam esses números.

| 9 100 | 1 050 | 15 | 95 |

| 25 | 340 | 2 750 | 870 |

```
  0  10  20  30  40  50  60  70  80  90  100

  0  100  200  300  400  500  600  700  800  900  1 000

  0  1 000  2 000  3 000  4 000  5 000  6 000  7 000  8 000  9 000  10 000
```

APRENDENDO A DIVIDIR

Bruna está ajudando a arrumar os vasos para o baile beneficente da escola.

TENHO DE DIVIDIR 33 FLORES IGUALMENTE EM 5 VASOS. VEJA COMO EU FAÇO.

$$\begin{array}{r|l} 33 & 5 \\ \end{array}$$

Eu distribuo 5 flores, uma em cada vaso. Sobram 28 flores.

$$\begin{array}{r|l} 33 & 5 \\ -5 & 1 \\ \hline 28 & \end{array}$$

Eu coloco mais uma flor em cada vaso. Sobram 23 flores.

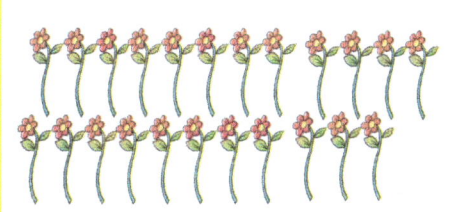

$$\begin{array}{r|l} 33 & 5 \\ -5 & 1+ \\ \hline 28 & 1 \\ -5 & \\ \hline 23 & \end{array}$$

Distribuo mais 5 flores. Sobram 18 flores.

$$\begin{array}{r|l} 33 & 5 \\ -5 & 1 \\ \hline 28 & 1+ \\ -5 & 1 \\ \hline 23 & \\ -5 & \\ \hline 18 & \end{array}$$

CENTO E SETENTA E TRÊS

Bruna continua fazendo a distribuição das flores.
Observe e complete as contas.

Agora, tenho 4 flores em cada vaso.
Restam 13 flores.

```
 3 3 | 5
-  5 | 1
 2 8 | 1+
-  5 | 1
 2 3 | ☐
-  5
 1 8
-  ☐
 ☐ ☐
```

Agora, tenho 5 flores em cada vaso.
Faltam 8 flores para distribuir nos vasos.

```
 3 3 | 5
-  5 | 1
 2 8 | 1+
-  5 | 1
 2 3 | 1
-  5
 1 8 | ☐
-  5
 1 3
-  ☐
   8
```

Finalmente, tenho 6 flores em cada vaso.
Sobram 3 flores. Mas não dá para distribuir essas flores igualmente pelos 5 vasos.

```
 3 3 | 5
-  5 | 1
 2 8 | 1
-  5 | 1+
 2 3 | 1
-  5 | 1
 1 8 | ☐
-  5
 1 3 | ☐
-  5
   8
-  ☐
   ☐
```

33 : 5 = ☐ e sobram ☐

> É POSSÍVEL DISTRIBUIR MAIS FLORES DE UMA ÚNICA VEZ. ASSIM, DIMINUÍMOS O NÚMERO DE PASSAGENS E CÁLCULOS.

Vamos fazer como Bruna sugeriu? Desenhe as flores de acordo com a conta.

$$\begin{array}{r|l} 33 & 5 \\ \end{array}$$

Distribuímos 4 em cada vaso.
Distribuímos 20 flores e sobraram 13.

$$\begin{array}{r|l} 33 & 5 \\ -20 & 4 \\ \hline 13 & \end{array}$$

Distribuímos mais 2 flores em cada vaso. Finalmente, temos 6 flores em cada vaso. Restam 3 flores. Não podemos distribuir as 3 flores restantes igualmente entre os 5 vasos.

$$\begin{array}{r|l} 33 & 5 \\ -20 & 4\ + \\ \hline 13 & 2 \\ -10 & 6 \\ \hline 3 & \end{array}$$

Veja como registrar a divisão.

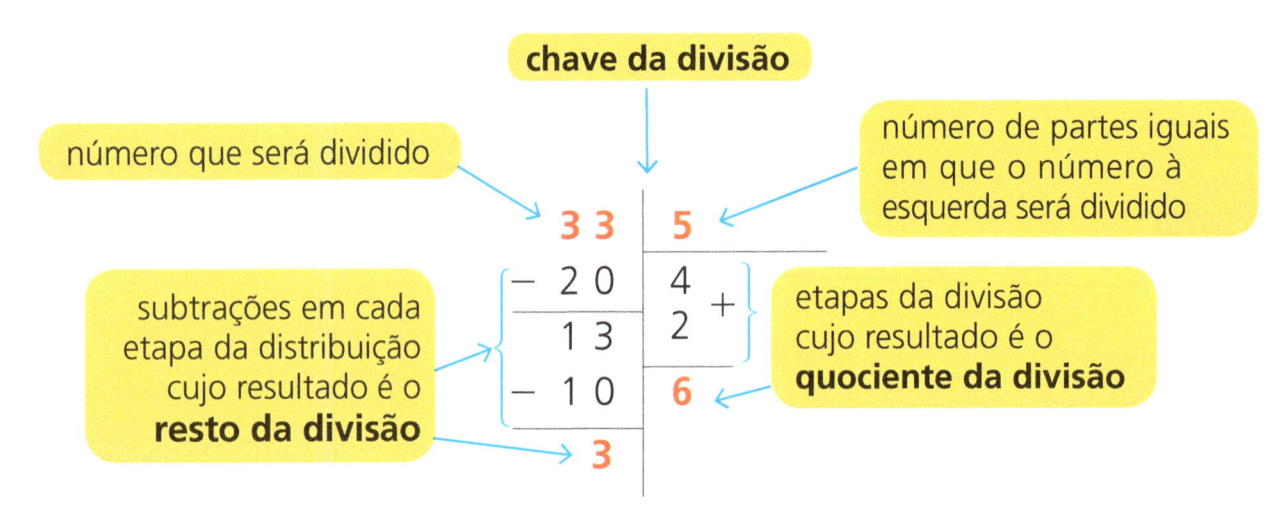

chave da divisão

- número que será dividido → 33
- número de partes iguais em que o número à esquerda será dividido → 5
- subtrações em cada etapa da distribuição cujo resultado é o **resto da divisão**
- etapas da divisão cujo resultado é o **quociente da divisão**

```
  33  | 5
- 20  | 4 +
  13  | 2
- 10  | 6
   3
```

Agora é com você! Escolha como deseja fazer cada divisão. Registre os cálculos em seu caderno, usando a chave da divisão.

a. 19 : 3   **b.** 29 : 2   **c.** 47 : 7

FAÇA EM CASA

1. No caderno, calcule as divisões. Use a chave e, em cada etapa, distribua a quantidade que desejar.

   a. 32 : 3   **b.** 49 : 4   **c.** 44 : 6   **d.** 39 : 2

2. Escolha dois números cuja diferença seja 125. Depois, escolha mais dois números cuja soma seja 682. Será que você consegue encontrar mais de um par de números para cada resultado?

583, 208, 458, 333, 57, 704, 150, 474, 390, 99, 292

SEU PROBLEMA AGORA É...

» Resolver problemas sobre medidas.

1. Veja diferentes objetos que usamos para medir.

Pinte de:

a. vermelho o objeto que se usa para saber a massa de um cachorro.

b. azul o objeto usado para saber quanto de líquido há em uma garrafa.

c. amarelo o objeto que se costuma usar para saber quantos dias faltam para o último domingo do mês.

2. Para fazer um suco, a mãe de Sofia misturou 500 mL de água, 250 mL de suco concentrado de caju, mel e 4 pedras de gelo, e o suco ficou pronto para beber.

Quantos mililitros de mel ela usou no suco? _____

3. Qual unidade de medida você usaria para medir:

a. a duração de um programa de televisão? _____

b. a massa de um gato? _____

c. a água consumida por você durante o dia? _____

d. a largura da cozinha da casa onde você mora? _____

e. o valor a ser pago na compra de 3 litros de leite? _____

FAÇA EM CASA

Pesquise em casa recipientes e a quantidade de líquido que cabe em cada um deles. Faça uma lista em ordem crescente, da menor para a maior, das capacidades desses recipientes.

SEU PROBLEMA AGORA É...

» Completar planificações de sólidos geométricos.
» Identificar os sólidos geométricos, conhecendo sua planificação.

1. Celene desmontou uma caixa de presente e recortou as abas. Observe como ficou a caixa aberta:

Planificação ou molde da caixa.

Agora, com sua régua, faça um tracejado indicando as dobras da caixa.

a. Quantas faces tem a caixa? _____

b. Todas as faces são iguais? _____

_____

2. Os desenhos a seguir são planificações de sólidos geométricos. Observe-os bem.

Figura 1: _____   Figura 2: _____   Figura 3: _____

Com sua régua, faça o tracejado, indicando as dobras de cada planificação, e escreva o nome do sólido que será formado a partir de cada molde.

PARADA PARA CALCULAR

1. Observe o alvo.

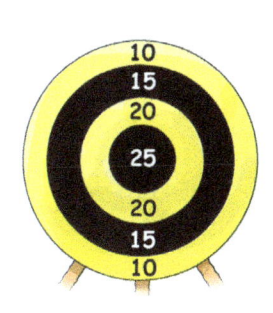

    a. Que faixas do alvo precisamos acertar para conseguir mais de 60 pontos em quatro jogadas? _____

    b. Quantos pontos faz quem acerta as faixas de números 20, 15, 10 e 20? _____

2. Para fazer de cabeça.

    a. Havia 1 L de suco, bebemos 500 mL. Quanto sobrou? _____
    b. Clara tem 4 m de tecido. Se usar 2 m e 50 cm, quanto sobrará? _____
    c. Em um pacote, há 1 kg de café. Se usarmos 300 g, quanto sobrará de café? _____

3. Que horas cada relógio marca?

    a.  _____ ou _____

    b.  _____ ou _____

    c. _____ ou _____

    d.  _____ ou _____

    e. _____ ou _____

    f.  _____ ou _____

DEPENDE DE COMO SE OLHA

1. Antes de tudo, construa dois cubos.

    a. Destaque dois moldes como estes, que você encontra nas páginas 29 e 31 do **Faça você mesmo**.

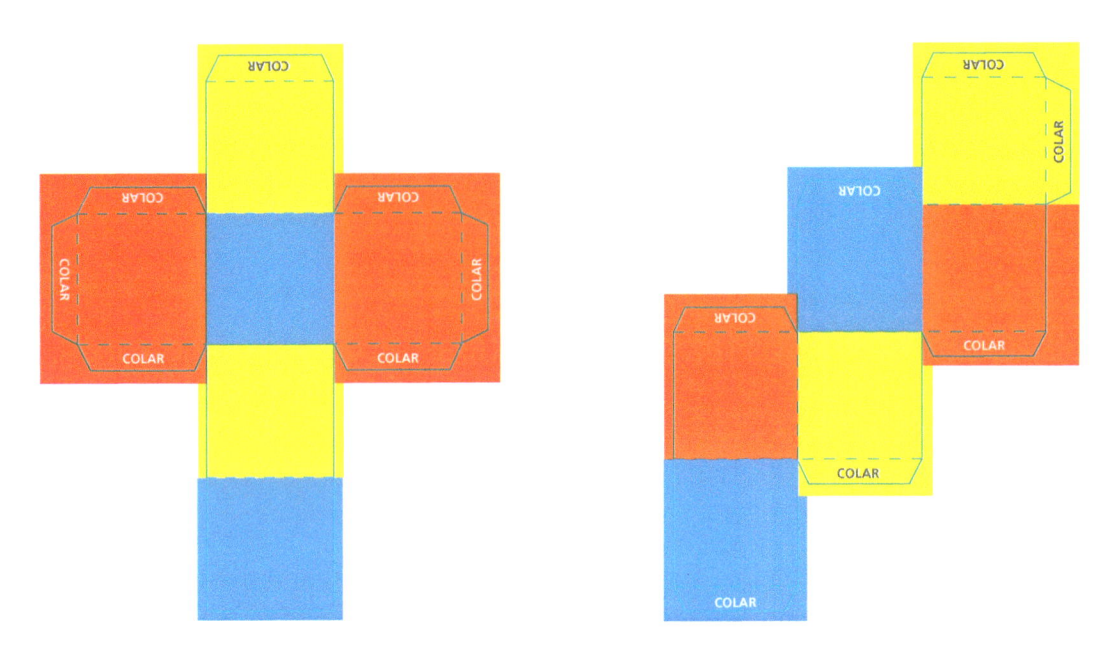

    b. Ao montar os cubos, deixe-os firmes, colocando jornal picado e bem amassado dentro deles, antes de colar a última face de cada um.

2. Agora, faça o que se pede e responda às perguntas.

    a. Coloque os cubos sobre a mesa com as faces azuis voltadas para cima e de modo que uma face vermelha de cada cubo fique de frente para você. Quais são as cores das faces que estão apoiadas na mesa?

    b. Agora, olhe os cubos de frente. Você vê uma face vermelha em cada cubo. Quais são as cores das faces que estão atrás dessas faces vermelhas?

    c. Coloque os cubos um ao lado do outro sobre a mesa, com as faces amarelas voltadas para baixo. Observe a construção de cima, de frente e de lado. Desenhe em seu caderno cada uma das vistas de sua construção.

PARADA PARA CALCULAR

1. Vamos repartir igualmente? Complete quanto vai dar em cada caso.

    a. 12 laranjas em 3 cestas: _____

    b. 12 laranjas em 4 cestas: _____

    c. 20 peras em 4 pratos: _____

    d. 20 peras em 5 pratos: _____

    e. 18 bolas para 3 crianças: _____

    f. 18 bolas para 6 crianças: _____

2. Complete o quadro.

×	1	2	3	4	5	6	7	8	9	10
4										
8										

3. Resolva os cálculos sem consultar o quadro da atividade anterior. Só consulte o quadro para conferir suas respostas.

    a. 32 = 4 × _____   c. 16 = 4 × _____   e. 28 = 4 × _____
       12 = 4 × _____   24 = 4 × _____   40 = 4 × _____

    b. 32 = 8 × _____   d. 24 = 8 × _____   f. 64 = 8 × _____
       16 = 8 × _____   56 = 8 × _____   72 = 8 × _____

4. Que tal multiplicar dezenas exatas? Eu faço assim:

    > 4 × 3 = 12 → 40 × 3 = 120
    > 6 × 8 = 48 → 60 × 8 = 480

    Agora é com você!

    a. 50 × 5 = _____   c. 40 × 8 = _____   e. 8 × 50 = _____

    b. 70 × 8 = _____   d. 3 × 60 = _____   f. 4 × 70 = _____

VISTAS

Veja a construção com cubos que Josué e Dimas fizeram.

Aloísio representou a construção de seus amigos vista de três formas diferentes, isto é, ele representou diversas **vistas da construção**.

EM GRUPO

1. Agora, junte-se a dois colegas. Usando seus cubos, façam uma construção igual à de Josué e Dimas. Olhem a construção de frente, de cima e de lado. Aloísio fez os desenhos corretamente? _____

2. Façam a construção a seguir com seus cubos.

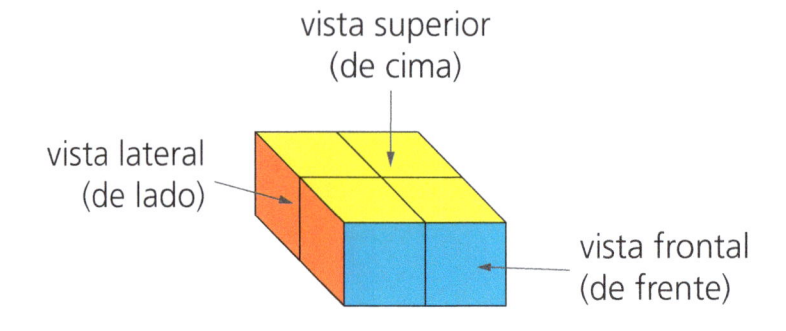

vista superior (de cima)
vista lateral (de lado)
vista frontal (de frente)

Agora, desenhem no caderno as vistas de frente, de cima e de lado.

3. Façam estas montagens.

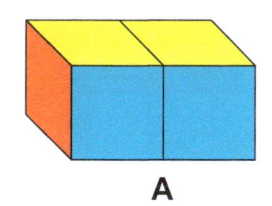

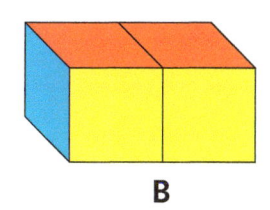

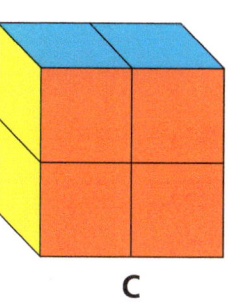

A **B** **C**

a. Em seu caderno, desenhe a vista frontal de **A**, a vista lateral de **B** e a vista superior de **C**.

b. Se todas as faces fossem da mesma cor:
- quais montagens teriam a mesma vista de frente? _____
- qual montagem teria a mesma vista lateral e superior? _____

👤 FAÇA EM CASA

Observe a construção de Rogério e responda:

a. Quantos cubos ele usou nessa construção? _____

b. Qual das imagens ao lado mostra a vista superior dessa construção? _____

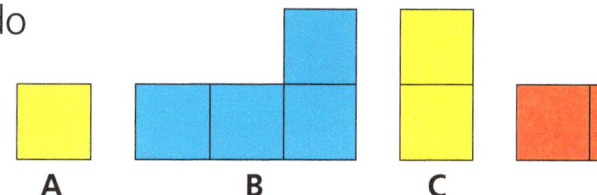

A   B   C   D

c. Faça um desenho da vista de frente ou frontal da construção. Use uma régua.

HORA DA RODA

Na **História Estranha de Eduardo Peçanha**, de Gilberto Lacerda Santos e Romont Willy, Editora Globo, Eduardo Peçanha é um pessoa diferente e com muitas manias. Gosta de sopa de letrinhas porque pensa nas palavras que se formam em sua barriga. Passa muito tempo observando o céu e admirando formas nas nuvens. E tem paixão por colecionar coisas: chapéus, tampinhas, sonhos e até figuras geométricas. Ler essa história é entrar no mundo mágico de Eduardo e criar seu mundo mágico também.

NO COMPUTADOR

Com a ajuda de seu professor, acesse o *site*: <http://ftd.li/wn5n8e>.

Na primeira página, clique em *Times Tables* (Tabuadas de Multiplicação).

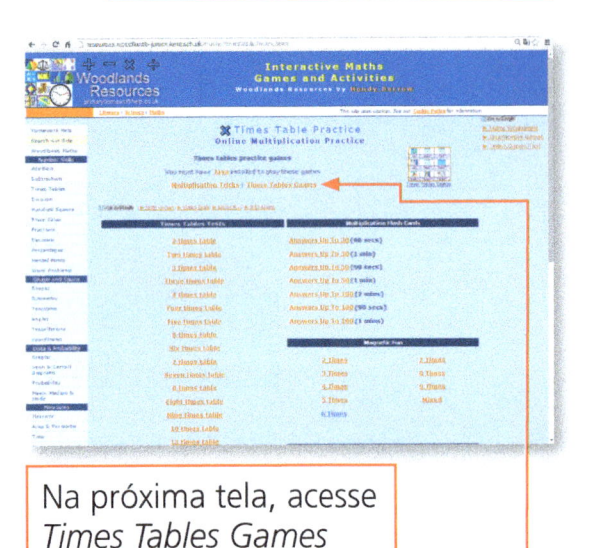

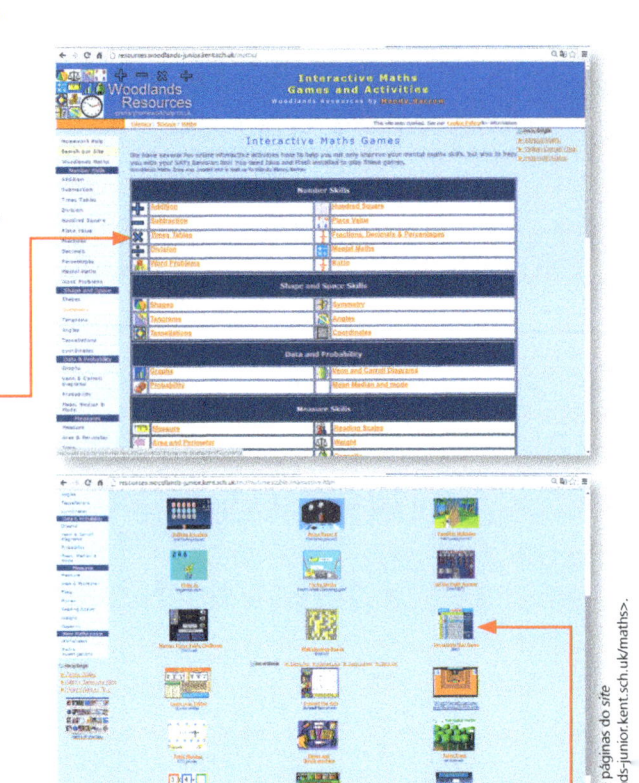

Na próxima tela, acesse *Times Tables Games* (Jogos de Tabuadas).

Com a barra de rolagem, selecione o jogo *Timestable Grid Game* (Jogo da Tabela de Tabuadas). Escolha uma das tabuadas e complete a tabela.

FAÇA EM CASA

1. Olga guarda 10 reais por dia. Quanto ela guarda em uma semana?

2. Uma caneta custa R$ 3,00. Quanto custam 10 dessas canetas? _____

3. Em uma caixa cabem 8 bolas. Quantas bolas caberão em 10 caixas iguais a essa? _____

4. Um ano tem 12 meses. Quantos meses 10 anos têm? _____

5. Soraia dorme 10 horas por dia. Quantas horas ela dorme em uma semana? _____

SUBTRAÇÃO E ADIÇÃO

Você já percebeu que a adição e a subtração estão relacionadas? Veja:

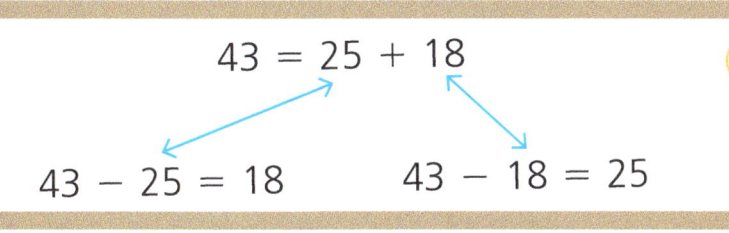

43 = 25 + 18

43 − 25 = 18   43 − 18 = 25

> É COMO SE O QUE UMA OPERAÇÃO FAZ A OUTRA DESFAZ.

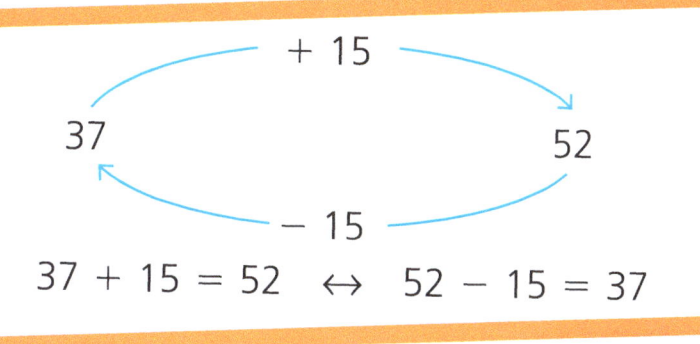

37 + 15 52
   − 15

37 + 15 = 52   ↔   52 − 15 = 37

A vantagem dessa relação é que podemos conferir um cálculo fazendo outro. Se você quiser confirmar se acertou uma adição, pode fazer uma subtração. O mesmo acontece com a subtração: para confirmar, é só fazer a adição. Veja:

Akira calculou 115 + 363.

$$\begin{array}{r} 115 \\ + 363 \\ \hline 478 \end{array}$$

Depois, ele fez a subtração e confirmou o resultado da conta anterior.

$$\begin{array}{r} 478 \\ - 363 \\ \hline 115 \end{array}$$

Agora, Akira fez uma subtração.

$$\begin{array}{r} 689 \\ - 363 \\ \hline 325 \end{array}$$

Na adição, ele não encontrou o resultado 689.

$$\begin{array}{r} 325 \\ + 363 \\ \hline 688 \end{array}$$

Portanto, Akira errou a subtração.

1. Na página anterior, encontre o erro de Akira e corrija-o.

2. Em seu caderno, faça as subtrações a seguir. Depois, confira os resultados com adições.
   a. 465 − 105
   b. 999 − 618
   c. 747 − 522

FAÇA EM CASA

1. Calcule da forma que achar melhor. Depois, escreva os resultados das contas em ordem decrescente, isto é, do maior para o menor.
   a. 3 × 24 = _____
   b. 7 × 35 = _____
   c. 547 − 329 = _____
   d. 987 − 785 = _____
   e. 8 + 75 + 104 = _____
   f. 118 + 182 = _____

2. Veja as ofertas da loja Nossa Praia.

   LOJA NOSSA PRAIA

   CADEIRA IDEAL PARA PRAIA
   ALTURA TOTAL: 64 cm
   PREÇO: R$ 85,00
   GARANTIA DE 2 ANOS

   BANCO DE JARDIM EM DOIS MODELOS
   COMPRIMENTO: 150 cm - PREÇO: R$ 375,00
   COMPRIMENTO: 200 cm - PREÇO: R$ 525,00

   a. Qual é o preço do banco menor? _____
   b. Quanto custam 4 cadeiras de praia? _____
   c. Quanto custam 4 cadeiras e um banco menor? _____

CONHECENDO MELHOR OS CLIENTES

Para atender com mais qualidade e de forma mais rápida, a cantina da escola onde Pedro estuda resolveu conhecer qual é o sabor de suco preferido dos alunos e dos professores.

Suco de quê?
Sabor de suco preferido entre 100 pessoas (alunos e professores)

Número de alunos e professores entrevistados

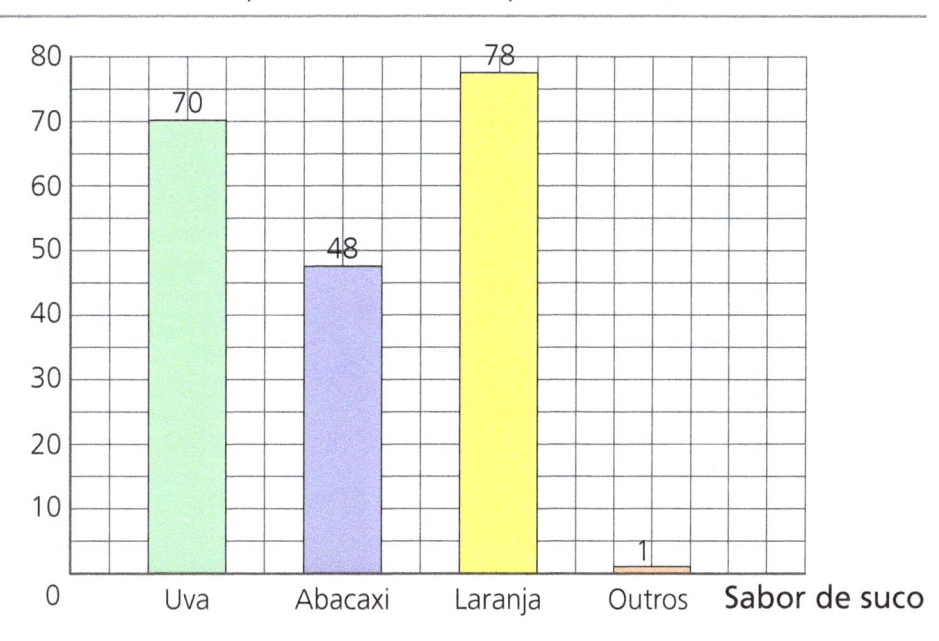

Sabor de suco	Número
Uva	70
Abacaxi	48
Laranja	78
Outros	1

1. A dona da cantina não concordou com o subtítulo do gráfico, dizendo que nele há um erro. Encontre-o.

2. Transforme as informações do gráfico "Suco de quê?" em uma tabela.

ESPORTES: SALTO EM ALTURA

VAMOS LER JUNTOS

Os atletas devem saltar e superar a altura de uma barra horizontal que os juízes elevam após cada rodada. Os competidores são eliminados após três fracassos consecutivos.

Técnica e equipamentos

1 Impulso: o atleta se impulsiona com força com uma perna e começa a girar o corpo.

2 Voo: o atleta gira até ficar de costas para o sarrafo.

3 Arco: o atleta baixa os ombros e deixa as costas arqueadas para ultrapassar o sarrafo.

4 Aterrissagem: o atleta eleva o peito e as pernas para não tocar o sarrafo antes de aterrissar de ombros.

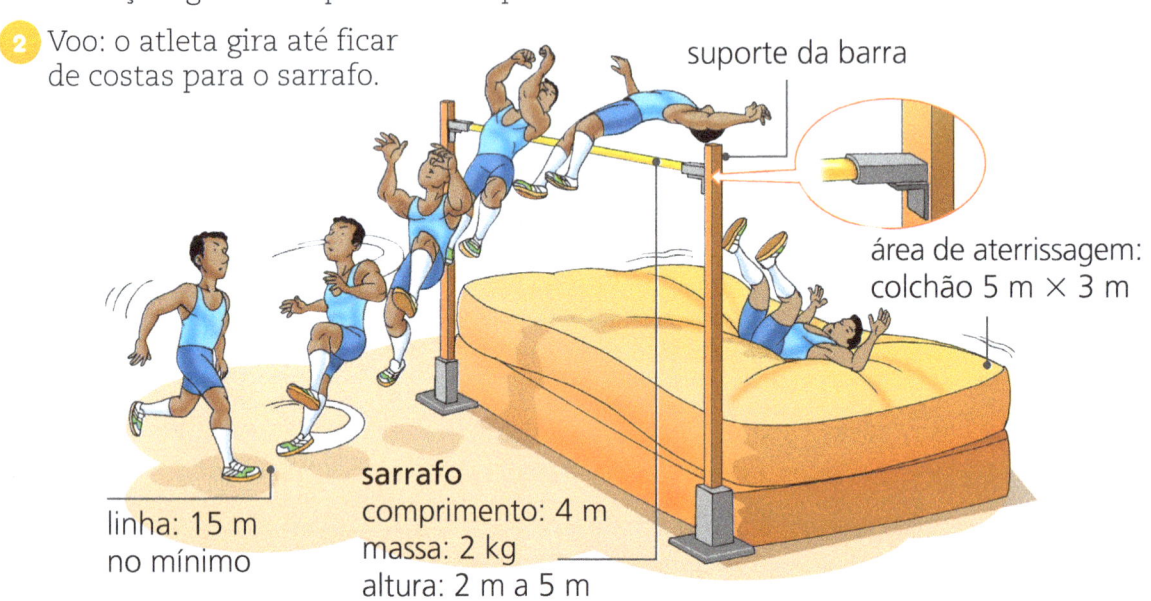

suporte da barra

área de aterrissagem: colchão 5 m × 3 m

linha: 15 m no mínimo

sarrafo
comprimento: 4 m
massa: 2 kg
altura: 2 m a 5 m

Fontes de pesquisa: Vivo mais saudável. **Salto em altura**: Saiba mais sobre a modalidade do atletismo. Disponível em: <http://vivomaissaudavel.com.br/atividade-fisica/esporte/salto-em-altura-saiba-mais-sobre-essa-modalidade-do-atletismo/>. EF Colegio María Inmaculada. **Salto de altura**. Disponível em: <https://efmarinma.files.wordpress.com/2013/02/atletismo_salto1_jjoolondres.gif>. Acessos em: 01 mar. 2016.

Vamos adaptar o salto em altura para que todos possam praticar esse esporte na escola.

- Forme grupos com 4 ou 5 colegas.
- Posicione-se em frente a uma parede. Molhe a ponta dos dedos com água. Pule e encoste a ponta dos dedos na parede.
- Verifique a altura de seu salto com o auxílio da fita métrica. Anote a medida do salto na tabela da página seguinte. Se não conseguir marcar a altura, peça ajuda ao professor.

- Após 3 saltos, um dos integrantes do grupo pode anotar na tabela os dados de todos os participantes. Vence quem der o maior salto nas 3 tentativas.

Nossos saltos

Participante	1º salto	2º salto	3º salto

Elaborada com dados coletados pelo aluno.

JOGO

Qual é o produto?

1. Revejam as regras desse jogo na página 170, reúnam-se em grupos e joguem novamente.

2. Reflitam.

   a. Quais são as tabuadas mais difíceis de se lembrar?

   b. De que forma vocês podem se sair melhor na próxima vez que jogarem?

DICAS PARA ESTUDAR AS TABUADAS

ESCREVA AS TABUADAS DO 2 AO 10 EM UMA FOLHA DE PAPEL.

RISQUE TODAS AS MULTIPLICAÇÕES QUE VOCÊ JÁ MEMORIZOU.

FAÇA UMA LISTA COM OS RESULTADOS QUE VOCÊ AINDA NÃO SABE.

OBSERVE SE HÁ ALGUMA PISTA QUE POSSA AUXILIAR VOCÊ A SE LEMBRAR DESSES RESULTADOS.

ORGANIZANDO AS INFORMAÇÕES: SALTO EM ALTURA

1. Complete a tabela com as informações que os grupos anotaram durante a atividade **Esportes: Salto em altura** da página 188.

Salto em altura

Altura do salto	Quantidade de alunos
Menos de 1 m e 20 cm	
1 m e 20 cm a 1 m e 29 cm	
1 m e 30 cm a 1 m e 39 cm	
1 m e 40 cm a 1 m e 49 cm	
1 m e 50 cm a 1 m e 59 cm	
1 m e 60 cm a 1 m e 69 cm	
1 m e 70 cm a 1 m e 79 cm	
1 m e 80 cm a 1 m e 89 cm	
1 m e 90 cm a 1 m e 99 cm	
2 m ou mais	

Elaborada com dados coletados pelos alunos.

2. Agora, vamos representar os dados da tabela em um gráfico em barras como foi feito na página 24. Não se esqueça de criar um título para seu gráfico. Depois, cole-o em seu caderno.

FAÇA EM CASA

Depois de construir o gráfico, responda às perguntas.

1. Qual foi a diferença entre o salto mais alto e o mais baixo em sua classe? _____
2. Qual foi a altura que o maior número de alunos alcançou? _____
3. Quantas meninas saltaram 1 m e 40 cm? _____

PARADA PARA AVALIAÇÃO

Leia no quadro as principais ideias e os temas que você estudou nas Unidades 4, 5 e 6.

- Construímos as tabuadas do 8, 9 e 10 e aprendemos a multiplicar por dezena exata.

- Resolvemos e criamos problemas de diferentes tipos.

- Aprendemos a dividir igualmente, organizando o cálculo em uma conta.

- Medimos massas e capacidades em receitas e em embalagens de diversos produtos.

- Aprendemos a ler, escrever e comparar números até 9 999.

- Conhecemos jogos para memorizar as tabuadas.

- Organizamos informações em tabelas e diferentes gráficos em barras.

- Conhecemos o trapézio e o prisma triangular e fizemos muitas construções de figuras com as peças do tangram.

Procure no livro e em seu caderno o que estudamos em cada um desses assuntos e siga as orientações de seu professor para avaliar suas conquistas e o que ainda falta entender melhor.

Mais um problema!

Quantos tijolos faltam para tapar o buraco na parede? _____

UNIDADE 7

Nesta unidade, você vai:
- Aprender mais sobre a multiplicação e a divisão.
- Ler, escrever e brincar com as horas.
- Conhecer mais pirâmides, prismas e suas planificações.
- Aprender a corrigir alguns erros em gráficos.
- Resolver problemas.
- Calcular mentalmente.

PARA COMEÇO de CONVERSA

Você já reparou no dominó?

A sua face superior tem a forma de dois quadrados iguais, ligados por um de seus lados.

Agora você vai conhecer um **triminó**!

Formado por 3 quadrados iguais, ligados entre si por um de seus lados, o triminó existe nos dois formatos que você vê abaixo.

Você pode tentar fazer outros triminós, mas eles serão sempre um desses dois em outra posição.

Você topa um desafio? Encontre todas as formas de um **tetraminó**: quatro quadrados iguais, ligados entre si por um de seus lados.

ORGANIZANDO AS TABUADAS

Vamos organizar, em um quadro chamado de **Tábua de Pitágoras**, todas as tabuadas que você aprendeu.

Pitágoras foi um grande pensador e matemático. Ele viveu na Grécia por volta do ano 500 antes de Cristo.

Pitágoras.

Localização da Grécia

Fonte: ATLAS Geográfico Escolar. 4. ed. Rio de Janeiro: IBGE, 2007. p. 43.

1. Complete o quadro a seguir com os resultados que faltam.

Tábua de Pitágoras

×	1	2	3	4	5	6	7	8	9	10
1										
2										
3					15					
4										
5										
6			18							
7										70
8										
9						54				
10	10									

2. Faça as atividades a seguir em seu quadro.

   a. Pinte de azul os resultados de 4 × 6 e 6 × 4 e de vermelho os resultados de 9 × 3 e 3 × 9. O que você observou?

   _____

   b. Pinte de verde os resultados da tabuada do 6. Você vai pintar toda uma linha e uma coluna. Por quê?

   _____

   c. Pinte de amarelo os resultados da tabuada do 2 e, em seguida, escreva em seu caderno algumas semelhanças e diferenças entre os resultados das tabuadas do 2 e do 6.

FAÇA EM CASA

1. Em seu caderno, monte outra Tábua de Pitágoras. Primeiro, escreva todos os resultados que você já sabe de cor. Depois, pinte de amarelo os resultados que você não sabe ainda.

2. Lucas e seus amigos jogaram **Qual é o produto?** Observe as cartas que Lucas tinha em sua mão:

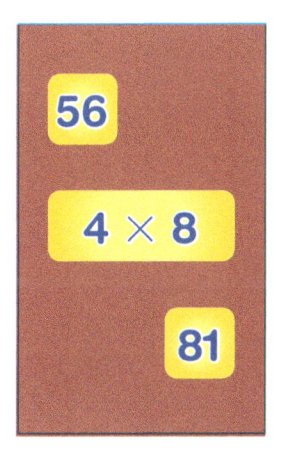

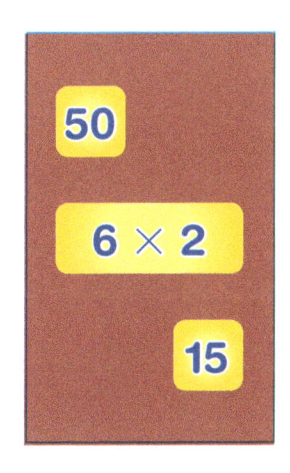

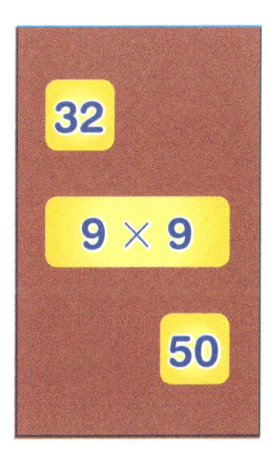

56	50	32
4 × 8	6 × 2	9 × 9
81	15	50

Na sua vez de jogar, Lucas descartou uma de suas cartas. Quais multiplicações poderiam estar na carta da mesa?

MULTIPLICANDO POR 100, 200, 300...

EM DUPLA

1. Converse com seu colega e escrevam os resultados das multiplicações.

   a. 2 × 100 = _____

   b. 3 × 100 = _____

   c. 4 × 100 = _____

   d. 5 × 100 = _____

   e. 6 × 100 = _____

   f. 7 × 100 = _____

   g. 8 × 100 = _____

   h. 9 × 100 = _____

   i. 10 × 100 = _____

   Agora, observe como calcular 2 × 300.

   Usando as fichas do material dourado, podemos representar essa multiplicação assim:

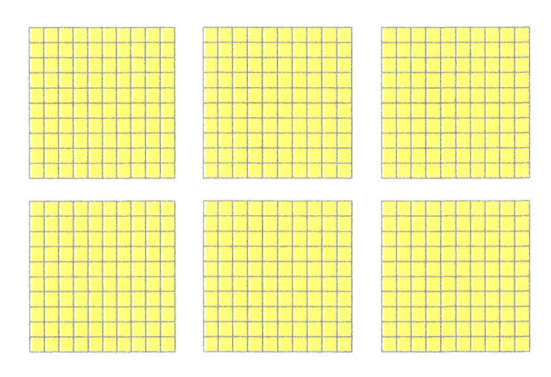

   2 × 300 é o mesmo que 6 × 100 = 600.

   Veja como podemos representar 7 × 200.

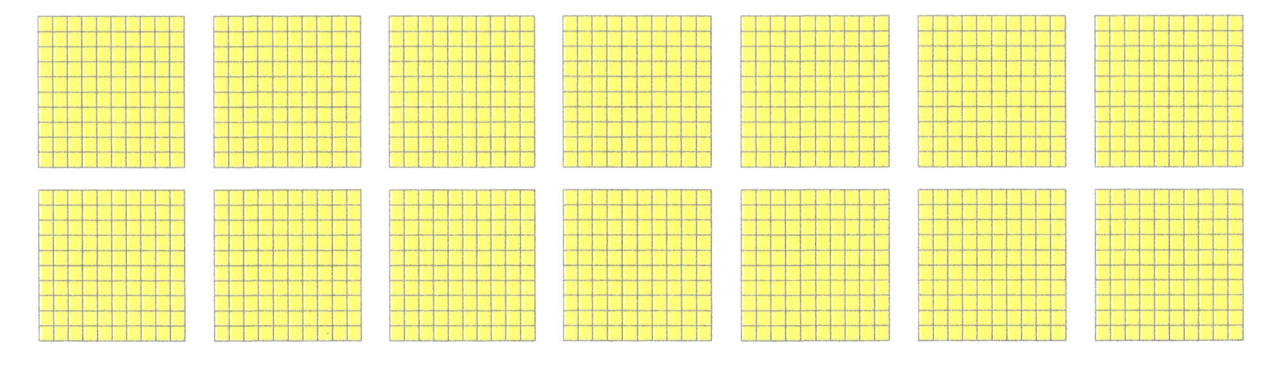

   7 × 200 é o mesmo que 14 × 100 = 1 400.

Escrevendo de outra forma:

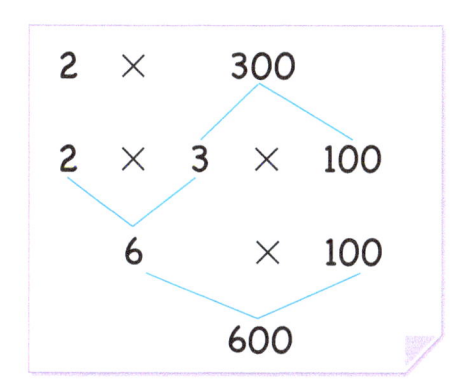

```
2  ×     300
2  ×  3  ×  100
   6     ×  100
         600
```

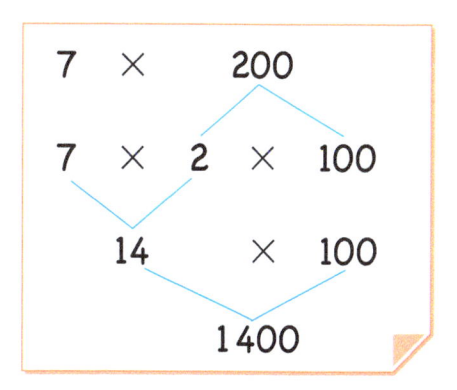

```
7  ×     200
7  ×  2  ×  100
   14    ×  100
        1 400
```

2. Calculem o resultado das multiplicações a seguir.

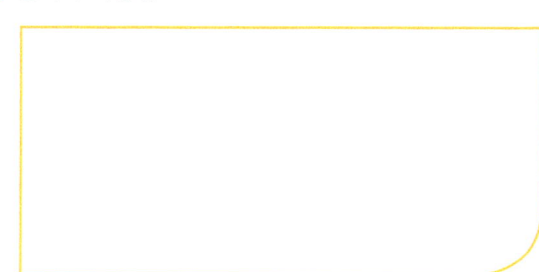

   a. 5 × 300

   c. 6 × 200

   b. 2 × 400

   d. 7 × 300

3. Comparem o que vocês acabaram de aprender com as multiplicações que fizeram na atividade **Multiplicando mentalmente**, da página 145. Qual é a diferença entre multiplicar um mesmo número por 20 ou por 200? Escrevam um texto, contando o que vocês aprenderam sobre multiplicação nessas duas atividades.

FAÇA EM CASA

1. Em cada igualdade, complete com o que falta para obter 1 000.

   a. _____ × 100 = 1 000

   b. 300 + _____ = 1 000

   c. 999 + _____ = 1 000

   d. 2 000 : _____ = 1 000

   e. _____ × 500 = 1 000

   f. _____ + 850 = 1 000

   g. _____ − 854 = 1 000

   h. _____ : 4 = 1 000

2. Calcule mentalmente com o que você aprendeu sobre multiplicação por 10, 20, 30, …, 100, 200, … Escreva apenas os resultados.

   a. 12 × 20 = _____

   b. 11 × 40 = _____

   c. 21 × 30 = _____

   d. 13 × 30 = _____

   e. 2 × 700 = _____

   f. 3 × 800 = _____

3. Quanto pesa a alface? Qual é a massa de todos os alimentos juntos?

4. Os 64 alunos da escola Machado de Assis participarão de uma gincana. Para isso, eles foram divididos igualmente em 4 equipes. Quantos alunos terá cada equipe?

PARADA PARA CALCULAR

1. Complete o quadro com os resultados das multiplicações.

×	2	3	4	5	6	7	8	9	10
4									
5									
6									
7									
8									
9									
10									

Daniel descobriu que é possível fazer divisões consultando esse quadro.

> SE 4 × 3 É 12, ENTÃO 12 : 4 É 3, E 12 : 3 É 4!

2. Agora, faça como Daniel. Consulte o quadro e resolva:

   a. 32 : 4 = _____
   b. 48 : 8 = _____
   c. 24 : 8 = _____
   d. 36 : 9 = _____

   e. 32 : 8 = _____
   f. 48 : 6 = _____
   g. 24 : 3 = _____
   h. 36 : 4 = _____

3. Qual será o horário de cada relógio daqui a 45 minutos?

   a.   b. 8:03   c.   d. 15:45

SEPARANDO FIGURAS

1. Observe os sólidos abaixo. Marque com um **X** os sólidos que você ainda não estudou.

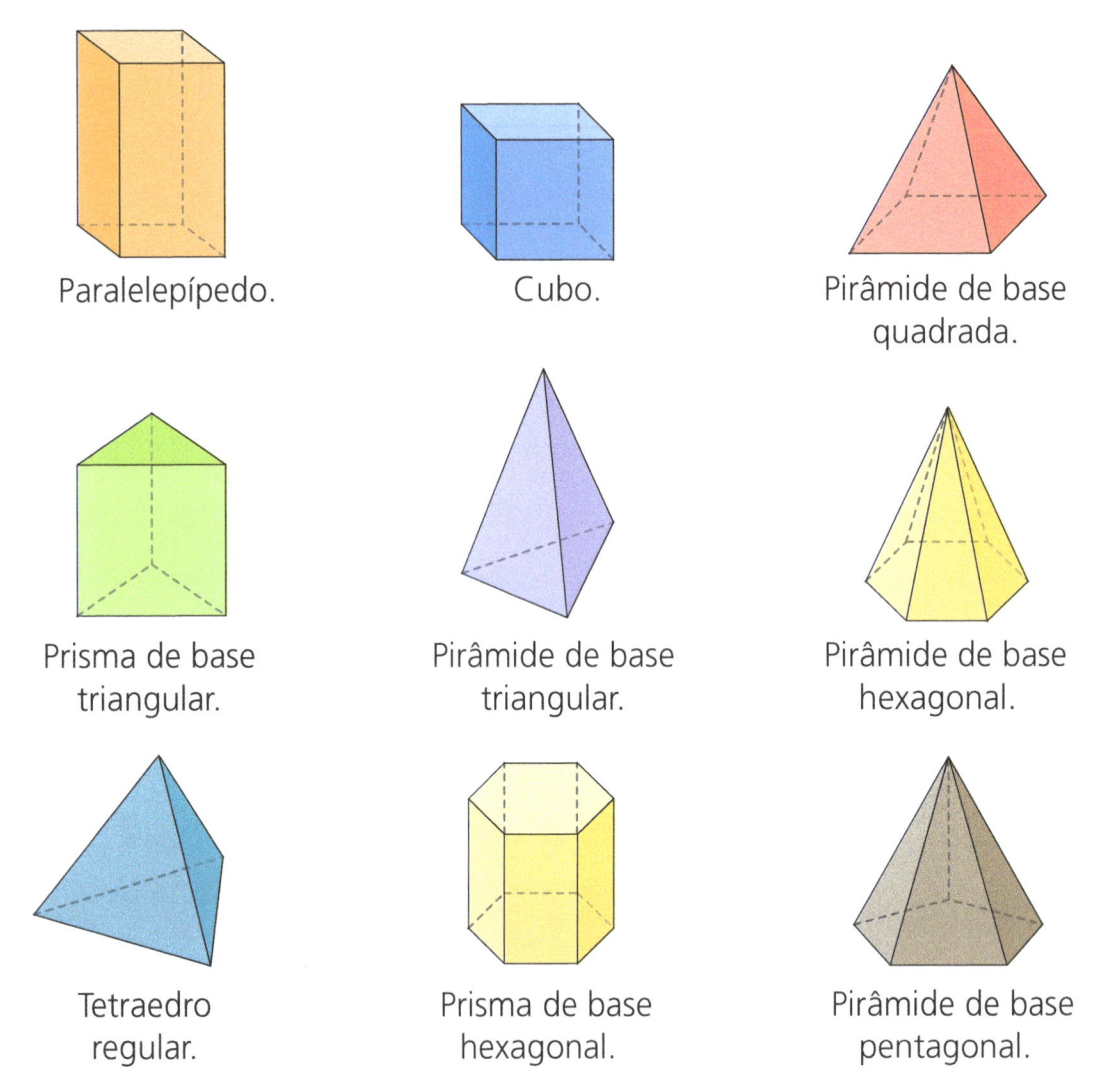

Paralelepípedo.

Cubo.

Pirâmide de base quadrada.

Prisma de base triangular.

Pirâmide de base triangular.

Pirâmide de base hexagonal.

Tetraedro regular.

Prisma de base hexagonal.

Pirâmide de base pentagonal.

Agora monte os moldes desses novos sólidos (prisma de base hexagonal, pirâmide de base pentagonal e pirâmide de base hexagonal), que estão nas páginas 33, 35 e 37 do **Faça você mesmo**. Depois, complete o quadro.

Nome do sólido	Número de faces	Número de vértices	Número de arestas
Prisma de base hexagonal			
Pirâmide de base hexagonal			
Pirâmide de base pentagonal			

2. Copie os desenhos da pirâmide de base pentagonal e do prisma de base hexagonal na malha pontilhada.

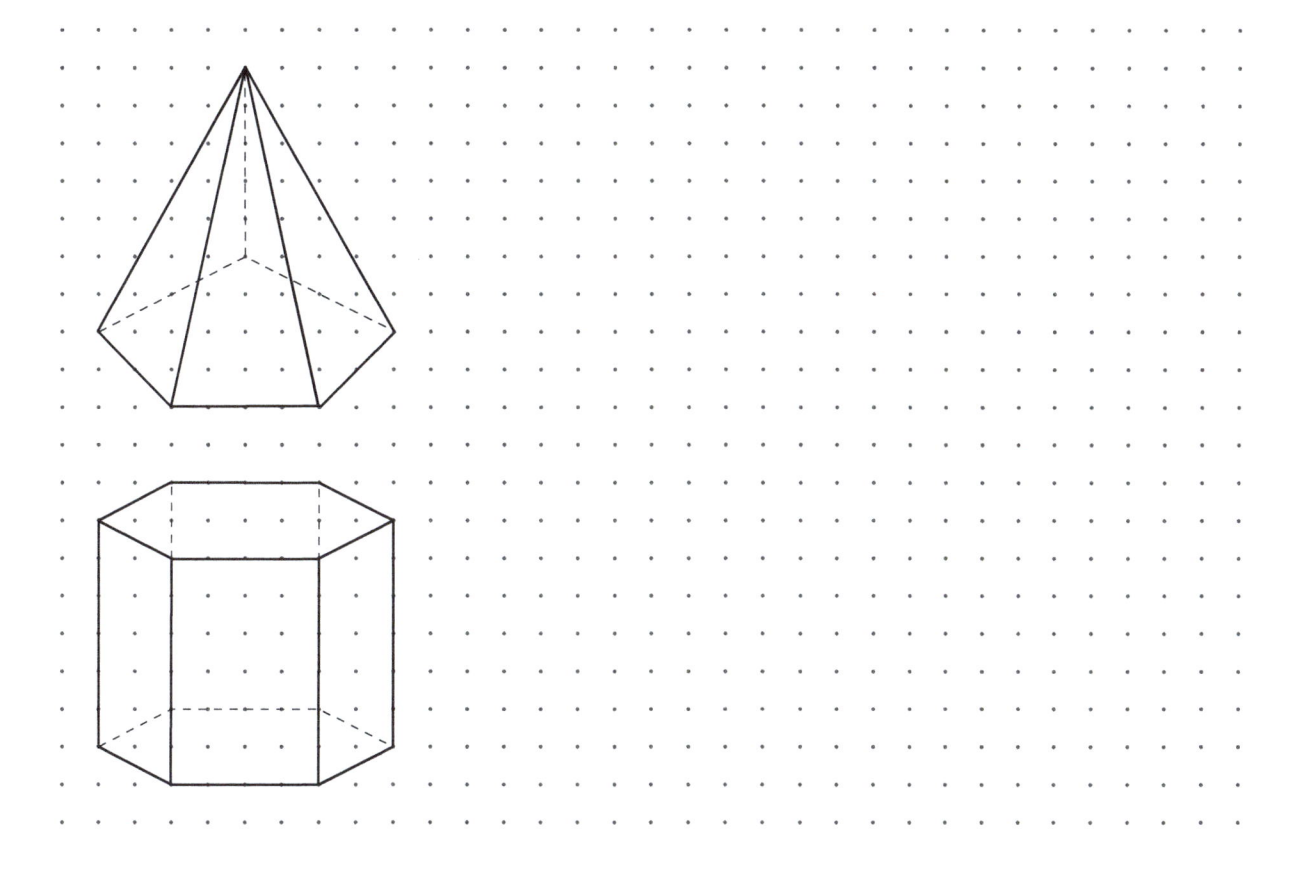

3. Observe as planificações a seguir. Elas são da pirâmide de base hexagonal? Por quê?

_____

_____

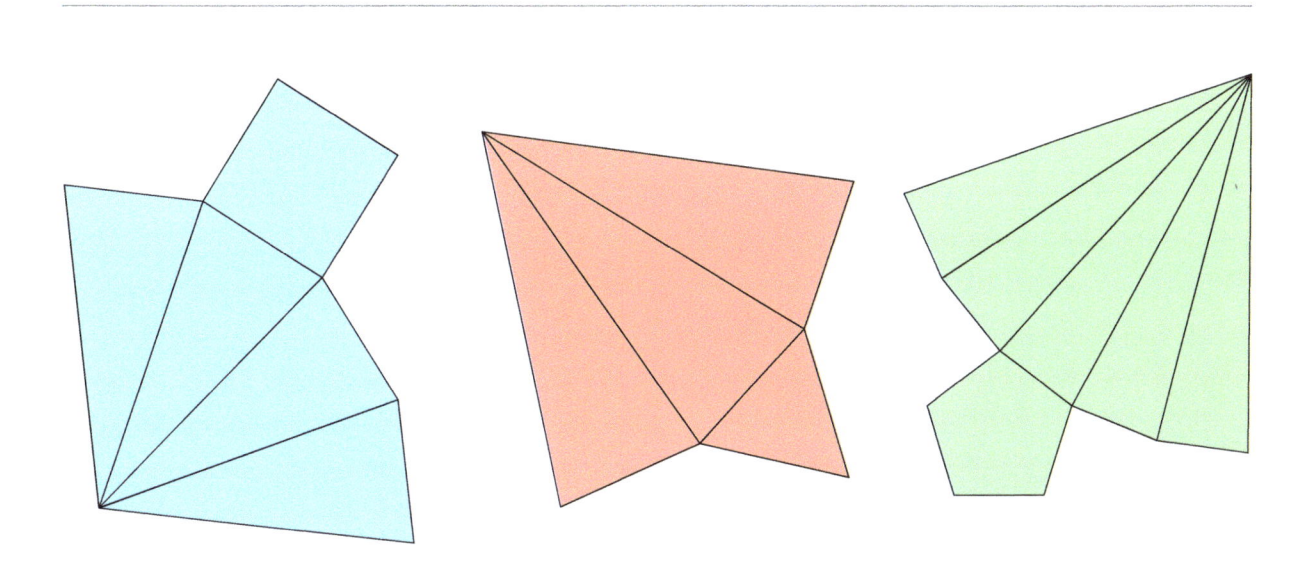

4. Circule as figuras que podem ser planificações do prisma de base hexagonal.

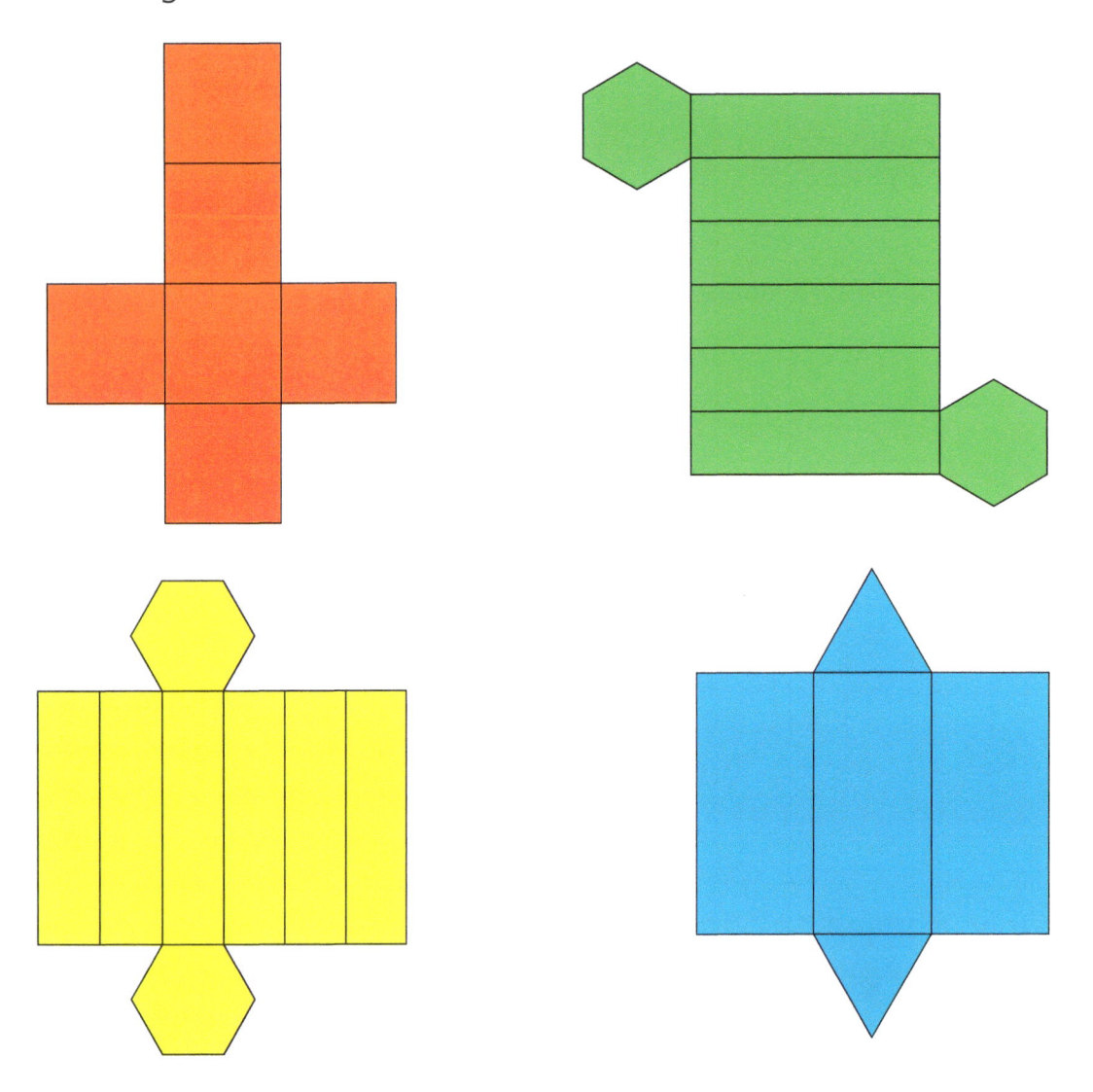

5. Faça no caderno, utilizando uma régua, o desenho de uma planificação de pirâmide de base pentagonal diferente da planificação a seguir.

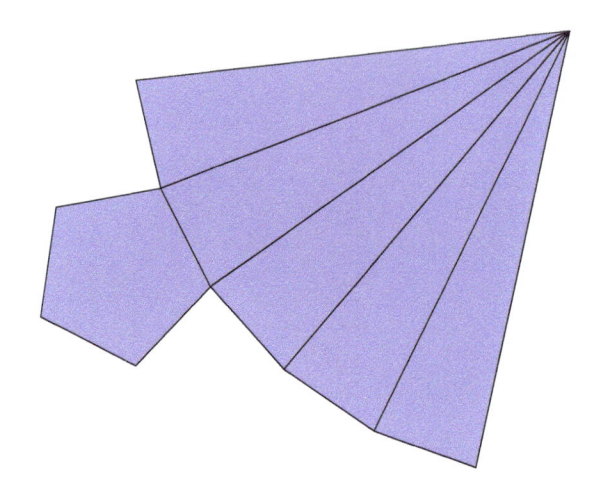

DIVIDINDO NÚMEROS MAIORES

Daniel coleciona pedras. Ele tem um tipo de pedra especial, à qual deu o nome de disco, por causa de seu formato.

A coleção de Daniel tem 227 dessas pedras.

Ele decidiu guardá-las em 3 potes. Veja a conta que ele fez para saber quantas pedras colocar em cada pote.

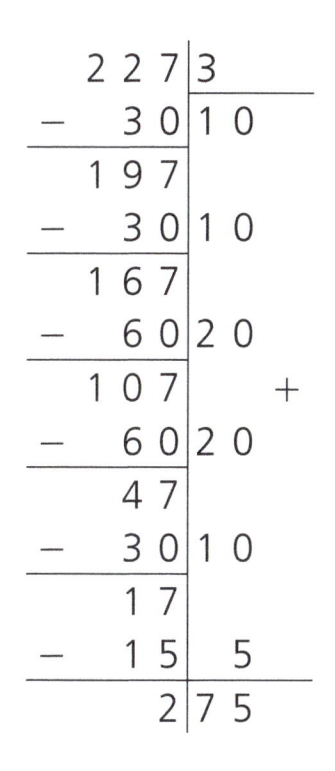

```
  2 2 7 | 3
-   3 0 | 1 0
  1 9 7
-   3 0 | 1 0
  1 6 7
-   6 0 | 2 0
  1 0 7        +
-   6 0 | 2 0
    4 7
-   3 0 | 1 0
    1 7
-   1 5 | 5
      2 | 7 5
```

> VOU COLOCAR 75 PEDRAS EM CADA POTE E VÃO SOBRAR DUAS PEDRAS. SE EU GANHAR MAIS UMA PEDRA, OS POTES FICARÃO COM 76 PEDRAS CADA UM.

EM DUPLA

1. Com um colega, analisem a conta feita por Daniel. Como ele pensou para fazer essa divisão? Vocês concordam com a decisão dele de conseguir mais uma pedra?

2. O que vocês precisam saber para fazer essa divisão?

3. Efetuem as divisões a seguir.

a. 145 : 4

145	4

b. 188 : 3

188	3

c. 360 : 2

360	2

FAÇA EM CASA

1. Calcule da forma que achar melhor. Anote aqui os resultados.

   a. 235 : 3 = _____

   b. 418 : 4 = _____

   c. 154 : 6 = _____

   d. 327 : 5 = _____

2. Faça os cálculos a seguir.

   a. 12 × 20 = _____

   b. 342 − 135 = _____

   c. 45 × 10 = _____

   d. 450 − 127 = _____

   e. 15 × 40 = _____

   f. 578 − 453 = _____

3. Adivinhe!

   Sou maior que mil e duzentos e menor que três mil. Todos os meus algarismos são iguais.

   Que número sou eu? _____

PARADA PARA CALCULAR

1. Calcule as diferenças.

   a. 600 − 200 = _____
   b. 600 − 300 = _____
   c. 600 − 100 = _____
   d. 600 − 400 = _____
   e. 800 − 300 = _____
   f. 800 − 100 = _____
   g. 800 − 800 = _____
   h. 700 − 100 = _____
   i. 700 − 500 = _____
   j. 700 − 400 = _____
   k. 1 000 − 400 = _____
   l. 1 000 − 200 = _____
   m. 1 000 − 500 = _____
   n. 1 000 − 700 = _____

2. Resolva as subtrações a seguir de acordo com a dica da Alice.

   a. 680 − 220 = _____
   b. 560 − 240 = _____
   c. 970 − 360 = _____
   d. 590 − 310 = _____
   e. 720 − 270 = _____
   f. 630 − 360 = _____
   g. 810 − 180 = _____
   h. 700 − 370 = _____

   VEJA COMO EU CALCULO 940 − 260.

   940 − 200 = 740
   740 − 40 = 700
   700 − 20 = 680
   Então:
   940 − 260 = 680

3. Cristina calcula quantos minutos há em 1 hora e 20 minutos. Calcule, como Cristina, quantos minutos há em:

   1 h = 60 min
   1 h E 20 min = 1 h + 20 min OU
   60 min + 20 min = 80 min.

   a. 2 horas. _____
   b. 1 hora e 15 minutos. _____
   c. 1 hora e meia. _____
   d. 2 horas e 10 minutos. _____

JOGO

Em busca dos pares

Para este jogo, forme dupla com um colega. Comecem destacando as cartas das páginas 39 e 41 do **Faça você mesmo**.

» **O que é preciso?**

Formar pares de cartas que indiquem o mesmo horário. Notem que, nas cartas, um mesmo horário aparece escrito em formas diferentes: por extenso, no relógio digital, no de ponteiros, na escrita matemática e na forma comum do dia a dia.

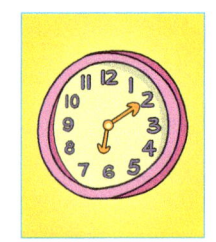

» **Quais são as regras?**

1. Decidam quem começa o jogo.
2. No centro da mesa, embaralhem as cartas viradas para baixo.
3. Na sua vez, cada jogador vira duas cartas, permitindo que seu adversário também as veja.
    a. Se formar par, ou seja, se as cartas indicarem o mesmo horário, o jogador fica com as cartas e passa a vez.
    b. Se não, as cartas voltam à posição inicial, e o jogador passa a vez.
4. O jogo termina quando não houver mais cartas sobre a mesa.
5. Vence o jogo quem conseguir o maior número de pares de cartas.

FAÇA EM CASA

Escreva de três maneiras diferentes a hora:

a. que o relógio está marcando agora. _____
b. de saída da escola. _____
c. que você costuma acordar pela manhã. _____

206 DUZENTOS E SEIS

NA HORA CERTA

Agora, vamos rever o que você aprendeu com o jogo **Em busca dos pares**.

1. Represente, em cada relógio de ponteiros, as horas indicadas.

   a. 7h15min

   c. nove e quinze

   e. 5h20min

   b. 8:55

   d. 22:20

   f. 10:20

   Os relógios desta página não estão com os tamanhos proporcionais entre si.

2. Veja a hora que o relógio está marcando. Escreva por extenso como se lê essa hora.

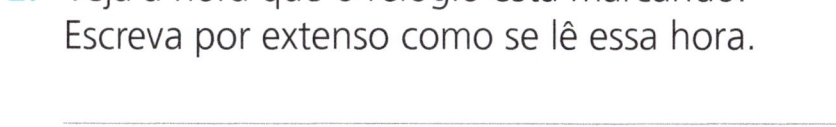

   _____

   _____

3. Por extenso, escreva de outras duas formas o horário marcado neste par de cartas.

   Quinze para as dez da noite

   _____

   _____

4. Crie seis novos pares de cartas para o jogo. Desenhe-as em seu caderno.

O que aprendi sobre a leitura e a escrita das horas

O dia tem 24 horas.

Da 0 hora até as 12 horas ou meio-dia, as horas são escritas como são lidas no relógio de ponteiros.

4 horas   10 horas e 15 minutos

Depois das 12 horas até as 24 horas ou meia-noite, para escrever as horas, é preciso somar 12 ao que se lê no relógio de ponteiros.

16 horas   22 horas e 15 minutos

EM ALGUNS RELÓGIOS DIGITAIS, ISSO FICA MAIS FÁCIL!

22:15

FAÇA EM CASA

Jogue **Em busca dos pares** com um adulto. Depois, peça a ele que escreva um bilhete para seu professor, contando o que achou do jogo.

HORA DA RODA

Viaje no tempo com o minuto maluco que resolveu pular do relógio para viver muitas aventuras no livro **Como Passa O Tempo?**, escrito por Ana Vicente e ilustrado por Madalena Matoso, da editora Leya.

ESTIMANDO

Para cada problema de estimativa a seguir, faça um **X** na resposta aproximada que você considera mais adequada. Em seguida, fale como você pensou para escolher a resposta.

1. O maior bolo gelado do mundo foi produzido em 2011 pela companhia canadense *Dairy Queen*. Para isso, foram usados 9 000 quilogramas de sorvete e 91 quilogramas de bolo, dentre outros ingredientes. O resultado foi um bolo de aproximadamente 10 000 quilogramas. Técnicos do *Guinness Book* fizeram a inspeção e conferiram a medição da massa (peso) e do tamanho da delicada sobremesa. Logo depois, o bolo foi servido à plateia, que já estava com água na boca. O lucro obtido com o evento foi doado a uma fundação dedicada a crianças carentes.

   Se 1 quilograma do bolo fosse vendido a R$ 3,00, quanto eu pagaria por 555 quilogramas desse bolo?

   a. Mais de R$ 1 500,00.
   c. Entre R$ 1 000,00 e R$ 1 500,00.
   b. Menos de R$ 1 500,00.

2. O fazendeiro Jake van Kooten colheu uma abóbora gigante, de aproximadamente 698 quilogramas. Imagine sua mãe fazendo um doce dessa abóbora!

   Quanto pesaria metade dessa abóbora?

   a. Menos de 300 kg.
   b. Entre 300 kg e 400 kg.
   c. Mais de 400 kg.

   Fonte de pesquisa: DAVID, Philipe Kling. **O maior bolo de sorvete do mundo**. Mundo Gump, 22 maio 2011. Disponível em: <http://ftd.li/7xgood>. Acesso em: 1 mar. 2016.

UMA OPERAÇÃO E TRÊS IDEIAS DIFERENTES

1. Leia os três problemas a seguir e resolva-os no caderno.

a. Luís tinha 85 reais e gastou 39 reais com livros e cadernos. Quanto restou de seu dinheiro? _____

b. Luís tem 39 anos, e seu pai tem 85. Quantos anos o pai de Luís tem a mais que ele? _____

c. Luís leu 39 páginas de um livro que tem 85 páginas. Quantas páginas faltam para Luís terminar a leitura? _____

> NO PRIMEIRO PROBLEMA, UMA QUANTIDADE É RETIRADA DE OUTRA.

> NO SEGUNDO PROBLEMA, É PRECISO COMPARAR DOIS NÚMEROS PARA SABER QUANTO UM TEM A MAIS OU A MENOS QUE OUTRO.

> NO ÚLTIMO, É PRECISO SABER QUANTO FALTA PARA UMA QUANTIDADE SE IGUALAR A OUTRA.

2. Agora, responda: qual operação resolveu esses problemas? _____

EM DUPLA

Leiam os cinco problemas de subtração a seguir. Identifiquem quais dos problemas são semelhantes a cada item da atividade anterior. Depois, resolvam os problemas no caderno.

a. João pagou 230 reais por uma bicicleta. Aninha comprou uma bicicleta por 310 reais. Quanto João pagou a menos que Aninha?

Semelhante ao problema: _____

b. Pedro tem um álbum com espaço para 310 figurinhas. Ele já colou 230. Quantas figurinhas faltam para ele completar o álbum?

Semelhante ao problema: _____

c. O padeiro usou um saco de farinha com 34 quilogramas. Ao final do dia, o saco tinha 19 quilogramas. Quantos quilogramas de farinha foram gastos?

Semelhante ao problema: _____

d. Marcela e Juliana estão brincando de corda. Marcela pulou 34 vezes, e Juliana, 19 vezes. Quantos pulos Marcela deu a mais que Juliana?

Semelhante ao problema: _____

e. Há 34 pessoas no ônibus. Na primeira parada, 19 pessoas desceram. Quantas pessoas ficaram no ônibus?

Semelhante ao problema: _____

FAÇA EM CASA

1. Calcule e escreva os resultados aqui:

   a. 318 + 525 = _____
   b. 589 − 226 = _____
   c. 4 × 45 = _____
   d. 244 : 4 = _____
   e. 459 + 304 = _____
   f. 777 − 528 = _____
   g. 6 × 53 = _____
   h. 371 : 3 = _____
   i. 582 + 157 = _____
   j. 894 − 287 = _____
   k. 3 × 66 = _____
   l. 393 : 5 = _____

2. Complete o texto do problema com as palavras e os números que estão na caixa. Quando o problema estiver completo, resolva-o.

   A coleção de miniaturas de _____ de Guilherme tem _____ miniaturas. Ele ganhou de seu tio Mauro _____ miniaturas. Quantas miniaturas ele tem na _____, após o presente de seu _____?

   COLEÇÃO 48 TIO DINOSSAUROS 132

   Resposta: _____

CÁLCULO ESTIMADO

Observe a estimativa de Anelise.

VEJA COMO EU PENSO, ANTES DE FAZER O CÁLCULO 1 237 + 3 100.

O RESULTADO SERÁ PRÓXIMO DE 4 300.

1 2 37 + 3 1 00

→ 1 UNIDADE DE MILHAR + 3 UNIDADES DE MILHAR = 4 UNIDADES DE MILHAR

→ 2 CENTENAS + 1 CENTENA = 3 CENTENAS

AGORA, VEJA ESTA SUBTRAÇÃO.

O RESULTADO SERÁ MENOR QUE 3 000, MAS MUITO PRÓXIMO DELE.

5 829 − 2 837

→ 5 000 − 2 000 = 3 000

→ 829 − 837 NÃO É POSSÍVEL. PRECISO SUBTRAIR ALGUMAS UNIDADES DE 3 000.

212 DUZENTOS E DOZE

Agora é com você! Sem fazer cálculos, para cada operação, pinte o resultado que achar correto. Em seguida, escolha três dessas operações e justifique a escolha do resultado.

Operação	Estimativa	Estimativa	Estimativa
305 + 113	318	418	618
890 + 405	1 295	1 095	495
530 − 209	739	430	321
939 − 340	1 299	699	599
1 900 + 2 250	2 950	4 150	3 150
3 951 − 1 059	3 642	2 892	2 902
3 984 + 4 241	8 225	6 225	3 225
1 037 − 922	319	915	115
4 978 + 1 700	6 678	5 778	6 600
2 587 − 1 393	1 204	3 894	1 194

FAÇA EM CASA

1. Efetue os cálculos. Mas, antes, não se esqueça de estimar os resultados para evitar erros.

   a. 506 − 232 = _____

   b. 9 847 − 3 052 = _____

   c. 3 425 + 2 650 = _____

   d. 4 789 + 1 520 = _____

2. Descubra a regra de cada sequência de números e estime o número que está faltando. Depois, confira fazendo os cálculos.

   a. 1 200 — 1 450 — 1 700 — ____ — 2 200

   b. 3 050 — 2 550 — 2 050 — 1 550 — ____

SEMELHANTES OU DIFERENTES?

1. Sua tarefa é comparar estes dois problemas, que são bem parecidos.

   a. Lúcia tem 1 357 pulseiras. Ela deu 148 para Laura e 229 para Olga. Quantas pulseiras Lúcia deu?

   b. Lúcia tem 1 357 pulseiras. Ela deu 148 para Laura e 229 para Olga. Com quantas pulseiras Lúcia ficou?

2. Agora, escreva uma lista de semelhanças e diferenças entre esses dois problemas.

EM DUPLA

Você e seu colega deverão criar um problema com as palavras e os números a seguir e, depois, resolvê-lo no caderno.

Lúcia   docinhos   1 230   1 084

NO COMPUTADOR

Com a ajuda de seu professor, acesse o site: <http://ftd.li/wn5n8e>.

Na página inicial do site, selecione Addition (adição). Clique em More Addition Games (mais jogos de adição). Com a barra de rolagem, procure esta tela.

Clique em Addition Pyramid (pirâmide da adição).

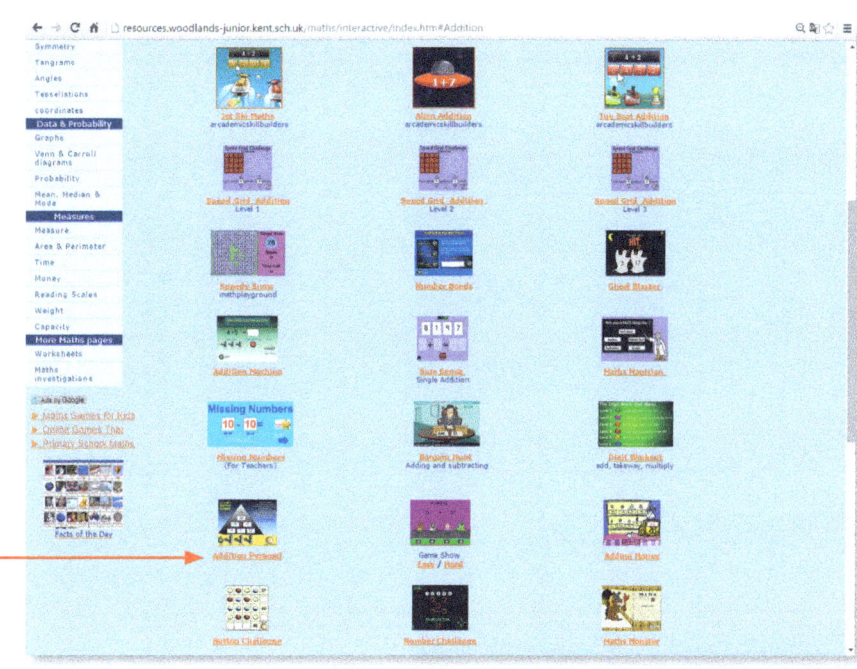

Reproduções de páginas do site.
<www.woodlands-junior.kent.sch.uk/maths>.

Veja a tela que vai aparecer.

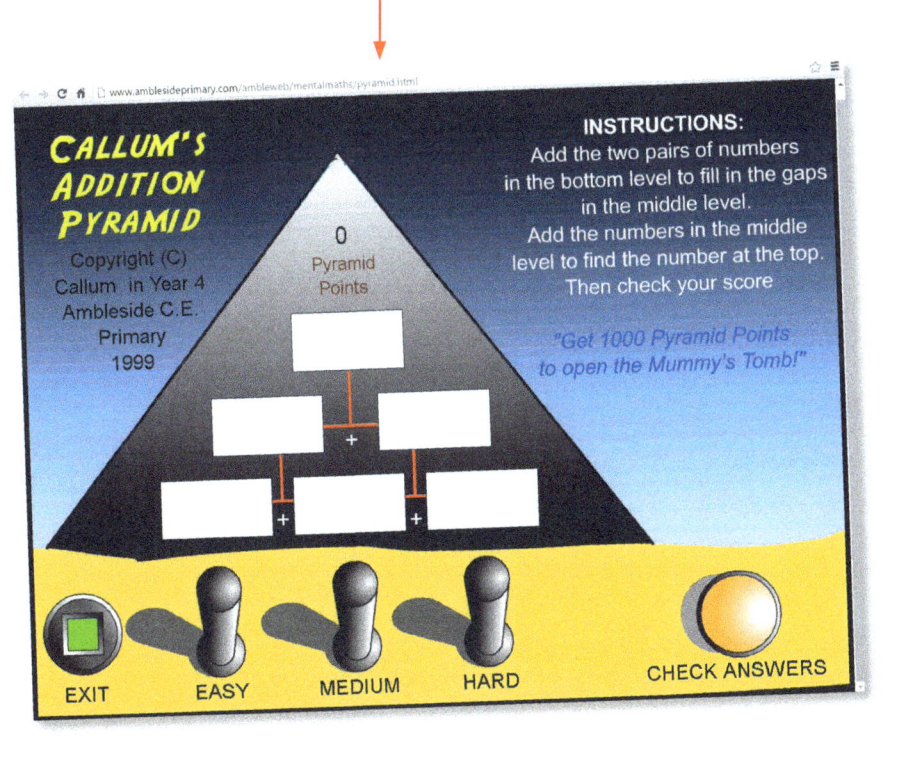

Clique no botão do nível desejado de dificuldade: Easy (fácil), Medium (médio) ou Hard (difícil). Aparecerão três números na base da pirâmide. Some-os de dois em dois e marque no quadrinho acima, até chegar ao topo. Quando terminar o cálculo, clique em Check Answers (checar respostas).

AS BASES DAS PIRÂMIDES

Todas as pirâmides possuem uma base, e é ela que dá o nome à pirâmide.

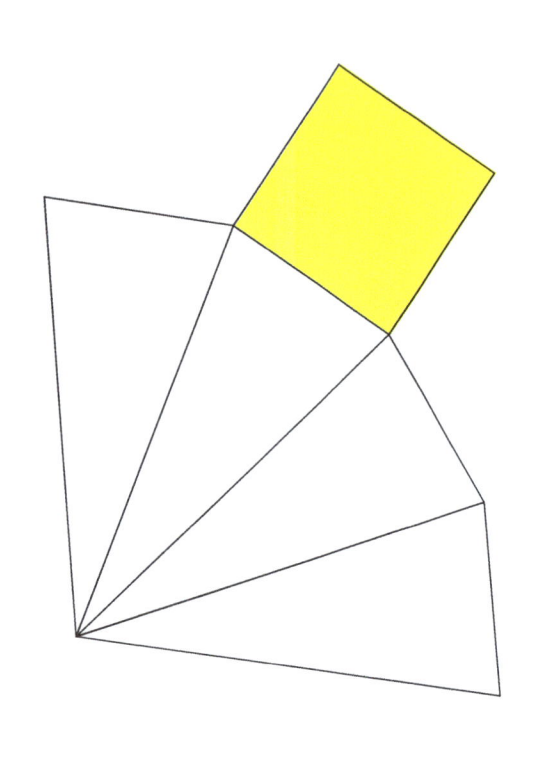

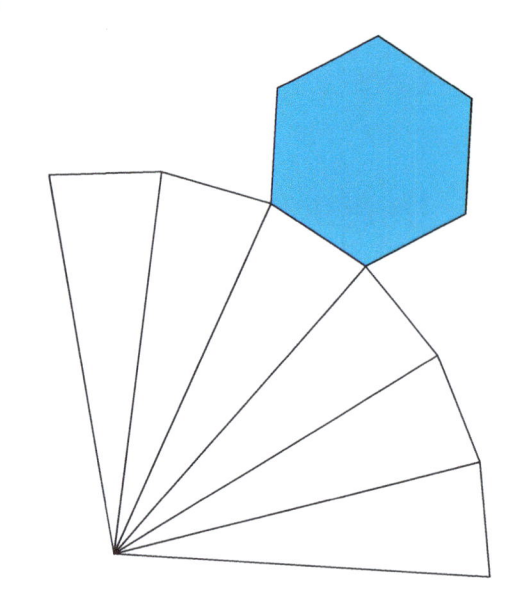

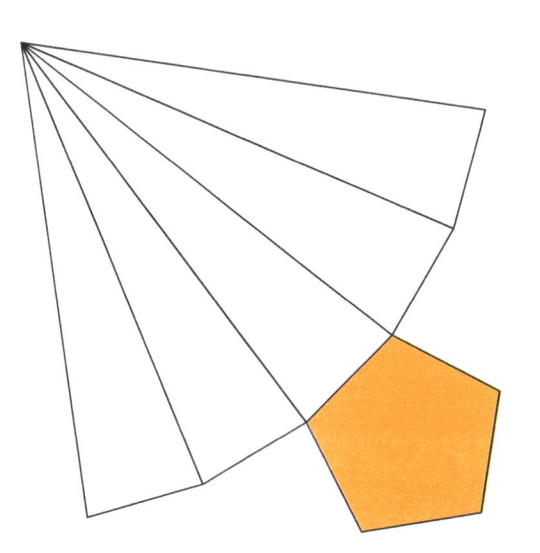

Veja o que Patrícia descobriu ao observar as pirâmides.

> TODAS AS FACES DA PIRÂMIDE SÃO TRIÂNGULOS. ESSES TRIÂNGULOS SE ENCONTRAM EM UM ÚNICO VÉRTICE FORA DA BASE.

1. Observe as pirâmides de seu conjunto de sólidos geométricos. Você concorda com a afirmação de Patrícia? Converse com seus colegas.

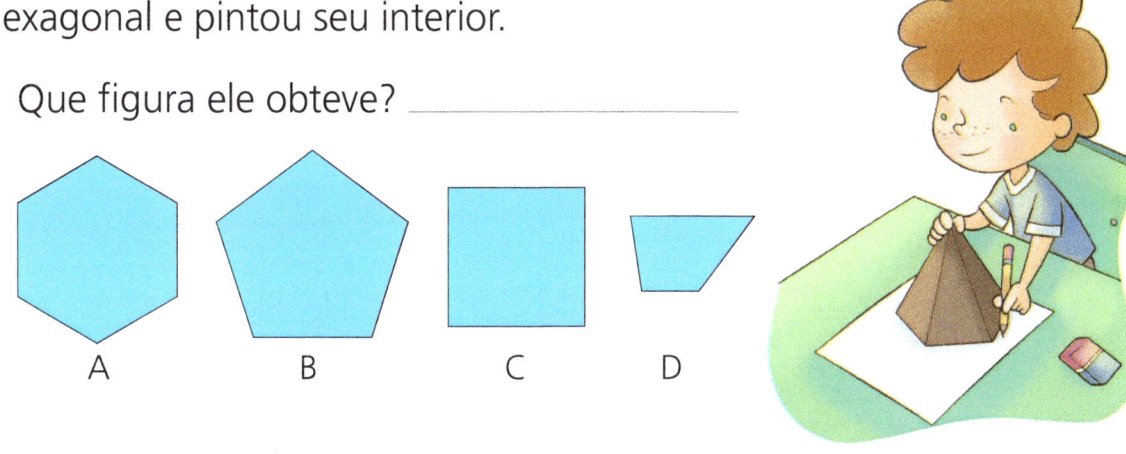

2. Luís fez o contorno da base de uma pirâmide hexagonal e pintou seu interior.

- Que figura ele obteve? _____

A   B   C   D

3. Marque com um **X** a figura que representa a base de cada pirâmide.

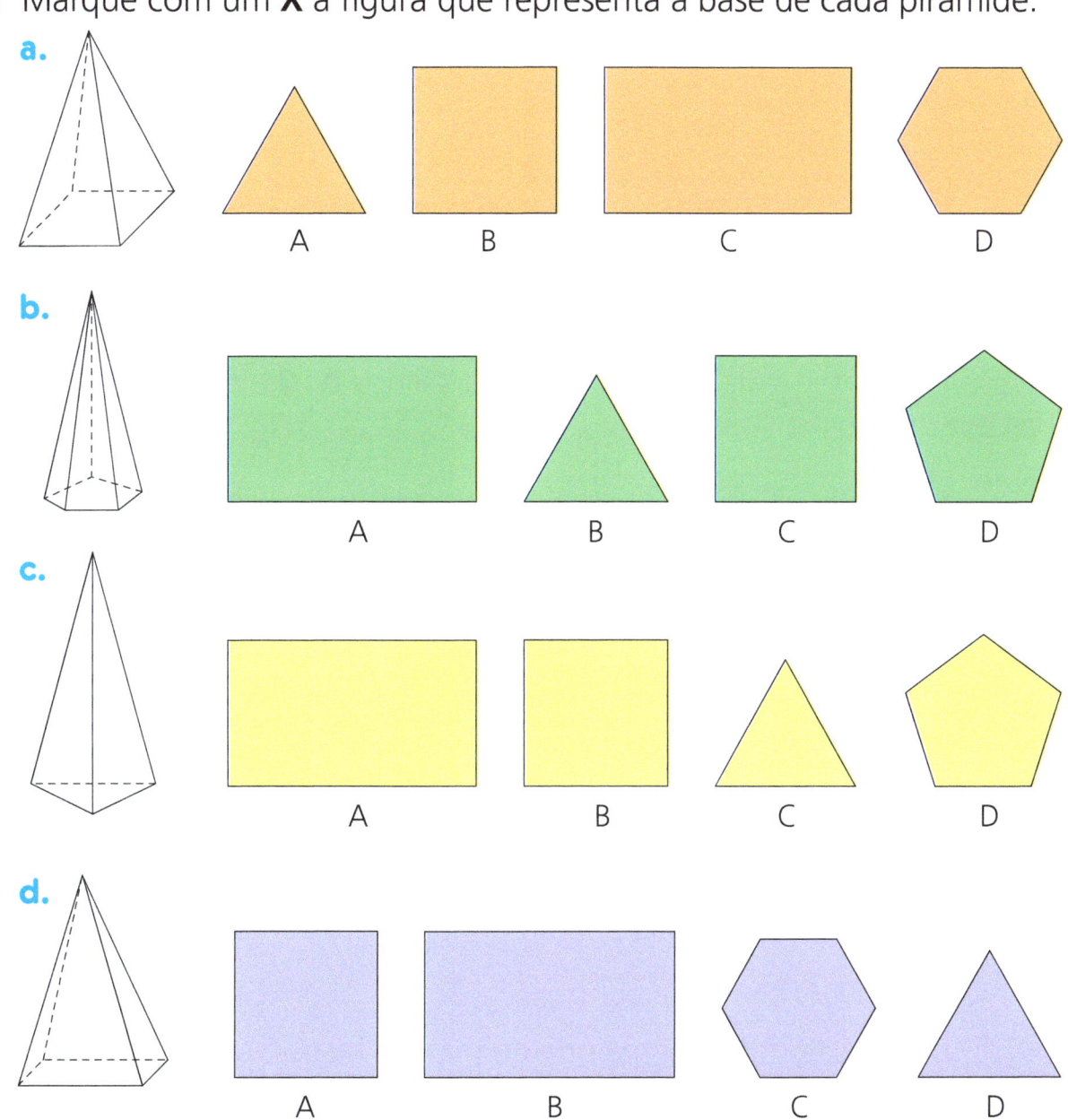

a. A   B   C   D

b. A   B   C   D

c. A   B   C   D

d. A   B   C   D

FAÇA EM CASA

1. Observe as planificações de duas pirâmides.

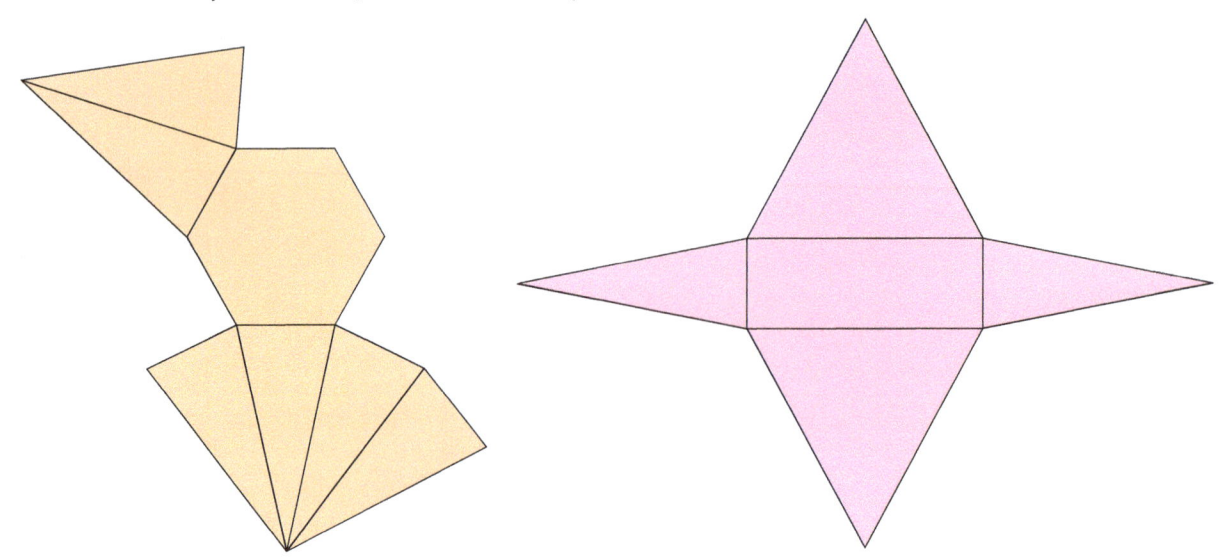

   Desenhe em seu caderno, usando uma régua, moldes diferentes desses para cada uma dessas pirâmides. Depois, pinte de vermelho as bases das pirâmides em cada molde e de azul as faces que ficam em volta das bases.

2. Observe atentamente os desenhos dos sólidos **A**, **B** e **C** e descubra as adivinhas.

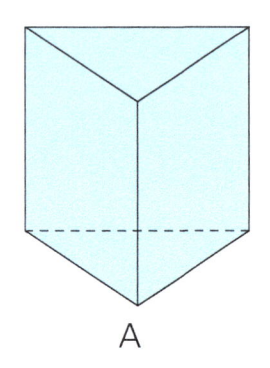

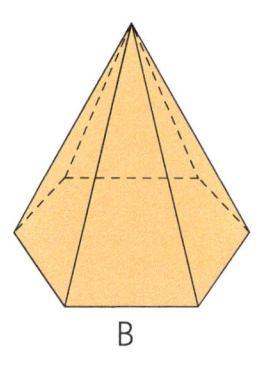

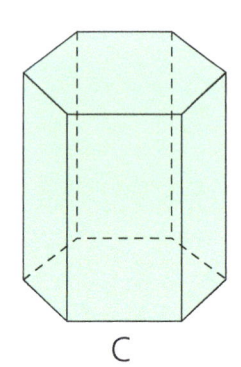

   A   B   C

   a. Tenho oito faces. Seis faces são retângulos e duas faces são hexágonos. Quem sou eu? _____

   b. Tenho 5 faces. Duas faces são triângulos e três faces são retângulos. Quem sou eu? _____

   c. Eu tenho sete faces. A maioria de minhas faces é um triângulo. Mas uma delas é um hexágono. Quem sou eu? _____

SEU PROBLEMA AGORA É...

» Completar tabela com dados que faltam

1. Dona Lenita, proprietária da Papelaria Papelão, registrou em uma tabela no computador a entrada e a saída de dinheiro do caixa, mas, ao imprimi-la, viu que a impressora falhou.

Preencha a tabela com os dados que sumiram na impressão.

Papelaria Papelão

Cliente	Valor da mercadoria	Quantia paga	Troco
Lúcia	1 real	2 reais	
Laura	75 centavos	1 real	
Celso	50 centavos		50 centavos
Lindomar	40 centavos		60 centavos
Jéssica		5 reais	4 reais
Luiz		80 centavos	5 centavos
Maria	1 real e 50 centavos	5 reais	
Marcelo	2 reais e 30 centavos		70 centavos
Vanessa		5 reais	4 reais e 10 centavos

2. Escreva cinco produtos comprados em papelarias. _____

3. Invente uma pergunta que possa ser respondida a partir dos dados da tabela.

UNIDADE 8

Nesta unidade, você vai:
- Multiplicar.
- Estimar resultados de divisões.
- Combinar figuras geométricas.
- Conhecer um novo formato de gráfico com barras coloridas.
- Resolver problemas.
- Calcular mentalmente.

PARA COMEÇO de CONVERSA

Que tal esta brincadeira? Muito praticada pelas crianças da região Norte do nosso Brasil, **Quatro cantos** diverte, distrai e exige decisão.

Façam o contorno de um quadrado no chão e decidam, no par ou ímpar, quem vai para o meio da figura.

Cada um dos demais se posiciona em um canto do quadrado. Após o sinal, todos mudam de lugar, tentando ocupar outro canto qualquer. Quem estava no meio aproveita para ocupar um dos cantos também. A criança que sobrar sem canto vai para o meio, e a brincadeira continua.

QUADRO DO MILHAR

1. Você se lembra do **Quadro da centena**? Observe o quadro organizado com 100 números, de 1 401 a 1 500.

1401	1402	1403	1404	1405	1406	1407	1408	1409	1410
1411	1412	1413	1414	1415	1416	1417	1418	1419	1420
1421	1422	1423	1424	1425	1426	1427	1428	1429	1430
1431	1432	1433	1434	1435	1436	1437	1438	1439	1440
1441	1442	1443	1444	1445	1446	1447	1448	1449	1450
1451	1452	1453	1454	1455	1456	1457	1458	1459	1460
1461	1462	1463	1464	1465	1466	1467	1468	1469	1470
1471	1472	1473	1474	1475	1476	1477	1478	1479	1480
1481	1482	1483	1484	1485	1486	1487	1488	1489	1490
1491	1492	1493	1494	1495	1496	1497	1498	1499	1500

Agora, resolva as questões a seguir.

a. Escreva os números que estão nos quadrinhos amarelos em ordem crescente, isto é, do menor para o maior.

_____

b. Qual o maior número do quadro que termina com 7? _____

c. Escreva uma semelhança e uma diferença entre os números escritos na linha verde.

_____

_____

2. Use as fichas abaixo para escrever seis números diferentes dos que aparecem nos quadrinhos amarelos da atividade 1.

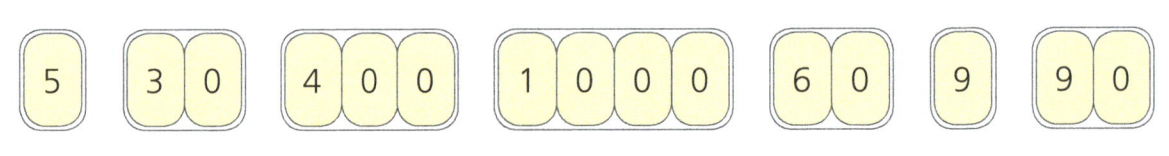

| 5 | 30 | 400 | 1000 | 60 | 90 |

222 DUZENTOS E VINTE E DOIS

a. Agora, decomponha cada um dos seis números. Veja o exemplo.

$$1439 = 1000 + 400 + 30 + 9$$

_____   _____

_____   _____

_____   _____

b. Depois, escreva por extenso o menor desses seis números.

_____

c. Escreva por extenso o maior desses seis números.

_____

👤 FAÇA EM CASA

1. Observe o problema a seguir. Ele está incompleto.

Cada caneta custa R$ 2,50, e cada caderno custa R$ 4,00.

a. Qual é a pergunta que completa o texto do problema?

A	Quantas canetas e quantos cadernos eu comprei?
B	Quanto recebi de troco?
C	Quanto gastei na compra de 2 canetas e 4 cadernos?

Pergunta: _____

b. Agora, resolva o problema.

Resposta: _____

2. Complete o quadro até o número 1 900.

1801	1802	1803	1804	1805	1806	1807	1808	1809	1810
									1900

Agora, observe o quadro e escreva o que se pede.

a. Os sucessores de 1 822, 1 830, 1 845, 1 860: _____

b. Os antecessores de 1 814, 1 821, 1 854: _____

c. O número com 10 unidades a mais que 1 832: _____

d. O número com 10 unidades a menos que 1 864: _____

e. Os números maiores que 1 813 e menores que 1 816: _____

f. O número com 20 unidades a mais que 1 817: _____

g. Todos os números que terminam em 4 entre 1 860 e 1 890: _____

PADRÕES GEOMÉTRICOS

Padrão geométrico é a combinação e repetição de cores e formas.

Veja alguns padrões geométricos que a classe de Pedro fez usando formas geométricas bem coloridas.

Pedro

Raquel

Sofia

Enrico

Agora é sua vez de criar um padrão geométrico. Mãos à obra!

DUZENTOS E VINTE E CINCO **225**

CONSTRUINDO PADRÕES

EM DUPLA

O que é preciso

- 2 folhas de papel branco retangular
- Régua
- Lápis grafite
- Lápis de cor
- Cola
- 1 folha de cartolina

O que fazer

1. Obtenham um quadrado de cada folha retangular, seguindo as figuras ao lado.

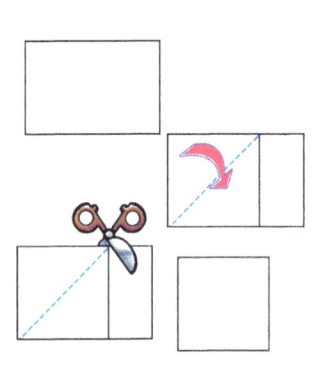

2. Depois, dobrem cada quadrado em 4 partes iguais. Com régua e lápis, tracem uma linha em cada marca de dobra. Vejam como cada quadrado deve ficar.

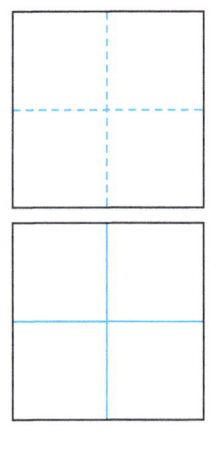

3. Dobrem os quadrados ao meio, unindo os vértices opostos e formando triângulos. Depois, tracem as linhas de dobra, como mostram as figuras.

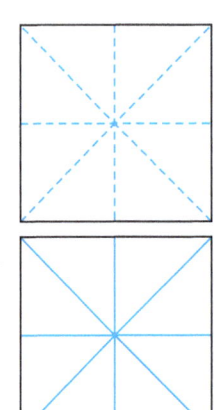

4. Tracem um **X** em cada metade do quadrado, como na figura abaixo.

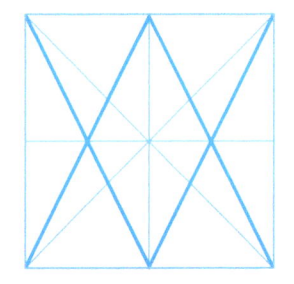

5. Pintem os dois quadrados igualmente, seguindo o mesmo padrão para as partes de cada quadrado. Usem as cores de que vocês mais gostam.

6. Depois, colem os dois quadrados em uma cartolina, formando uma única figura. Vejam um exemplo.

CÁLCULO APROXIMADO NA DIVISÃO

Veja como Sofia avalia o resultado da divisão antes de resolvê-la.

> 545 : 5 TEM RESULTADO PRÓXIMO DE 100, POIS 500 : 5 É 100.

> 1932 : 3 ESTÁ PRÓXIMO DE 600, POIS 600 × 3 É 1800.

1. Agora é com você! Sem fazer cálculos, marque com um **X**, no quadro abaixo, o resultado que mais se aproxima do quociente de cada divisão.

Divisão	Estimativa	Estimativa	Estimativa
72 : 2	20	30	50
138 : 3	40	60	70
275 : 5	50	70	20
416 : 4	120	90	100
660 : 6	110	210	60
749 : 7	70	100	170
3 820 : 10	300	400	380
198 : 9	90	20	10

2. Escolha três divisões do exercício 1 e explique, no caderno, como você pensou para escolher o resultado.

FAÇA EM CASA

Utilizando o cálculo escrito, efetue as contas a seguir no caderno e anote aqui os resultados. Não se esqueça de estimar o resultado antes de resolver os cálculos. Assim, você poderá evitar alguns erros.

a. 240 : 2 = _____

b. 380 : 5 = _____

c. 404 : 4 = _____

d. 96 : 4 = _____

e. 721 : 7 = _____

f. 84 : 3 = _____

SEU PROBLEMA AGORA É...

» Fazer comparações envolvendo medidas.

1. Em um vidro de medicamento cabem:
   a. 150 mililitros de xarope.
   b. 150 litros de xarope.
   c. 150 metros de xarope.
   d. 150 quilogramas de xarope.

2. Dona Lúcia vende caldo de cana. Ela sabe que em um copo cabem 200 mL de caldo. O movimento está grande, e dona Lúcia quer deixar algumas jarras de caldo de cana prontas para facilitar o atendimento. Ajude-a a descobrir quantos copos ela poderá encher com o conteúdo de uma jarra de 1 litro de caldo de cana.

3. O que pesa menos: 10 quilogramas de penas para fazer travesseiros ou 10 quilogramas de arroz? _____

4. Joana quer saber o peso de cada um de seus bichinhos de estimação. Siga as pistas e responda à dúvida de Joana.
   - O gato Fofo pesa 3 quilogramas a mais que Fifa, a tartaruga.
   - O papagaio Fifu pesa 1 400 gramas a menos que a cadelinha Fafa e 400 gramas a mais que Fifa.
   - Fafa pesa 2 quilogramas.

   a. Qual é o peso de cada bichinho? _____

   b. Quem é o mais pesado? _____

5. Qual é a maior massa?

   a. 100 g de açúcar ou 150 g de farinha de trigo? _____

   b. 800 g de batata ou 1 kg de cebola? _____

   c. 1 500 g de feijão ou 2 000 g de arroz? _____

6. Qual dos produtos precisará de um recipiente com maior capacidade quando for envasado?

   a. 1 L de refrigerante ou 1 500 mL de groselha? _____

   b. 2 L de desinfetante ou 900 mL de óleo de soja? _____

   c. 57 mL de remédio ou 200 mL de iogurte? _____

7. Qual é a menor distância?

   a. 40 m de corredor ou 50 m da raia de uma piscina?

   _____

   b. 1 km de rodovia ou 20 cm de régua? _____

   c. 705 km entre São Paulo e Florianópolis ou 1 500 m de uma pista de atletismo? _____

8. Ligue cada etiqueta azul (o que eu quero medir) a uma etiqueta amarela (unidade de medida).

> HÁ MAIS DE UM MODO DE JUNTAR AS ETIQUETAS. QUAIS SÃO?

a altura da porta	o grama g	o centímetro cm	o comprimento de um guardanapo
a massa do cachorro	o litro L	o metro m	a massa de um tomate
a duração do jogo de futebol	o quilograma kg	a hora h	quanto suco cabe em um copo
a quantidade de água na jarra	o minuto min	o mililitro mL	a duração de uma aula

MUITAS FORMAS DE MULTIPLICAR

Você já aprendeu diversas formas de calcular uma multiplicação. Vamos relembrar?

Veja como podemos calcular 5 × 43.

DÁ PARA CALCULAR POR MEIO DA ADIÇÃO DE PARCELAS IGUAIS...

```
   ¹43
    43
    43
    43
 +  43
   215
```

... OU, ENTÃO, NO QUADRICULADO, DECOMPONDO O 43 EM 40 + 3.

```
        5  ×  43
       /       \
   5 × 40  +  5 × 3
      |         |
     200   +   15
        \    /
         215
```

5 × 40 = 200   5 × 3 = 15

5 × 43

É POSSÍVEL ESCREVER A DECOMPOSIÇÃO DE FORMA SIMPLIFICADA.

```
     43
   40 + 3
   ×   5
   ─────
    200    ← 5 × 40 = 5 × 4 × 10 = 20 × 10
  + 15     ← 5 × 3
   ─────
    215
```

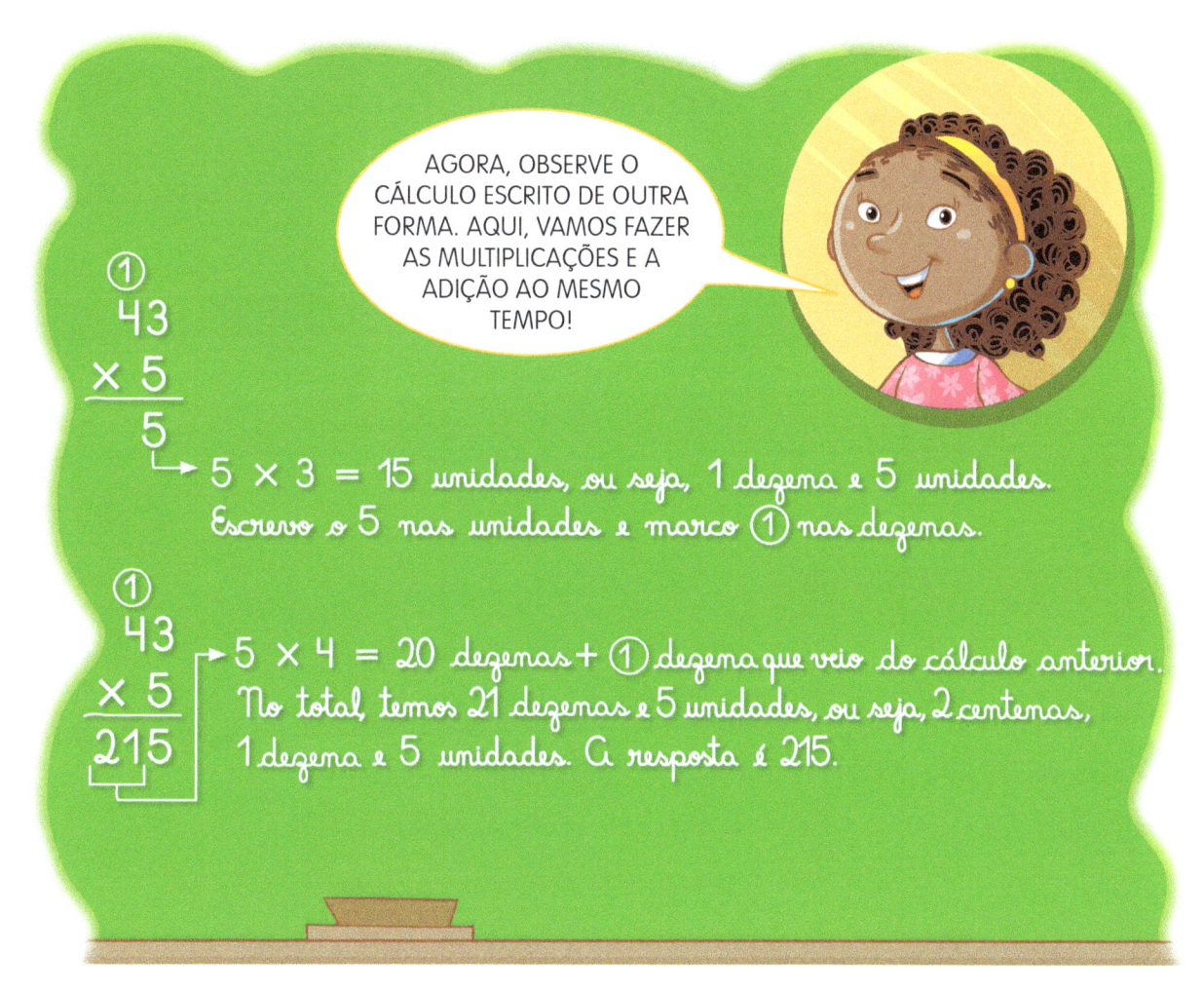

AGORA, OBSERVE O CÁLCULO ESCRITO DE OUTRA FORMA. AQUI, VAMOS FAZER AS MULTIPLICAÇÕES E A ADIÇÃO AO MESMO TEMPO!

①
43
× 5
―――
5

5 × 3 = 15 unidades, ou seja, 1 dezena e 5 unidades. Escrevo o 5 nas unidades e marco ① nas dezenas.

①
43
× 5
―――
215

5 × 4 = 20 dezenas + ① dezena que veio do cálculo anterior. No total, temos 21 dezenas e 5 unidades, ou seja, 2 centenas, 1 dezena e 5 unidades. A resposta é 215.

Observe o cálculo de 7 × 122.

- No quadriculado e por decomposição

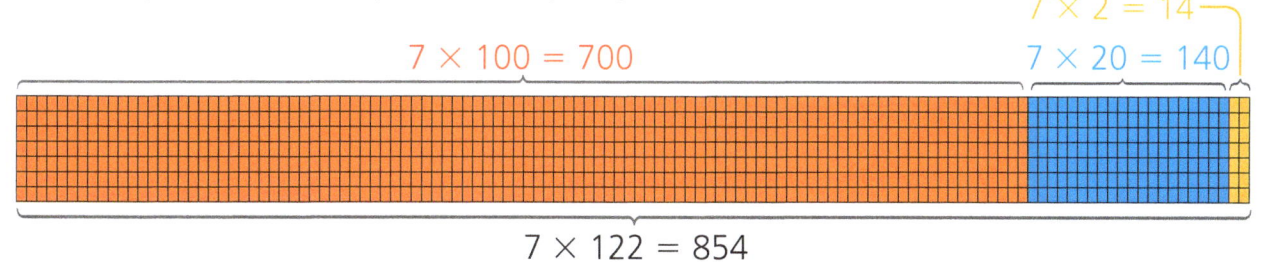

7 × 100 = 700
7 × 20 = 140
7 × 2 = 14

7 × 122 = 854

1. Complete:

7 × 122

7 × ☐ + 7 × ☐ + 7 × 2

☐ + 140 + ☐

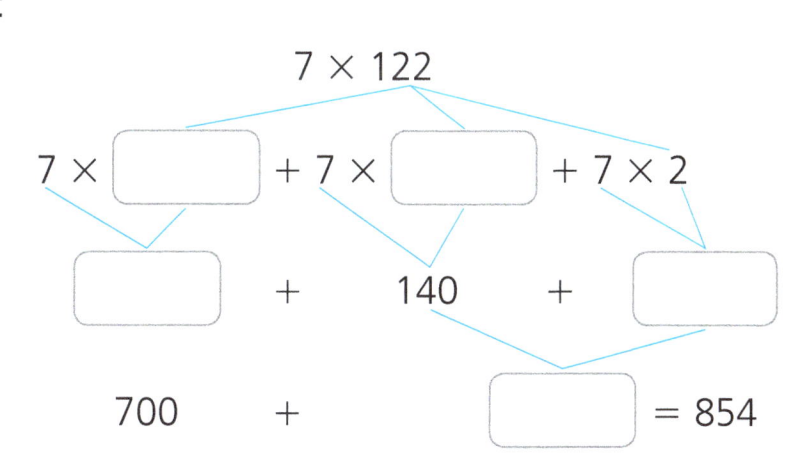

700 + ☐ = 854

$$100 + 20 + 2$$
$$\times 7$$

☐ ← 7 × 2

+ ☐ ← 7 × 20 = 7 × 2 × 10 = 14 × 10

☐ ← 7 × 100

854

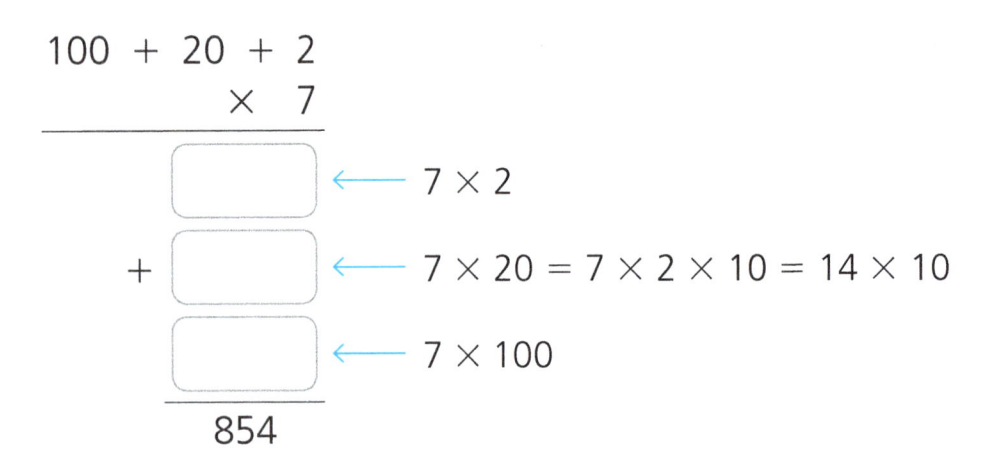

- Na forma simplificada

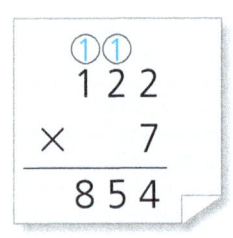

```
  ①①
  1 2 2
×     7
  8 5 4
```

2. Faça as multiplicações a seguir na forma simplificada.

a. 7 × 18
```
  1 8
× 7
```
☐

b. 4 × 27
```
  2 7
× 4
```
☐

c. 6 × 113
```
  1 1 3
× 6
```
☐

d. 7 × 141
```
  1 4 1
× 7
```
☐

👥 FAÇA EM CASA

1. Calcule, no caderno, da forma que achar melhor e anote aqui os resultados.

a. 8 × 71 = _____

c. 3 × 67 = _____

e. 5 × 153 = _____

b. 4 × 73 = _____

d. 6 × 143 = _____

f. 2 × 489 = _____

2. Elaine quer repartir 456 reais igualmente entre seus 3 irmãos. Quantos reais cada um vai receber?

Resposta: _____

PARADA PARA CALCULAR

1. Quanto devemos adicionar a cada um dos números abaixo para chegar à próxima dezena exata?

   a. 87 + _____ = _____

   b. 132 + _____ = _____

   c. 286 + _____ = _____

   d. 454 + _____ = _____

2. Escreva os resultados.

   a. 720 − 100 = _____

   b. 456 − 100 = _____

   c. 407 − 100 = _____

   d. 809 − 100 = _____

   e. 720 − 10 = _____

   f. 456 − 10 = _____

   g. 407 − 10 = _____

   h. 809 − 10 = _____

3. Escolha somente três dos números abaixo para formar uma adição em que a soma seja 500. _____

   145   425   120   220   235

4. Escreva os números que faltam. Você pode consultar a Tábua de Pitágoras na página 194.

   a. 72 : 9 = _____

   b. 54 : _____ = 6

   c. 64 : _____ = 8

   d. 32 : 8 = _____

   e. _____ : 7 = 9

   f. _____ : 6 = 7

5. Faça os cálculos e responda.

   a. Ao distribuir 72 livros igualmente em 9 prateleiras, quantos livros ficam em cada uma? _____

   b. E se alguém distribuir 60 livros igualmente em 10 prateleiras, quantos livros ficarão em cada uma? _____

   c. Vou distribuir igualmente 36 doces em 6 pratos. Quantos doces devo colocar em cada prato? _____

   d. E se eu distribuir igualmente os 36 doces em 9 pratos, quantos colocarei em cada um? _____

PAGANDO MENOS

1. Veronice foi comprar café.

   a. Para comprar 1 quilograma de café, qual tamanho de embalagem ela deve levar para gastar menos?

   _____

   b. Quanto gastará ao comprar 2 kg de café em pacotes de 250 g?

   _____

   c. Se ela comprar 2 kg de café em pacotes de 500 g, quanto gastará?

   _____

2. Veronice quer comprar 12 latinhas de suco. Qual das embalagens ela deve escolher? Por quê?

   _____
   _____

   a. Quantos mililitros há em seis latas desse suco? _____

   b. Se Veronice distribuir 350 mL de suco igualmente em 5 copos, quantos mililitros ela colocará em cada copo? _____

234 DUZENTOS E TRINTA E QUATRO

FAÇA EM CASA

1. Resolva os problemas a seguir em seu caderno.
   a. Uma indústria produz 314 réguas em uma semana. Quantas réguas ela produz em 3 semanas?
   b. Em um teatro há 8 fileiras com 32 assentos em cada uma delas. Já foram vendidos 142 ingressos para o espetáculo de amanhã. Quantos ingressos ainda estão à venda?
   c. Em um metro de barbante podemos colar 7 bandeirinhas. Quantos metros de barbante precisamos para colar 84 bandeirinhas?
   d. Em um campeonato de tabuada, a classe de Maria Aparecida fez dois mil, novecentos e quarenta e três pontos. A classe de João Carlos fez dois mil, trezentos e cinquenta e um pontos, e a classe de Francisco fez três mil e dois pontos. Quantos pontos as três classes fizeram juntas?

2. Escreva por extenso os números abaixo. Depois, escreva com algarismos o antecessor e o sucessor de cada um deles.

   894

   7 006

   6 503

   9 010

   510

3. Preencha os espaços em branco do quadro ao lado com uma destas figuras: ▲, ■ ou ●. Para isso, siga a regra.

   > Em cada linha e em cada coluna as figuras não se repetem.

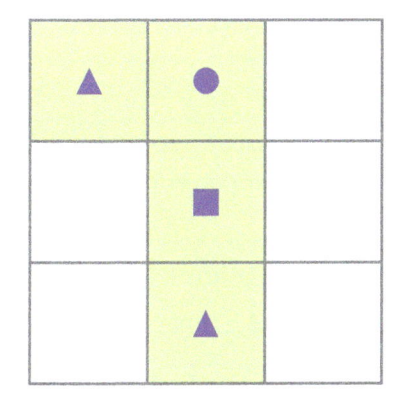

DESCOBRINDO O PADRÃO

Veja o quadro ao lado. Ele foi feito repetindo-se um padrão, em 9 quadrados.

Descubra o padrão usado no quadro. Com uma régua, reproduza esse padrão em um quadrado.

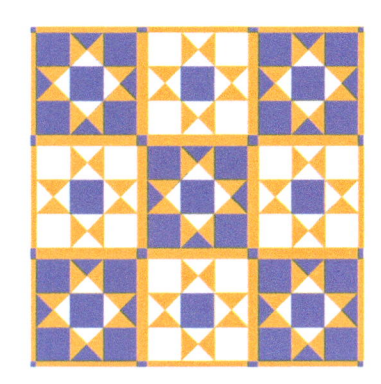

🏠 FAÇA EM CASA

Observe o padrão a seguir e responda às perguntas.

a. Quantos quadrados você vê nesse padrão? _____

b. Quantos triângulos você vê? _____

c. Há outras figuras que podemos encontrar no padrão? Quais?
_____

d. Juliana afirma que há 4 eixos de simetria nesse padrão. Você concorda com ela? Escreva um bilhete para seu professor explicando por que você concorda ou não com Juliana.

HORA DA RODA

Que tal participar de uma aventura com o gato xadrez? Passeie com ele por um jardim diferente, faça novos amigos e reconheça várias formas geométricas no livro **O gato xadrez no jardim geométrico**, de Bia Villela, da Editora Escala Educacional.

PARA QUE SERVE A MULTIPLICAÇÃO?

Seu Josias tem uma papelaria. Diariamente, ele faz uma tabela do estoque de material. Complete a tabela de seu Josias com os dados que faltam.

Estoque de caixas de cadernos

Número de caixas	Número de cadernos	Preço das caixas
1	12	R$ 50,00
2	24	R$ 100,00
3		
6		
8		
10		
20		

a. A multiplicação ajudou você a completar a tabela? Por quê?

b. Se não existisse a multiplicação, como as grandes lojas calculariam o estoque de mercadorias?

EM GRUPO

Conversem sobre a multiplicação e para que ela é usada. Se precisar, consultem as unidades anteriores. Escrevam, em uma folha em branco, uma situação em que usamos a multiplicação. Depois, os grupos devem trocar as folhas. Cada grupo vai avaliar a situação criada pelo outro grupo. Devolvam as questões ao seu grupo de origem e leiam as observações feitas pelos colegas. Vocês concordam ou não? Por quê?

CAMPANHA DA SOLIDARIEDADE

Observe o gráfico que os alunos de uma escola na cidade de São Paulo construíram para representar a arrecadação de alimentos para a Campanha da Solidariedade.

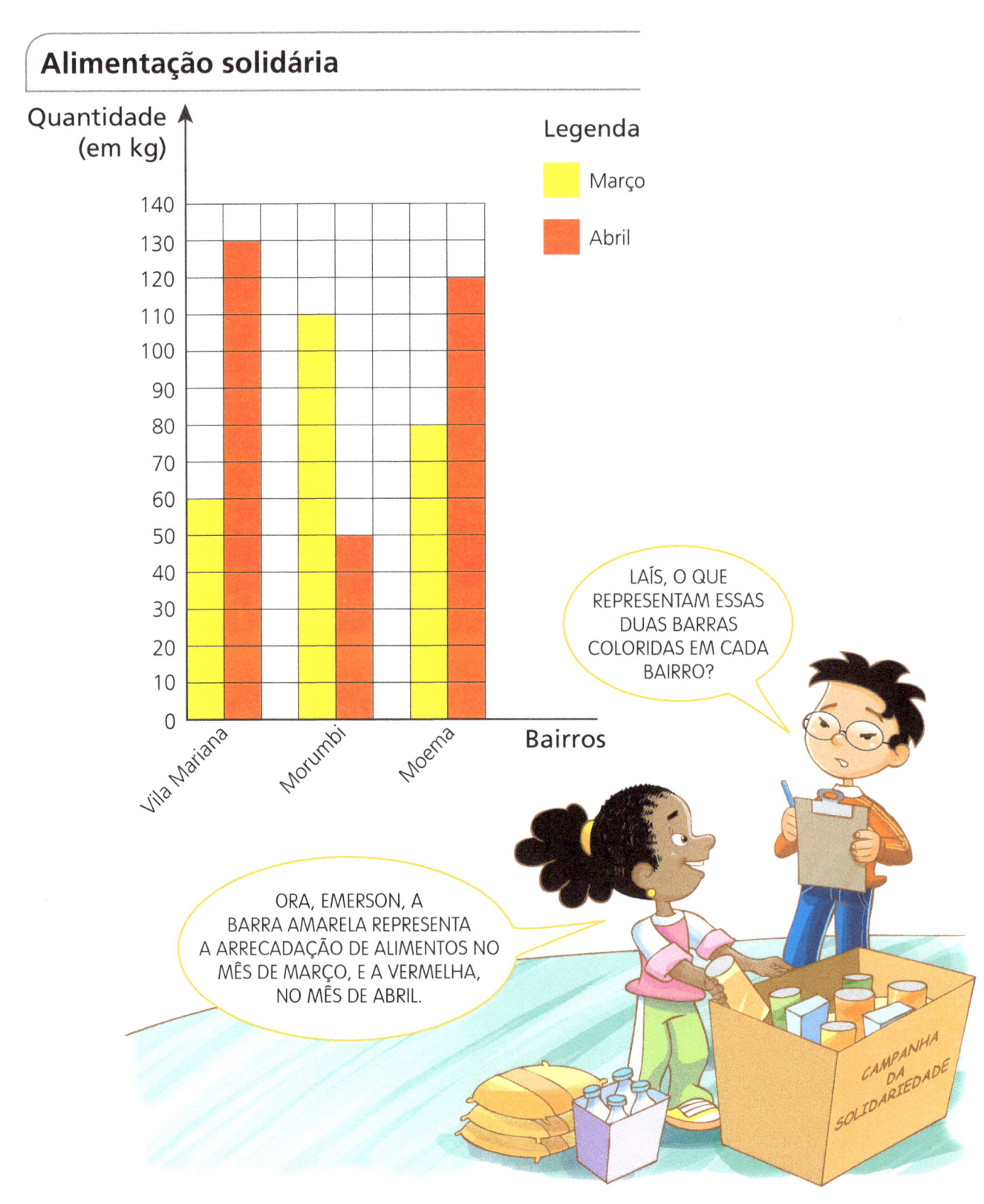

Alimentação solidária

Quantidade (em kg)

Legenda:
- Março (amarelo)
- Abril (laranja)

Vila Mariana: Março 60, Abril 130
Morumbi: Março 110, Abril 50
Moema: Março 80, Abril 120

Bairros

LAÍS, O QUE REPRESENTAM ESSAS DUAS BARRAS COLORIDAS EM CADA BAIRRO?

ORA, EMERSON, A BARRA AMARELA REPRESENTA A ARRECADAÇÃO DE ALIMENTOS NO MÊS DE MARÇO, E A VERMELHA, NO MÊS DE ABRIL.

1. Você concorda com Laís? _____

2. Observe o gráfico da página anterior e complete a tabela a seguir com a quantidade de alimentos arrecadados nos meses de março e abril em cada bairro.

Alimentação solidária			
	Vila Mariana	Morumbi	Moema
Março			
Abril			

Agora, responda às perguntas.

a. Qual foi o bairro que mais arrecadou alimentos no mês de março?
_____

b. Quantos quilogramas de alimentos foram arrecadados no mês de abril nos três bairros? _____

c. Quantos quilogramas de alimentos foram arrecadados nessa campanha? _____

d. Em que bairro houve a maior diferença de arrecadação de alimentos entre março e abril? _____

e. Quantas pessoas contribuíram com essa arrecadação?
_____

f. Elabore uma pergunta para ser respondida com base no gráfico.
_____

g. Você já participou de alguma Campanha da Solidariedade em seu bairro? _____

A legenda é usada para identificar os elementos e facilitar a leitura do gráfico.

No gráfico **Alimentação solidária**, as cores das barras distinguem as informações em cada bairro em dois meses diferentes: março e abril.

SEU PROBLEMA AGORA É...

» Resolver situações que envolvem divisão.

» Analisar o resto de uma divisão.

1. Dona Laura fez 26 bombons. Se ela organizar caixas com 6 bombons em cada uma, de quantas caixas ela precisará?

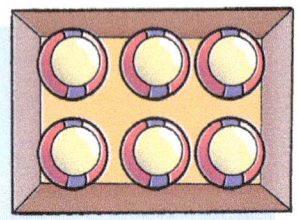

Resposta: _____

- E se ela organizar os mesmos 26 bombons em caixas com 4 bombons cada uma, de quantas caixas precisará?

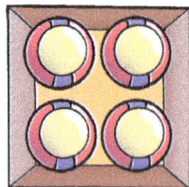

Resposta: _____

2. Uma canoa pode levar, de um lado a outro do rio, 6 pessoas mais o canoeiro. Há 26 pessoas esperando para fazer a travessia. Quantas viagens o canoeiro terá de fazer para levar todas as pessoas que estão esperando?

Resposta: _____

3. Uma empresa tem de organizar os funcionários em grupos de 4 pessoas para o horário de almoço.

a. Se a empresa tiver 35 funcionários, quantos grupos de funcionários a empresa terá no horário de almoço?

Resposta: _____

b. Como a empresa deve organizar os grupos para que cada grupo fique com o mesmo número de funcionários?

Resposta: _____

👥 FAÇA EM CASA

1. Calcule o resultado de cada multiplicação.

a. $3 \times 12 =$ _____   b. $6 \times 54 =$ _____   c. $4 \times 23 =$ _____

2. Observe os resultados das multiplicações da atividade anterior e calcule:

a. $3 \times 120 =$ _____   b. $6 \times 540 =$ _____   c. $4 \times 230 =$ _____

3. Complete as contas com os números que faltam.

a.
```
    7 2 5
 + ☐ 6 ☐
 ───────
    8 ☐ 4
```

c.
```
    4 4 2 ☐
 - ☐ ☐ 1 7
 ─────────
        1 1 2
```

b.
```
    5 4 0 ☐
 +   ☐ 4 2
 ─────────
    ☐ 9 ☐ 9
```

d.
```
    ☐ 7 3
 -  3 ☐ ☐
 ───────
    5 2 6
```

PARADA PARA CALCULAR

1. Veja como as crianças efetuam a multiplicação 40 × 30.

   Alexandre:
   40 × 30
   40 × 3 × 10
   120 × 10
   1 200

   Ellen:
   40 × 30
   4 × 10 × 3 × 10
   12 × 100
   1 200

   Mateus:
   40 × 30 = 12 × 100
   40 × 30 = 1 200

   a. Escolha uma dessas formas e calcule.
   - 30 × 50 = _____
   - 40 × 40 = _____
   - 70 × 20 = _____

   b. Agora, escolha outra forma e calcule.
   - 60 × 50 = _____
   - 80 × 50 = _____
   - 70 × 30 = _____

2. Qual é o produto?

   a. 4 × 80 = _____
   b. 5 × 60 = _____
   c. 20 × 90 = _____
   d. _____ = 6 × 20
   e. _____ = 30 × 50
   f. _____ = 4 × 50

3. Para fazer de cabeça!
   a. Fernando fica na escola das 8 h às 12 h. Quantas horas por dia ele fica na escola? _____
   b. Carla entra na escola às 7 h e sai 5 horas depois. A que horas ela sai da escola? _____
   c. André saiu às 7 h para um passeio com sua classe e voltou às 17 h. Quanto tempo durou o passeio? _____

UM DIA DA ROTINA DE DANIEL

Escreva a hora indicada em cada momento do dia de Daniel.

Daniel acorda cedo.

Vai para a escola.

É hora do recreio!

Seu Leo, pai de Daniel, já está esperando o filho na porta da escola.

Que delícia! É hora do almoço.

Agora o Daniel vai fazer a tarefa de casa.

Tarefa pronta, Daniel vai brincar com os amigos.

É hora do jantar.

O dia terminou... É hora de dormir.

UNIDADE 9

Nesta unidade, você vai:
- Recordar o que aprendeu e avançar um pouco mais.
- Conhecer um artista que movimenta as figuras para fazer belíssimos desenhos.
- Aprender a preencher cheques.
- Resolver muitos problemas.
- Calcular mentalmente.

PARA COMEÇO de CONVERSA

Veja como fazer árvores de *kirigami*, uma arte de origem japonesa.

1. Escolha um papel colorido e recorte uma tira de 20 cm por 10 cm. Dobre a tira ao meio e novamente ao meio. Você obterá um retângulo de 5 cm por 10 cm.

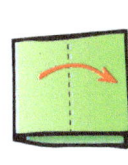

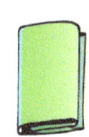

2. Nesse retângulo, desenhe a árvore que você quiser. Mas tem um segredo: o contorno da árvore deve encostar nas beiradas do papel. Observe.

3. Hora de recortar! Tome o cuidado de não recortar as partes da figura encostadas nas laterais.

4. Pronto! Agora, é só abrir, e lá estão quatro árvores de cada!

COMPARAR, ADICIONAR E SUBTRAIR

Vamos descobrir em que ano a personagem Mônica foi criada.

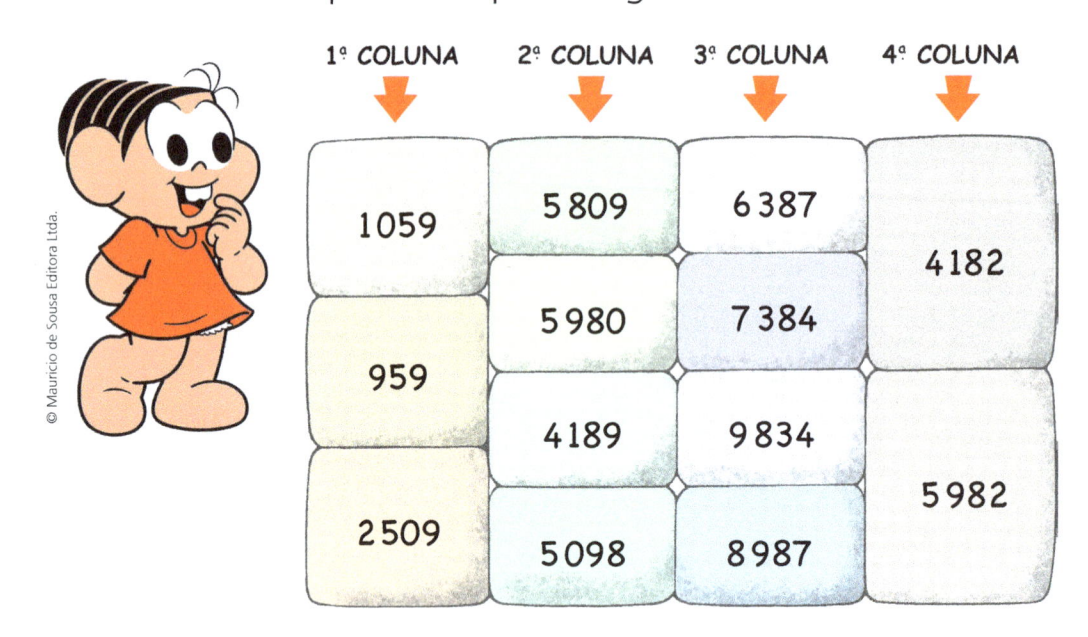

1ª COLUNA | **2ª COLUNA** | **3ª COLUNA** | **4ª COLUNA**

1ª COLUNA	2ª COLUNA	3ª COLUNA	4ª COLUNA
1059	5809	6387	4182
959	5980	7384	
	4189	9834	5982
2509	5098	8987	

Siga as pistas e anote os números das colunas.

1ª coluna → menor número

2ª coluna → número com 5 milhares e algarismo 0 na dezena

3ª coluna → está entre 7 400 e 9 000

4ª coluna → tem 2 centenas a mais que 3 982

Agora, faça os cálculos a seguir.

a. A soma do número escolhido da 2ª coluna mais o escolhido da 4ª coluna:

b. A diferença entre os números escolhidos da 3ª e da 1ª colunas:

c. A diferença entre os dois números encontrados nos itens **a** e **b**. O resultado é o ano em que a personagem Mônica foi criada por Mauricio de Sousa:

d. Quantos anos essa personagem tem?

AS MEDIDAS

Novembro é o décimo primeiro mês do ano. Seu nome vem do latim *Novembris*, que era o nono mês do calendário romano.

A classe de Pedro fez uma pesquisa e encontrou alguns dias especiais no mês de novembro. Veja:

NOVEMBRO

SEGUNDA-FEIRA	TERÇA-FEIRA	QUARTA-FEIRA	QUINTA-FEIRA	SEXTA-FEIRA	SÁBADO	DOMINGO
					01	02 Finados
03 DIA DO CABELEIREIRO	04 DIA DO INVENTOR	05 DIA NACIONAL DO *DESIGNER*	06	07 DIA DO RADIALISTA	08	09
10	11	12 DIA DO DIRETOR DE ESCOLA	13	14	15 Proclamação da República	16
17 DIA DA CRIATIVIDADE	18	19	20 Consciência Negra / DIA DO ESTETICISTA	21	22 DIA DO MÚSICO	23
24	25	26	27	28	29	30

1. Agora, use o modelo de calendário que você vai receber de sua professora.

  a. Consulte o calendário de outubro e construa o calendário do mês de novembro.

  b. Qual é o primeiro dia da semana do mês de novembro?

  _____

  c. E qual é o último dia do mês de novembro? _____

  d. No calendário que você construiu, pinte de vermelho todos os domingos do mês.

  e. Agora, pinte de verde os feriados de novembro.

DUZENTOS E QUARENTA E SETE **247**

2. Observe a tabela com a distância entre algumas cidades.

Distância* entre cidades (em km)				
	Curitiba	Florianópolis	São Luís	Vitória
Curitiba	0	300	3 230	1 300
Florianópolis	300	0	3 537	1 597
São Luís	3 230	3 537	0	2 607
Vitória	1 300	1 597	2 607	0

*A distância entre duas cidades é medida de centro a centro, e os caminhos são os mais curtos, dando preferência às rodovias asfaltadas.

Fonte de pesquisa: <www1.dnit.gov.br/rodovias/distancias/distancias.asp>. Acesso em: 5 mar. 2016.

a. Qual é a distância entre Curitiba e Vitória? _____

b. Quais são as cidades mais distantes entre si? _____

c. Quais são as cidades mais próximas entre si? _____

d. O que você observou nessa tabela de dupla entrada? _____

3. Qual é a massa das laranjas?

1 kg = 1 000 g

4. Qual é a capacidade em mililitros?

a. 9 L = _____ mL

b. 2 L e 50 mL = _____ mL

c. 3 L = _____ mL

d. 3 L e 45 mL = _____ mL

> **HORA DA RODA**
>
> Uma história de um monstro que adorava ganhar apostas. Mas um dia tudo muda com a chegada de um menino na aldeia. O monstro fica preocupado. Para descobrir por que, leia **Apostando com o Monstro**, de Kyoung Hwa Kim, ilustrações de Yoon Chul Jung, Editora Callis.

SEU PROBLEMA AGORA É...

» Escolher a melhor pergunta para criar um problema.

1. No estoque da loja de Vanessa tem 45 camisas e 28 calças. Veja os tamanhos das peças:
   - 36 peças de roupa são do tamanho P.
   - As demais são dos tamanhos M e G.

   Quais das perguntas abaixo podem ser respondidas com as informações do texto acima? _____

   a. Quantas peças de roupa há no estoque? _____
   b. Quantas peças são do tamanho P? _____
   c. Quantas peças de roupa não são do tamanho P? _____
   d. Quantas peças de roupa são vermelhas? _____

2. Observe as cenas.

   Quais das perguntas abaixo podem ser respondidas a partir dessas cenas? _____

   a. Quem é mais pesado? _____
   b. Quantos gatos pesam o mesmo que a menina? _____
   c. Quanto pesa o rato? _____

NO COMPUTADOR

Com a ajuda de seu professor, acesse o *site*: <http://ftd.li/wn5n8e>.

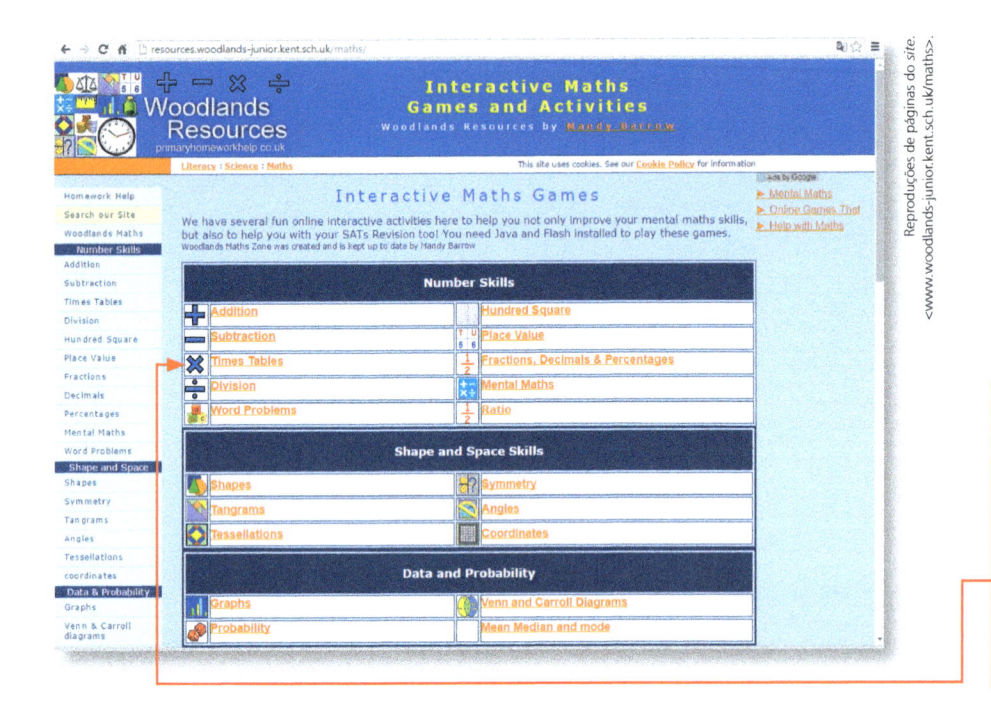

Na primeira página, clique em *Times Tables* (Tabuadas de Multiplicação).

Na próxima tela, acesse *Times Tables Games* (Jogos de Tabuadas).

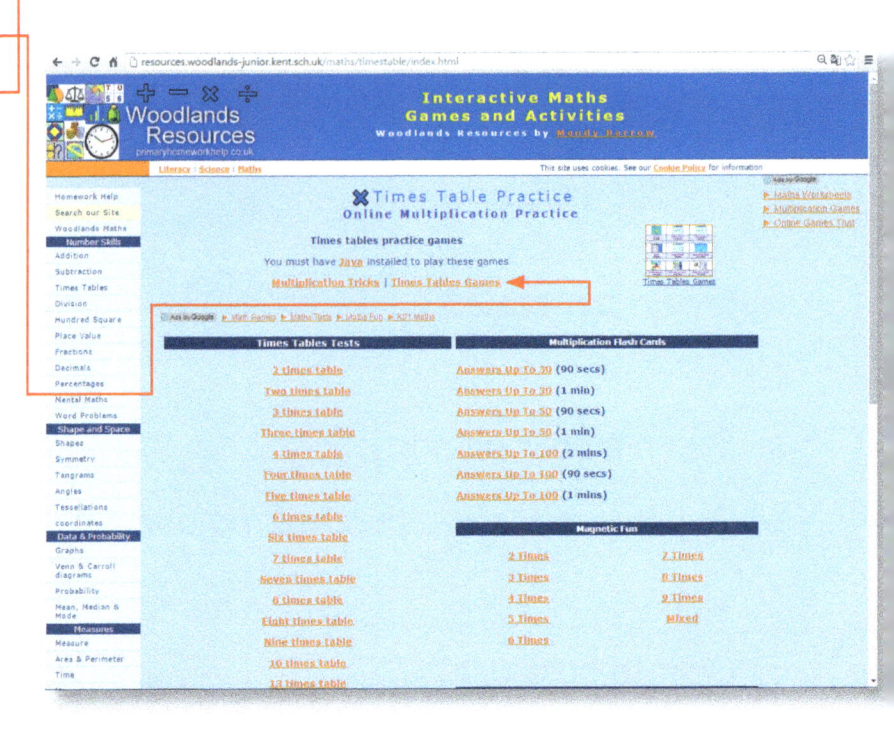

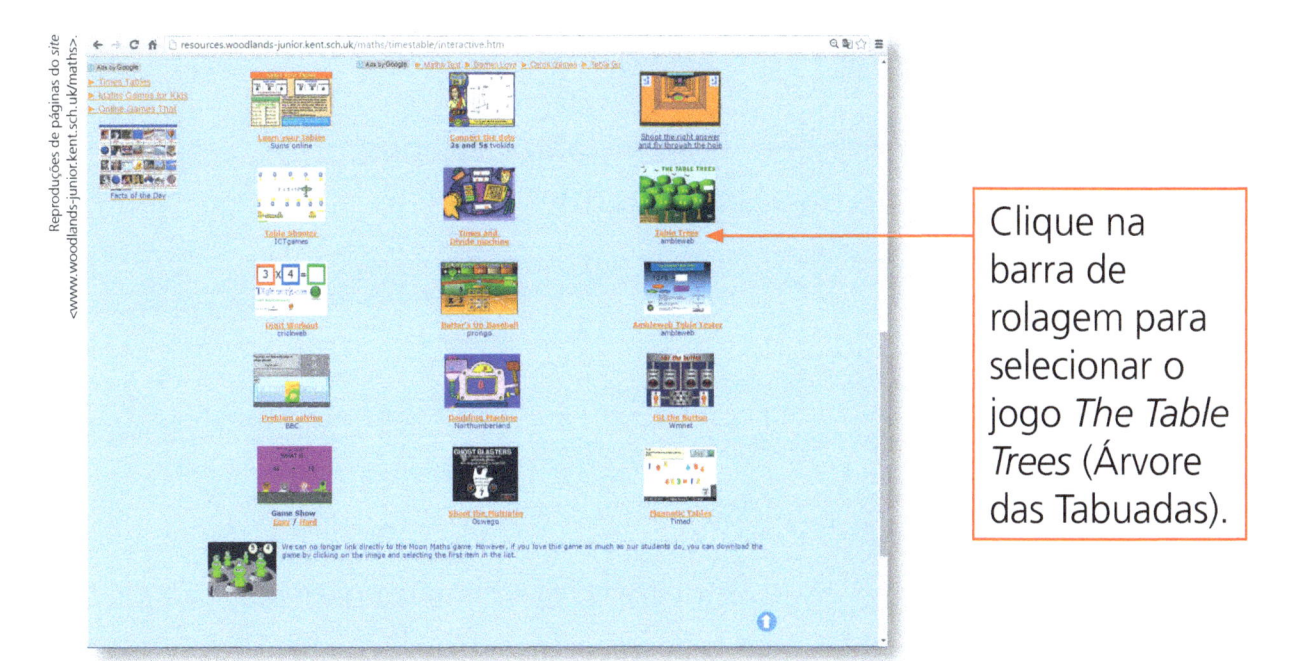

Clique na barra de rolagem para selecionar o jogo *The Table Trees* (Árvore das Tabuadas).

Clique em uma das árvores. Na próxima tela, aparecem janelas em branco que você deve preencher com os números que completam o resultado indicado da tabuada que você escolheu. Depois de cada preenchimento, clique em CHECK para verificar se acertou e receber outros valores para preencher.

CRIANDO PADRÕES

Há diferentes formas de montar padrões geométricos. A seguir, vamos conhecer mais uma dessas formas.

O que é preciso?

- papel quadriculado
- régua
- tesoura
- 1 folha de papel branco
- 1 pedaço de papel resistente, como cartolina ou papelão

Modo de fazer

1. Usando o papel quadriculado, faça um quadrado com quatro quadradinhos de lado.

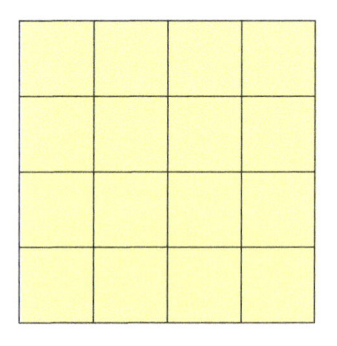

2. Com uma régua, faça o traçado mostrado ao lado.

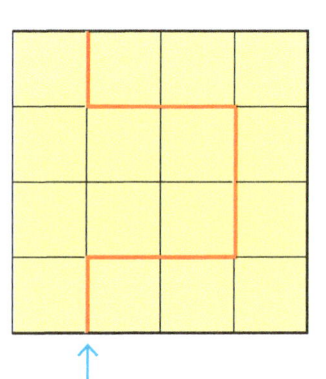

3. Recorte no local indicado. Você obterá as duas figuras a seguir.

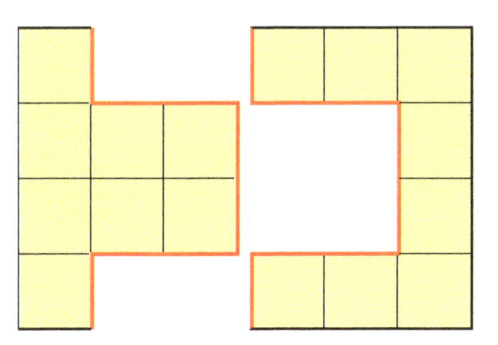

Essas figuras são os moldes para a construção do padrão. Agora, vamos fazer uma faixa ou uma barra.

252 DUZENTOS E CINQUENTA E DOIS

4. Cole cada um dos moldes em uma folha resistente. Depois, recorte-os.

5. Com a régua, trace uma linha reta para marcar o início do padrão. Quanto maior a linha, maior será a barra.

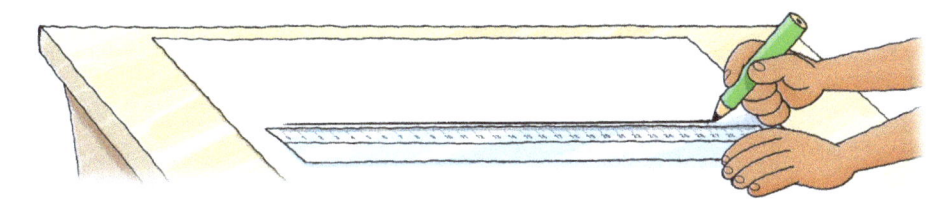

6. Coloque um dos padrões na linha, na posição que você quiser. Contorne como mostrado na figura a seguir.

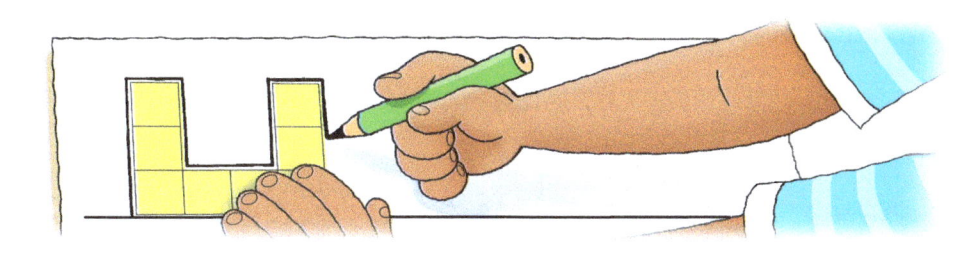

7. A barra será feita deslizando o padrão sobre a linha reta. Ao deslizar o padrão, contorne-o. Repita esse movimento até o final da linha. O modo como o padrão é deslocado é chamado de **translação**.

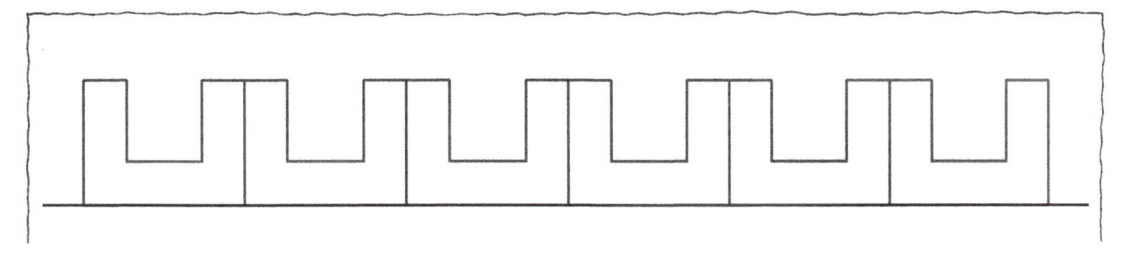

8. Use uma ou duas cores para pintar o padrão da maneira que achar melhor.

FAÇA EM CASA

Com a outra parte da figura recortada, faça outra barra. Não se esqueça de pintá-la com as cores que preferir.

JOGO

Lance da divisão

Neste jogo, é importante saber as multiplicações e as divisões. Portanto, é bom estudar antes de jogar.

Você fará estimativas para escolher a melhor divisão a ser feita.

» **O que é preciso?**

- Fichas numeradas e o tabuleiro das páginas 43 e 45 do **Faça você mesmo**.
- Vários marcadores (botões ou tampinhas, bolinhas de papel etc.).

» **Quais são as regras?**

1. Convide um colega para jogar. Decidam quem começa o jogo e alternem-se nas jogadas.

2. No centro da mesa, embaralhem as fichas com os números virados para baixo.

3. Na sua vez, retire uma ficha da mesa e mostre o número ao adversário. Decida se você quer dividir esse número por 2, 5 ou 10.

   De acordo com o resultado previsto, marque as respectivas casas em seu tabuleiro. Para isso, consulte o quadro de pontos.

   Quadro de pontos

Resultado	Menor que 10	De 10 a 20	De 21 a 40	De 41 a 60	Maior que 60
Marcar no tabuleiro	1 casa	5 casas	10 casas	5 casas	1 casa

4. Em seguida, efetue a divisão. Se errar a conta, você perde 1 ponto, retirando uma marcação de seu tabuleiro. Se acertar, mantém todas as marcações.

5. Em cada partida, cada um deve fazer ao menos uma divisão por 2, uma por 5 e uma por 10; elas podem ser feitas em qualquer ordem.

6. Ganha quem primeiro preencher seu tabuleiro.

FAÇA EM CASA

1. Complete as multiplicações.

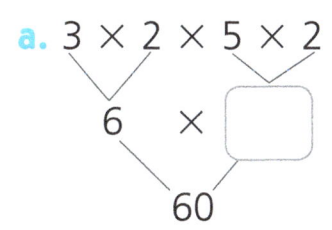

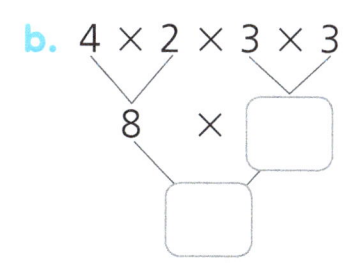

   a. 3 × 2 × 5 × 2

   6 × ☐

   60

   b. 4 × 2 × 3 × 3

   8 × ☐

   ☐

2. Calcule.

   | A = 3 × 124 | B = 960 − 345 | C = 792 : 3 |

   ```
       124          960          792 | 3
   ×     3        − 345
   ———          ———
   ```

   Agora, escreva os resultados encontrados da seguinte forma:

   A = _____ × 100 + _____ × 10 + _____

   B = 800 − _____

   C = 170 + _____

3. Veja os pontos marcados por Fabrício e por Pedro no Jogo de Pedras ao Alvo. Fabrício jogou as pedras vermelhas, e Pedro, as azuis. Quem venceu o jogo?

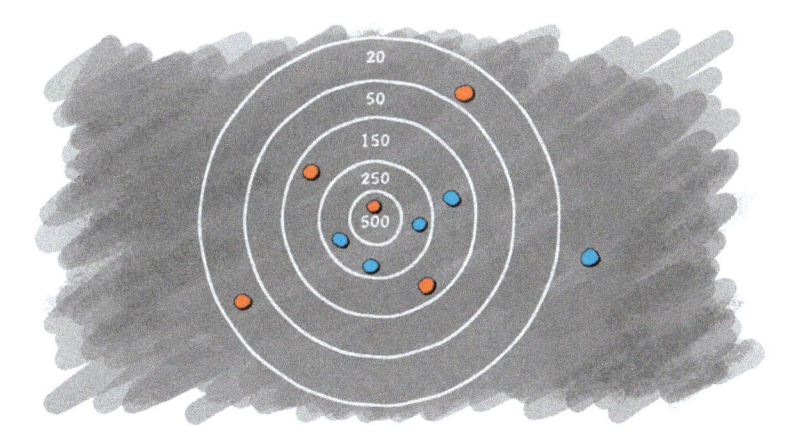

   Resposta: _____

TRABALHANDO COM DINHEIRO

Veja os cheques que o senhor Josias recebeu como forma de pagamento em sua papelaria.

Cheque 1: R$ 168,30 — Cento e sessenta e oito reais e trinta centavos — Papelaria Papel Bom — Umuarama, 3 de novembro de 2016 — Andrea Leite

Cheque 2: R$ 203,50 — Duzentos e três reais e cinquenta centavos — Papelaria Papel Bom — Umuarama, 3 de novembro de 2016 — Andrea Leite

Cheque 3: R$ 192,15 — Cento e noventa e dois reais e quinze centavos — Papelaria Papel Bom — Umuarama, 3 de novembro de 2016 — Andrea Leite

O senhor Josias foi ao banco descontar os cheques e solicitou ao caixa notas de 50, 10, 5 reais e algumas moedas. Quais são as notas e moedas que o senhor Josias recebeu do caixa?

FAÇA EM CASA

Resolva em seu caderno.

1. Vamos trocar outro cheque recebido pelo senhor Josias? Use apenas notas de 20 e de 5 reais e moedas de 50 e de 25 centavos. Faça duas trocas diferentes.

```
Banco  | Cheque  | Agência | Conta-corrente      R$ 87,75
00033  | LE-026  | 0025    | 23456-7
Pague por este cheque a quantia de  Oitenta e sete reais e setenta e cinco centavos
a Papelaria Papel Bom                                          ou à sua ordem.
BANCO JAÚ           Umuarama, 5 de novembro de 20 16
Rua da Amizade, 22
Alecrim                Andrea Leite
                    ANDREA LEITE                       CLIENTE DESDE 2004
```

2. Noêmia gastou R$ 708,19 na papelaria do senhor Josias. Desenhe em seu caderno o cheque que ela entregou a ele.

3. Um prédio tem 16 andares e 7 janelas em cada andar. Quantas janelas há no prédio?

4. Kátia tem 2 notas de 50 reais, 5 notas de 10 reais, 1 nota de 5 reais e 2 moedas de 1 real. Ela quer comprar uma camisa que custa 59 reais e um tênis de 79 reais. Será que ela consegue fazer essa compra com o dinheiro que tem? Vai faltar ou sobrar dinheiro? Quanto?

JOGO

Lance da divisão

Convide um colega para jogar novamente o **Lance da divisão**. Depois, escrevam o que aprenderam sobre a divisão com esse jogo.

PELOS CAMINHOS DA ARTE

Maurits Cornelis Escher nasceu em 17 de junho de 1898, na Holanda. O trabalho de Escher está intimamente ligado à Matemática, embora tenha estudado Engenharia e Artes Gráficas. Dedicou-se a produzir obras com figuras geométricas. Ele pegava simples desenhos e repetia-os em série no plano, aplicando múltiplas deslocações e deformações geométricas: ele usava a **translação**.

VEJA DUAS DAS OBRAS DE ESCHER EM QUE ELE UTILIZA A TRANSLAÇÃO.

Céu e água I, de M. C. Escher, 1938.

Horseman (estudo), de M. C. Escher, 1946.

Vamos aprender um dos segredos de Escher (trabalhar com a translação) para conseguir padrões diferentes.

O que é preciso?

- 1 quadrado de cartolina ou papelão com cerca de 5 cm de lado
- tesoura
- fita adesiva
- lápis colorido
- 1 folha de papel branco

Modo de fazer

1. O desenho deve iniciar em um dos vértices do quadrado e terminar em outro. No quadrado, faça um desenho qualquer. Veja exemplo abaixo.

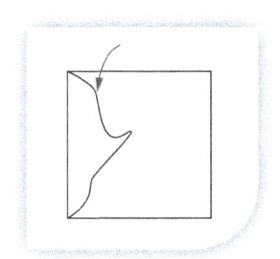

2. Recorte a linha que você desenhou.

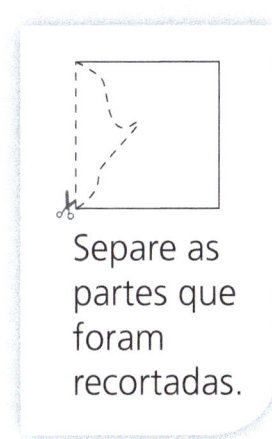

   Separe as partes que foram recortadas.

3. Use fita adesiva e cole a parte recortada em um dos lados do quadrado. O molde está pronto. Agora, é só deslizá-lo por uma linha reta e construir um padrão geométrico.

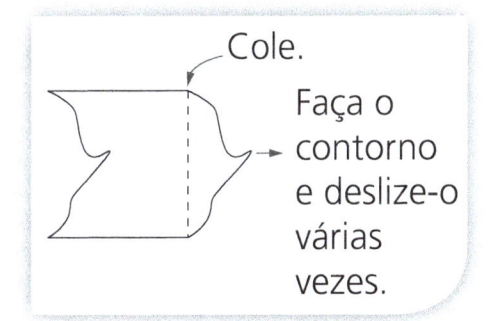

   Cole.
   Faça o contorno e deslize-o várias vezes.

Veja como ficou este padrão:

Agora, crie um molde e faça um padrão bem bonito.

JOGO

Quais são as minhas chances?

1. Para este jogo, você vai precisar das cartas da página 47 do **Faça você mesmo**. Destaque-as.

   > VOCÊ SABE O QUE É CHANCE?

   > QUAL É A CHANCE DE TIRAR A CARTA DE NÚMERO 2 DE UM MONTE COM 10 CARTAS NUMERADAS DE 1 A 10?

2. Embaralhe as cartas, retire uma do monte e anote o número dela em uma tabela no caderno. Retorne a carta ao monte e embaralhe todas novamente. Repita o processo 30 vezes.

3. Compare sua tabela com a de um colega. Quem tirou mais vezes a carta de número 2? _____

4. Qual foi a carta que você menos tirou? _____

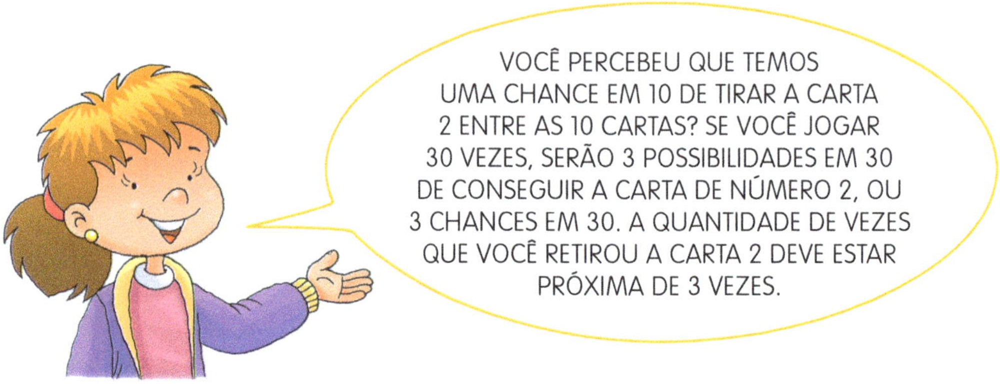

   > VOCÊ PERCEBEU QUE TEMOS UMA CHANCE EM 10 DE TIRAR A CARTA 2 ENTRE AS 10 CARTAS? SE VOCÊ JOGAR 30 VEZES, SERÃO 3 POSSIBILIDADES EM 30 DE CONSEGUIR A CARTA DE NÚMERO 2, OU 3 CHANCES EM 30. A QUANTIDADE DE VEZES QUE VOCÊ RETIROU A CARTA 2 DEVE ESTAR PRÓXIMA DE 3 VEZES.

5. Qual é a chance de retirar a carta de número 3 entre essas 10 cartas?

6. Qual é a chance de retirar a carta de número 7 entre essas 10 cartas?

7. Você tem mais chance de tirar a carta 7 ou uma carta com número par?

8. A chance de tirar a carta 8 é maior ou menor do que a de tirar uma carta ímpar?

FAÇA EM CASA

1. Resolva as contas a seguir.

a.
```
     6 ☐
  ×    2
  ───────
  1 ☐  0
```

b.
```
     1 ☐  8
  ×     ☐
  ─────────
     2    4
  1  2    0
+   ☐  0  0
  ─────────
  4  ☐    4
```

c.
```
     2 ☐  3
  ×       4
  ─────────
  ☐  5  ☐
```

2. Complete a tabela a seguir com as informações que faltam.

Venda de ingressos no Teatro Municipal				
	Quinta-feira	Sexta-feira	Sábado	Domingo
Adultos		295	815	628
Crianças	379		529	
Total	985	999		946

Elaborada com dados fictícios criados pelos autores.

a. Em que dia o espetáculo teve menos espectadores? _____

b. Em que dia o espetáculo teve mais espectadores? _____

3. As bolas para o jogo de tênis estão sendo vendidas em embalagens com 3 bolas cada uma. Quantas embalagens são necessárias para guardar 138 bolinhas?

Resposta: _____

4. Meu pai tem 7 anos a mais que minha mãe. Minha mãe tem 24 anos a mais que eu. Se minha mãe tem 38 anos, qual é minha idade? E a de meu pai?

Resposta: _____

5. Qual é a figura que não deveria estar em cada sequência? Marque-a com **X**.

6. Um ônibus transporta 36 pessoas acomodadas para uma longa viagem. Quantas pessoas podem viajar em 6 desses ônibus?

Resposta: _____

JOGO

Lance da divisão

Convide um colega, e joguem novamente. Depois, façam o que se pede a seguir.

1. Escrevam 3 divisões que permitam marcar 10 pontos nesse jogo.

2. Escrevam 3 divisões que permitam marcar 10 pontos dividindo o número sorteado por 2.

3. Se você tirar a carta 144, qual será a melhor escolha: dividir por 2, por 5 ou por 10? _____

4. Quantos pontos marca quem tira a carta do número 15?

SEU PROBLEMA AGORA É...

» Resolver um problema com muitas informações.
» Descobrir o que significa a palavra **aproximadamente**.

Leia o problema a seguir com atenção. Depois, responda às perguntas.

1. Minha irmã tem um consultório de fisioterapia em São Paulo. De segunda a sábado, ela sai de casa às 7 horas da manhã para trabalhar, sempre usando roupa branca. Aos domingos, ela descansa. Minha irmã atende aproximadamente 10 pacientes por dia em seu consultório. Quantos pacientes ela atende por mês?

a. Procure no dicionário o que significa a palavra **aproximadamente** e anote o que você entendeu.

_____

b. Quais as informações desnecessárias para a resolução do problema?

_____

c. Agora, resolva o problema.

Resposta: _____

2. Observe uma nota fiscal de venda emitida por uma papelaria. Quantos produtos foram comprados?

PAPELARIA ARCO-ÍRIS
TUDO PARA SEU ESCRITÓRIO
NOTA FISCAL
Nº 254
SÉRIE ÚNICA
Av. Tomé Portes, 584 - Centro
Rio de Janeiro - RJ - CEP 21432-040
CNPJ - 20.318.150/0401-09 - Inscr. Est. 965.639

Quantidade	Produto	Preço unitário	Valor
4	Caderno de 100 folhas	7,70	R$ 30,80
2	Caneta esferográfica	1,25	R$ 2,50
1	Borracha	1,25	R$ 1,25
3	Apontador	2,25	R$ 6,75
2	Lapiseira	3,90	R$ 7,80
1	Lápis de cor (12 cores)	6,95	R$ 6,95
	VALOR TOTAL DO PEDIDO		R$ 56,05

a. Quais são as informações desnecessárias para a resolução do problema? _____

b. Resolva o problema.

Resposta: _____

c. Crie um problema usando as informações da nota fiscal acima e resolva-o.

PARADA PARA AVALIAÇÃO

Leia no quadro as principais ideias e os temas que você estudou nas Unidades 7, 8 e 9.

> TERMINAMOS O LIVRO DE MATEMÁTICA DO 3º ANO. EU APRENDI MUITO DURANTE ESTE ANO DE ESTUDO. E VOCÊ?

- Comparamos as pirâmides e as figuras que estudamos nas faces de alguns sólidos.
- O cálculo da multiplicação em uma conta armada foi uma de nossas aprendizagens.
- Aprendemos a dividir números grandes.
- Relembramos o que aprendemos sobre medidas de comprimento, massa e capacidade.
- Como sempre, resolvemos e criamos problemas dos mais diferentes tipos.
- Organizamos informações em tabelas e conhecemos os gráficos em barras duplas com suas legendas.
- Conhecemos a translação como forma de produzir lindos desenhos a partir de um padrão.
- Desenvolvemos o cálculo mental e aprendemos a estimar o resultado de divisões.

Escreva em seu caderno um pequeno texto para você mesmo.

Nele, descreva como foi este ano de estudo, o que você aprendeu de Matemática e como foi realizar os jogos com seus colegas de classe. Entre seus trabalhos feitos com as formas geométricas, escolha aquele que você considera o melhor.

Por fim, escreva o que você espera do próximo ano de estudo.

Guarde esse texto para ler no começo do ano que vem. Temos certeza de que você vai se surpreender com tudo o que você leva para o próximo ano. Vamos lá!

MAIS PROBLEMAS

1. Jogando gude, Pedro e Guilherme combinaram que as bolas azuis valiam 5 pontos, e as verdes, 6 pontos.

   Eles terminaram o jogo ganhando as seguintes bolinhas:

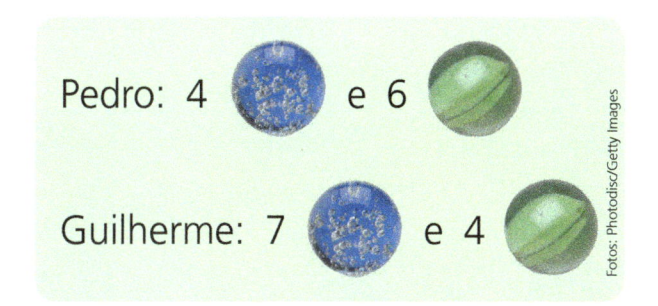

   Pedro: 4 e 6

   Guilherme: 7 e 4

   a. Quantos pontos eles fizeram? _____

   b. Quem ganhou o jogo? _____

2. Cinco amigas foram para um acampamento e dormiram no mesmo quarto. Os lençóis das camas de Gabriela e Nicole eram azuis. Ellen tinha um lençol diferente de todas as outras meninas. Neide dormiu entre Ellen e Nicole. Em qual cama dormiu Mariana? _____

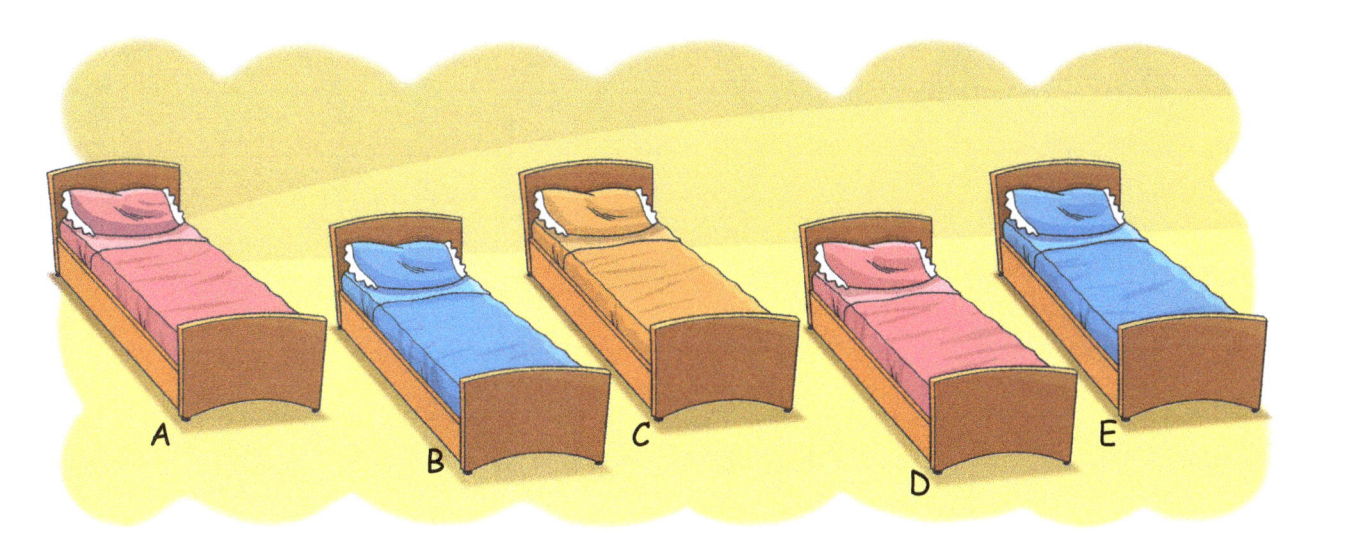

   _____

   A   B   C   D   E

   Gabriela   Nicole   Ellen   Neide   Mariana

3. Antônio precisa transportar estas caixas em sua caminhonete. A capacidade da caminhonete é de 750 kg. Como Antônio pode levar as caixas e não fazer mais do que duas viagens?

(Caixas: 260 kg, 230 kg, 320 kg, 170 kg, 440 kg)

1ª viagem: _____

2ª viagem: _____

4. Os relógios estão 20 minutos adiantados. Escreva o horário correto de cada relógio.

a. (relógio marcando 3h45)

b. (relógio marcando 6h15)

c. (relógio marcando 5h10)

d. (relógio marcando 7h00)

e. (relógio marcando 2h50)

5. Francisco está no degrau do meio de uma escada. Sobe 5 degraus, desce 7, volta a subir 4 e depois mais 9 para chegar ao último degrau.
Quantos degraus tem essa escada?

_____

6. Quais são os três algarismos representados por x, y e z nesta soma?

```
    x   x   x   x
    y   y   y   y
+   z   z   z   z
─────────────────
    y   x   x   x   z
```

7. Pedro jogou setas no alvo. Atirou 6 setas, e todas atingiram o alvo. Qual (ou quais) das pontuações seguintes ele conseguiu marcar: 4, 17, 56, 28 ou 31?

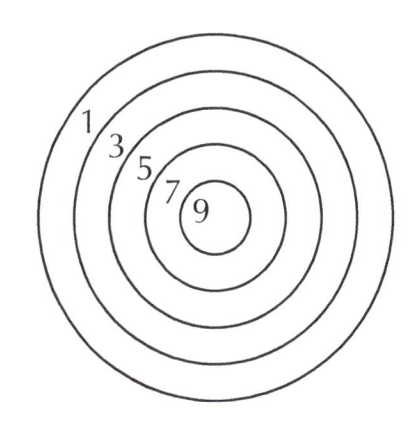

8. Complete o texto do problema a seguir, escrevendo nos espaços as palavras que estão no quadro abaixo. Depois, resolva-o.

| livros | Paulo | contar | 56 | prateleiras |

Paulo gosta muito de ler. Ele resolveu _____ todos os seus livros. Ele encontrou _____ livros em uma estante, que tem 4 _____, e 4 caixas com 12 _____ em cada uma. Quantos livros _____ tem?

9. O texto do problema está todo embaralhado. Reescreva o texto na ordem correta e, depois, resolva-o.

> 208 pães salgados.
> Este mês ela vendeu 132 pães doces e vendidos a mais do que os pães doces?
> Teresa faz pães para vender.
> Quantos pães salgados foram

10. Qual dos paralelepípedos pode ser montado com o molde abaixo:

A, **B** ou **C**? _____

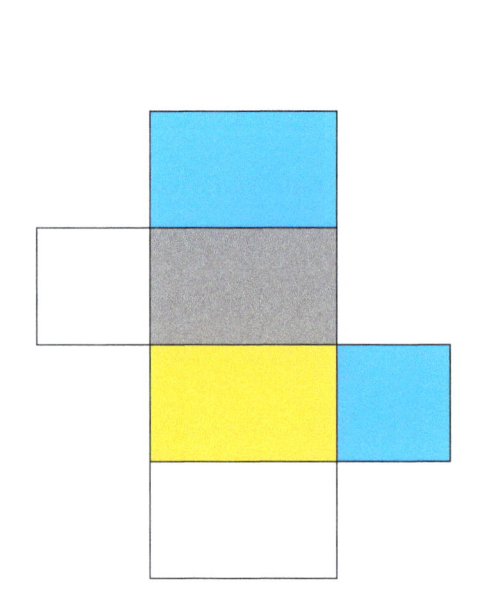

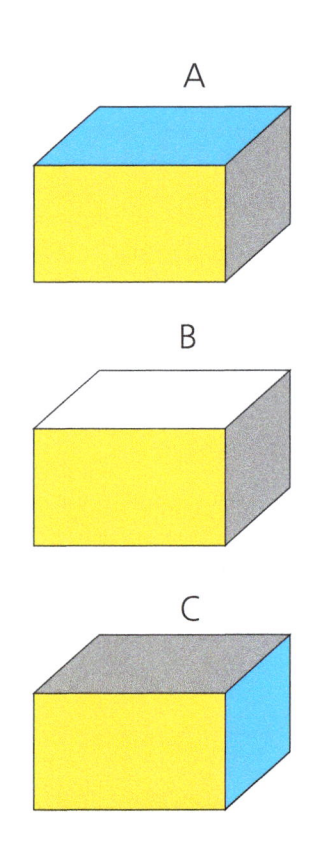

11. Encontre diversas soluções para o problema a seguir.

> André comprou bolinhas de gude de diferentes tamanhos. Ele gastou 20 reais ao todo. Quantas bolinhas de cada tamanho ele comprou?

5 BOLINHAS R$ 2,00
3 BOLINHAS R$ 2,00

_____
_____
_____

12. Compare as alturas dos prédios e depois responda às perguntas abaixo.
- O prédio do Banco da Cidade tem 8 andares a mais que o prédio Santa Helena.
- O prédio Central tem 13 andares a mais que o prédio do Banco da Cidade.
- O prédio de Convenções é 10 andares mais baixo que o Santa Helena, que tem 22 andares.

a. Quantos andares tem o prédio Central? _____

b. Quantos andares o prédio Central tem a mais que o prédio de Convenções? _____

c. Quantos andares o prédio de Convenções tem a menos que o do Banco da Cidade? _____

13. Que mês sou eu? _____

> Não tenho "r" no nome.
> Meu nome começa com a letra "j".
> Mês da Copa do Mundo de Futebol, a cada 4 anos.
> Estou no 1º semestre.

LEIA MAIS

BELLINGHAUSEN, I. B. **Os animais do mundinho**. São Paulo: DCL/Difusão Cultural do Livro, 2007.

VICENTE, A. **Pra que serve o zero?**. São Paulo: Mercuryo Jovem, 2007.

YEONG-SO, Y.; SO-HYEON, P. **A princesa está chegando**. São Paulo: Callis, 2008.

NÃO SE ESQUEÇA! NA SEÇÃO **HORA DA RODA**, AO FIM DE ALGUMAS ATIVIDADES DESTE LIVRO, VOCÊ ENCONTRA MAIS SUGESTÕES DE LIVROS PARA LER E SE DIVERTIR.

REFERÊNCIAS

BACICH, L.; TANZI NETO, A.; TREVISANI, F. de M. **Ensino híbrido**: personalização e tecnologia na educação. Porto Alegre: Penso, 2015.

BRASIL. Ministério da Educação e do Desporto. Secretaria de Educação Fundamental. **Parâmetros Curriculares Nacionais**: Matemática. Brasília, 1997.

BRASIL. Ministério da Educação e do Desporto. Secretaria de Educação Fundamental. **Referencial Curricular Nacional para as escolas indígenas**. 1998.

BROITMAN, C. **As operações matemáticas no ensino fundamental**. São Paulo: Ática Educadores, 2011.

CURI, E.; VECE, J. P. (Org.). **Relações espaciais**: práticas educativas de professores que ensinam matemática. São Paulo: Terracota, 2013.

FAINGUELERNT, E. K.; NUNES, K. R. A. **Fazendo arte com a matemática**. 2. ed. Porto Alegre: Penso, 2015.

GUIMARÃES, G.; BORBA, R. **Reflexões sobre o ensino de matemática nos anos iniciais de escolarização**. Recife: SBEM, 2009.

KAMII, C.; JOSEPH, L. L. **Crianças pequenas continuam reinventando a Aritmética**: implicações da teoria de Piaget. 2. ed. Porto Alegre: Artmed, 2004.

LINDQUIST, M. M.; SHULTE, A. P. (Org.). **Aprendendo e ensinando Geometria**. São Paulo: Atual, 1994.

LOPES, M. L. M. L. (Coord.). **Tratamento da informação**: explorando dados estatísticos e noções de probabilidade a partir das séries iniciais. Rio de Janeiro: Projeto Fundão/UFRJ, 1997.

PARRA, C.; SAIZ, I. (Org.). **Didática da Matemática**: reflexões psicopedagógicas. Porto Alegre: Artmed, 2001.

PIRES, C. M. C.; CURI, E.; CAMPOS, T. M. M. **Espaço & forma**: a construção de noções geométricas pelas crianças das quatro séries iniciais do Ensino Fundamental. São Paulo: Proem, 2000.

RHODE, G. M. **Simetria**. São Paulo: Hemus, 1982.

SMOLE, K. S.; DINIZ, M. I. **Coleção Mathemoteca**. Porto Alegre: Penso, 2016. 6 v.

SMOLE, K. S.; DINIZ, M. I.; CÂNDIDO, P. **Brincadeiras infantis nas aulas de Matemática**. Porto Alegre: Artmed, 2000. v. 1. (Matemática de 0 a 6).

SMOLE, K. S.; DINIZ, M. I. **Ler, escrever e resolver problemas**: habilidades básicas para aprender Matemática. Porto Alegre: Artmed, 2001.

SMOLE, K. S.; MUNIZ, C. A. (Org.). **A matemática em sala de aula**: reflexões e propostas para os anos iniciais do ensino fundamental. Porto Alegre: Penso, 2013.

VAN DE WALLE, J. A. **Matemática no Ensino Fundamental**: formação de professores e aplicação em sala de aula. Porto Alegre: Penso, 2009.

@ CULTURA DIGITAL

VAMOS CRIAR DESENHOS ANIMADOS E JOGOS?

MAIS LEVE OU MAIS PESADO?

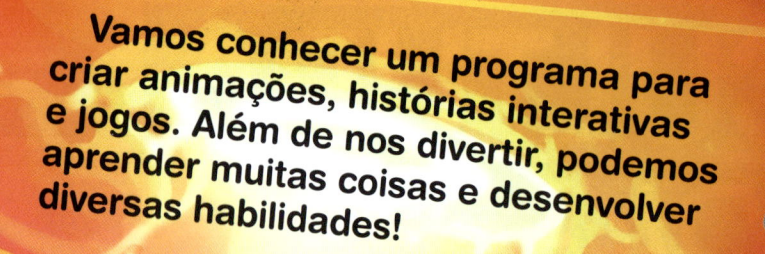

Vamos conhecer um programa para criar animações, histórias interativas e jogos. Além de nos divertir, podemos aprender muitas coisas e desenvolver diversas habilidades!

Solte a criatividade e comece a programar e produzir animações! Crie personagens, cenários, e anime a cena, com movimentos, diálogos e sons. Agora, é só começar a criar!

No final, a turma pode se reunir para conhecer as animações que vocês criaram!

Acesse FTD digital, explore o material e as informações disponíveis e veja como é legal criar uma animação!

VAMOS CRIAR DESENHOS ANIMADOS E JOGOS?

Os jogos digitais e as animações são feitos com uma linguagem de programação de computador. Quem cria tudo isso são os programadores! Na hora de fazer os desenhos e de programar, a atenção aos detalhes é muito importante.

VAMOS CRIAR DESENHOS ANIMADOS E JOGOS?

Você gosta de desenhos animados?
E de jogar *videogame*?
Desenhos animados e jogos eletrônicos estão por toda parte, em brinquedos portáteis, no celular, na internet.
Hoje, os jogos são verdadeiras animações, com histórias cheias de personagens, aventuras, sons e fases sem fim!
Como são feitos esses jogos? Quem faz essas animações?
Que tal saber um pouco sobre programação e criar um desenho ou um jogo desses?

MAIS LEVE ou MAIS PESADO?

Você já viu que os pratos ou ponteiros de uma balança movem-se de acordo com a massa que medem, indicando o que é mais "leve" ou mais "pesado".

Que tal, agora, confirmarmos isso na prática?

Vamos construir uma balança caseira para medir a massa de objetos.

E como fazer isso?

Da mesma maneira que os povos da Antiguidade, que precisaram inventar um modo de medir a massa das coisas, improvisando com os materiais que tinham à disposição.

Vamos inventar?

Há muitos tipos de balança para diversas finalidades, como as de supermercados, consultórios médicos, academias, feiras, indústrias, entre outras.

Como eram as balanças de antigamente e como os povos antigos faziam para medir o que era mais ou menos pesado? Vamos pesquisar?

Acesse **FTD digital** e explore o material e as informações disponíveis para esta atividade.

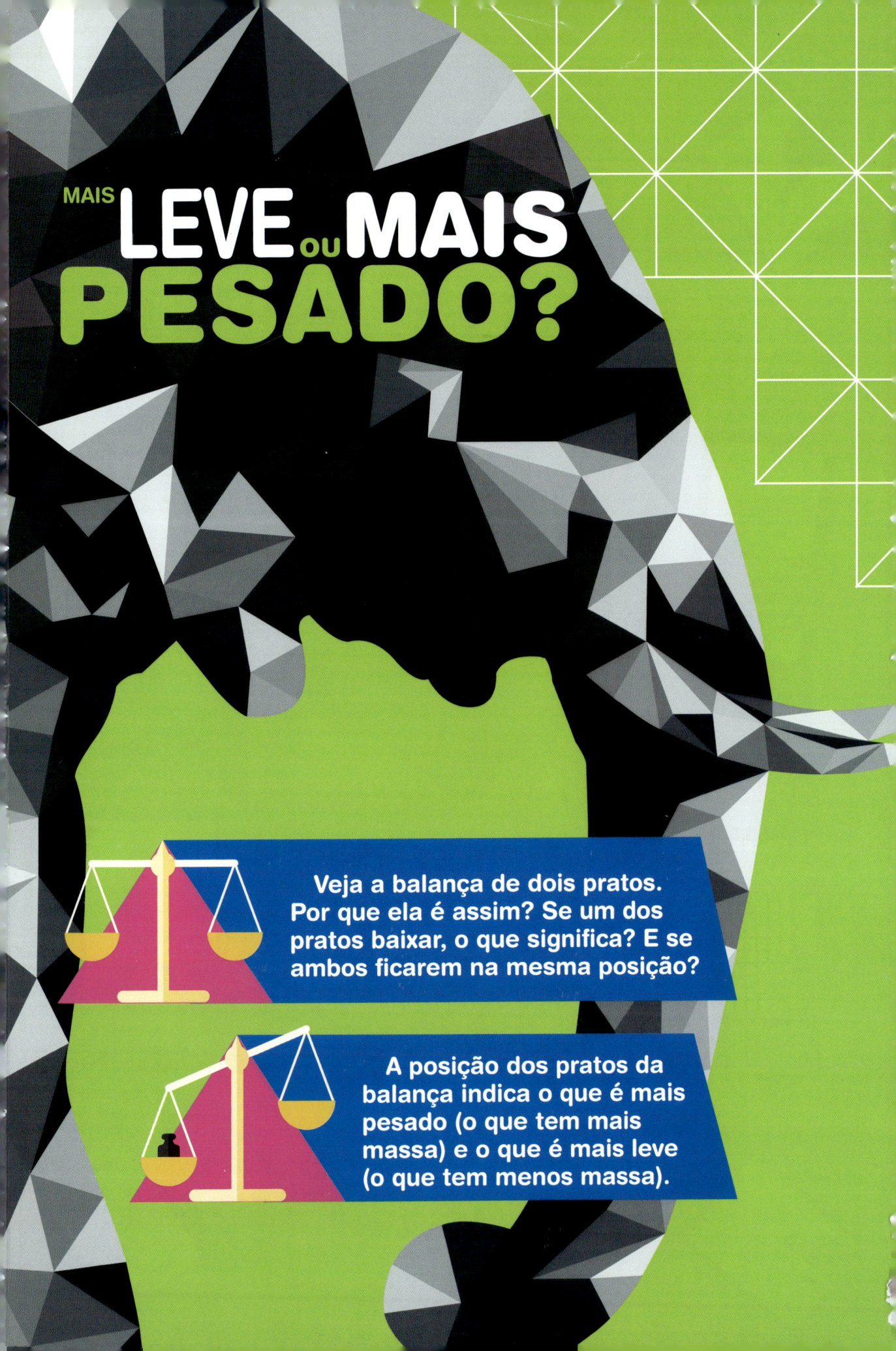

MAIS LEVE ou MAIS PESADO?

Veja a balança de dois pratos. Por que ela é assim? Se um dos pratos baixar, o que significa? E se ambos ficarem na mesma posição?

A posição dos pratos da balança indica o que é mais pesado (o que tem mais massa) e o que é mais leve (o que tem menos massa).

A PLATAFORMA DIGITAL

Para ter acesso ao ambiente FTD digital siga as orientações abaixo:

1

Acesse:
http://digital.ftd.com.br
Clique em criar cadastro
e preencha seus dados.

2

Você receberá um *e-mail*
para a ativação. Clique no
link e conclua seu cadastro.

3

Siga as orientações para
o registro do seu código
exclusivo presente na
primeira folha do seu livro.

Imagens do *flap*: Yan Comunicação